Legal and Political Philosophy Review
法哲学与政治哲学评论
—— 第 4 辑 ——

作为通识教育的法学教育

吴　彦　黄　涛　主编

2020 年·北京

图书在版编目(CIP)数据

作为通识教育的法学教育/吴彦,黄涛主编.—北京:
商务印书馆,2020
(法哲学与政治哲学评论;第4辑)
ISBN 978-7-100-18128-0

Ⅰ.①作… Ⅱ.①吴…②黄… Ⅲ.①法学教育—研究 Ⅳ.①D90

中国版本图书馆 CIP 数据核字(2020)第 033426 号

权利保留,侵权必究。

法哲学与政治哲学评论(第4辑)
作为通识教育的法学教育
吴 彦 黄 涛 主编

商 务 印 书 馆 出 版
(北京王府井大街36号 邮政编码100710)
商 务 印 书 馆 发 行
北京中科印刷有限公司印刷
ISBN 978-7-100-18128-0

2020年5月第1版　　开本710×1000　1/16
2020年5月北京第1次印刷　印张18
定价:78.00元

本书得到 2018 年度同济大学研究生教育研究与改革项目
（项目编号：2018GH240）资助

目 录

主题论文一：法学教育

3　民主知识分子与法律
　　——法学教育能够且应该是通识教育　／尼尔·麦考密克
16　在法学教育中培养人性　／玛莎·C.努斯鲍姆
33　哲学在法学教育中的功用与误用　／玛莎·C.努斯鲍姆
56　执业律师所需的哲学　／朗·L.富勒
66　富勒论法律教育　／罗伯特·萨默斯

主题论文二：何谓法哲学？

87　哲学法理学的概念　／迈克尔·欧克肖特
120　法哲学是什么？　／约翰·菲尼斯

笔谈："经典阅读"在法学教育和法学研究中的意义

137　经典阅读的限度及其可能性　／丁　轶

149	阅读经典与开放的理论生活
	——当下法学理论发展之反思 / 黄　涛
156	经典的非经典问题 / 刘振宇
163	法学教研的目的与经典阅读的意义 / 钱一栋
182	法学研究应当面向"范式中的经典" / 陆宇峰
187	法哲学著作的两种读法 / 沈宏彬
196	法学教育何以需要阅读经典 / 周国兴
201	法学教育与经典阅读刍议 / 杨立民
208	亚里士多德理论和实践的区分对法学教育的影响 / 陈　辉
214	经典阅读仍是重要之事 / 杨　建
227	法学的实践品格与经典阅读 / 王凌皞
233	经典自然法理论对法学研究与教育的意义
	——以作为德性法制的现代法治为主题展开 / 杨知文
238	在变迁的时代读经典 / 朱明哲
242	经典阅读对法学院教育的意义 / 姚　远
247	实践哲学理论与法理学的研究
	——以亚里士多德模式为中心 / 叶会成
255	法学经典的意义：一个历史视角 / 徐震宇
261	经典阅读之于法学 / 王　博
268	经典阅读：从知识学习到文明成果的传承 / 王海军
272	文明论视域中的经典阅读
	——从蔡枢衡《中国法理自觉的发展》谈起 / 李燕涛

主题论文一：法学教育

民主知识分子与法律[*]
——法学教育能够且应该是通识教育

尼尔·麦考密克[**] 著
周国兴[***] 译

一

出版关于英国各法学院法理学教学的调查报告是一个反思法学院中法理学教学问题的好机会。实际上，还有诸多其他做出此种反思的好机会，且事实上本文一开始也是为其他场合准备的。[①]承蒙编辑的邀请，其修订版作为巴内特（Barnett）与亚瑟（Yach）关于英国法理学教学的调查报告的导言，刊发于《法律研究》杂志。

我不得不称赞，两位作者的调查工作十分缜密，调查报告的细节翔实而丰富。本文不打算与其丰富性相媲美。两位作者表明，英国许多法学院完全将法理学、法律理论以及其他同类课程当作选修课，这是本文与该报告的首要联结点。此外，两位作者还表明，这类法学院的数量还在持续上

---
[*] Neil MacCormick, "The Democratic Intellect and the Law", *Legal Studies*, 2006, 5 (2): 172-183.
[**] 尼尔·麦考密克（Neil MacCormick，1941—2009），爱丁堡大学钦定公法教授。
[***] 周国兴，昆明理工大学法学院副教授。
[①] 本文初稿是1984年9月19日在爱丁堡召开的法律公共教育协会（the Society of Public Teachers of Law）年会上所做的主席报告。目前刊行版本在形式上做了大幅修改（尽管内容上没有做太大改动）。感谢《法律研究》的编辑威廉·特维宁（William Twining）教授和芝诺·班科夫斯基（Zenon Bankowski）先生的慷慨建议。

升。有人会说这是一种令人不安的、甚至是可悲的趋势。理论元素作为选修课非但不恰当，它反而应当成为法律教育的基础——无论是对作为通识教育的法律教育而言，还是对适合于所讨论之法律职业的职业教育而言。

本文与该报告的第二个联结点在于法理学课程的覆盖范围这一主题。我们发现，自上一个类似调查开始，侧重点就已经在转移，这令人振奋；我们还发现，某类论者与思想流派的数量在上升，而其他论者与思想流派的数量在下降，这也令人神往。但是，即便十分欣赏此类变化的魅力，也十分欢迎它们所预示的开放思维与重点转移，我们依然可以质疑，列举研究作者与覆盖主题的传统方式是否触及了法理学问题的根源。

也许有人会说，我们应该对法律哲理化的要点进行更深层次的概念化，而不是进行此种列举。但特定的基本问题既是这一要点的基本原理，也是一切法理学结构的基本原理，而它们将顺次被提出。然而，这不应被理解为暗指应当忽略诸多其他论者与思想传统。而是说，只有当其他论者和传统的作品与我们学科的基本问题密切相关时，他们对我们问题的回答才应被严肃对待。通过谨慎地找出问题与答案之间的对应关系，我们更容易避免荒谬地将事实上有着不同理论关注焦点之思想流派的观点人为地对立起来。

本文并不否认各种智识传统在学术事业领域内的重要意义，相反，本文特意宣传自己源出于一种具体的智识传统，也就是随后解释意义上的"民主知识分子传统"。与其说这一智识传统与教育理论相关，不如说它更与法律理论相关。我希望表明，用它思考法律教育是富有成效的，尤其是思考"法律教育是否以及在多大程度上是，或者应当被认为是一项哲学事业（在'哲学'这一术语的特定重要含义上）"这一问题。我的看法是，实际上，法律在其本质上就是一项哲学事业，适宜的法律教育因此应包含大量哲学元素。

这一观点按如下思路呈现：首先，解释我理解的民主知识分子传统及其与法律研习的关联；其次，基于民主知识分子传统，阐释我认为在合理的法律教育中，哪些法理学或法律理论的基本原理是本质元素。

二

乔治·戴维博士（Dr. George Davie）将其蔓延于19世纪大学教育中有关苏格兰传统的开创性的、激昂雄辩的著名研究命名为《民主知识分子》[1]（The Democratic Intellect）。这也是他为这一传统本身的命名。对戴维而言，苏格兰大学在其伟大时代的特质就是一种对哲学研究的承诺以及所有研究主题的哲学进路，在广博与宽厚的意义上理解"哲学"这一术语，这需要有一种研究的开放性和一般性，而这反过来又与高等教育向这块土地上的普罗大众开放并行不悖。这一传统的知识分子面向，在于奉思辨哲学为圭臬；其民主面向，在于它让所有凭借自身能力能够从中获益的人们都有机会接受高等教育。

本文的论旨在于讨论"民主知识分子"的"知识分子"面向。就此而言，我们不应认为所讨论的唯一问题仅仅是哲学主题在一门课程中的位置或地位，尽管它是核心的主题。我们同样也应该追问，这门课程中的其他主题应当如何以强烈的哲学关怀去教授。

戴维就此给出的一个例证是1838年爱丁堡大学的主席竞选。[2] 十分令人惊讶的是，这次竞选在作为主席赞助人的镇议会前公开进行；更让人惊讶的是，这次竞选以及其他类似竞选被认为是重要的公益评论问题；然而，还有更让人震惊的，受质疑主席的专业是数学。具体的争辩发生在邓肯·格雷戈里（Duncan Gregory）与菲利普·凯兰（Philip Kelland）之间——邓肯·格雷戈里代表数学训练与研究中的哲学偏好和苏格兰传统，菲利普·凯兰代表当时剑桥通行的更具体的数学分析进路。当这一争论达到白热化之时，逻辑与修辞学教授威廉·汉密尔顿（William Hamilton）爵士通过一篇短论加入了主席选举辩论，他在其中写道：

---

[1] G. E. Davie, The Democratic Intellect (Edinburgh,1961).
[2] Davie,op.cit., pp. 105-126; at p.120 for the quotation below from Hamilton.

如果数学教育构成通识教育学术体系的一个有益部分，那么，教授掌握文学与哲学的程度，必须使他能够充分理解其主题的关系和性质，从而能够使教学内容和教学方法适应学生的智识增进。

他接着又指出：

麦克劳林（Maclaurin）、两位斯图亚特（the two Stewarts）、莱斯利（Leslie）与普莱弗尔（Playfair）……这些前主席们，即便他们一直不知道几何与代数，他们也会因其稀有成就而颇受赞誉。

然而，数学尚且如此，毫无疑问，所有学院派的法律人也可能希望即便他们不知道犯罪、违法与侵权，他们本也可以因其他稀有成就而受到赞美。他们应当努力掌握"文学和哲学，以使他们充分理解其主题的关系和性质"，这确实就是本文的实质要旨；因为，如果法律教育"构成通识教育学术体系的一个有益部分"，那这就是至关重要的。

但是，法律教育构成了通识教育学术体系的有益组成部分，或者实际上构成其组成部分吗？确实，1850年前后，在其鼎盛时期，民主知识分子中的伟大先知们原本对此表示怀疑——至少，就本科教育阶段是如此。法律与其他职业的或专业的学习在研究生教育阶段开设。只有顺利修完人文学科（拉丁语学习是以文学的方式，而不是以详细的文本考证或语言学的方式）、数学与自然科学、思辨哲学与实践哲学中的基本人文课程之后，学生才能继续修读法律课程。从此种视角来看，法律研习本身不应试图成为通识教育的实质内容，相反，它应当以通识教育为基础。确实，乔治·戴维书中的一位主角，詹姆斯·洛里默①（James Lorimer）——《苏格兰大学——过去、现在与未来》（*Scottish Universities, Past, Present and Future*）的作者，多年来一直担任爱丁堡大学钦定公法教授——就很可能

---

① See Davie, op.cit., pp.47-55, 81-82; and compare MacCormick, "The Idea of Liberty: Some Reflection on Lorimer's Institutes", in V. Hope (ed), *Philosophy of the Scottish Enlightenment* (Edinburgh, 1984), pp.233-248, for a view of Lorimer's contribution to legal philosophy.

那样主张，他确实也那样主张过。（洛里默的某些小项目没有实现，但并非全然如此。他强调苏格兰大学依照德国模式的进路建立研究型学院的必要性，他主张说，他可以合理地认为，诸多政策在法律系晚近的发展中已经得到一定程度的实现。）

苏格兰人有关法律从本质上与恰切性上而言都应是一种研究生教育的看法，被输出到了美国与古老的英联邦的诸所大学当中，在那里，其生命力甚至比在苏格兰更茁壮。苏格兰从1962年已经开始授予LLB（法学学士学位，通常意义上的第一学位）。有许多人感慨古老的"MA, LLB"（文学硕士/法学学士）一去不复返了，但是却难以预知这一教育模式可在其中得以复兴的境遇。

法律从根本上是否能够或应当被视为"通识教育这一学术体系"的恰当主题，表达过上述感慨的任何人似乎都可能在这一问题上放弃立场。然而，英国所有的法律系最近（1984年）声称能够，也应当如此——他们在回答大学专项拨款委员会（UGC）主席彼得·斯温纳顿-戴尔（Peter Swinnerton-Dyer）爵士有关高等教育之未来的调查问卷，向该委员会呈递报告时如是说。这一主题也达到了《泰晤士报》（The Times）来信栏的论战顶峰，其中，罗杰·斯克鲁顿（Roger Scruton）先生的言论受到强烈驳斥，斯克鲁顿在该报纸上质疑，法律学位研习在为律师实践和最终的法官选拔做好充足准备方面差强人意。[1]

回忆一下斯克鲁顿先生在《泰晤士报》上的小文都说了什么是有意义的。他建议说，法官在阐释与完善普通法（他很可能也会说制定法）方面的角色，要求他们具有宽广的胸襟、博大的胸怀，而不仅仅是狭隘的技匠。就此角色而言，相较于从高等教育一开始就醉心于令人厌烦的法律细节，文学、哲学或历史教育势必更适合一名男性或女性。在这一点上，他是对的。然而，他说，大学中的法律研习实际上只是醉心于法律细节，这就错了。

---

[1] See Roger Scruton, "Laying Down the Law", The Times, 20 December 1983; also The Times (letters), 27 December 1983 (Lawton LJ), 18 January 1984 (N. MacCormick).

又或者，他真的错了吗？随处可见如下这种所谓讲究实际的观点：法律系就是为了教授法律，法科学生就是为了研习法律；优秀的法律人就是那些不管其他方面如何只要熟知法律的人，实际上甚至都不管他了解法律之程度的优劣；法律教育因此是也应当是潜心专研法律的各种细节的教育；如果没有成功地掌握法律的细节或没有记住它，任何人都不能取得法律毕业证书。重视实际的人说，文雅的通才时代已经结束了。通识教育才旨在养育通才，法律教育既没有也不应当被任何通达博雅的污点所玷污。

不经充分陈述就说本文拒绝那种立场，这可能会引起误导。正是这种立场使得 M. J. 代特莫尔德（M. J. Detmold）晚近的观察几乎是正确的，他认为实证主义与法律教育是不相容的：

> 法实证主义，尤其是法与道德相分离的命题，无法适应法律教育的理念。教育不是简单地传递信息。教育与道德能力是在逻辑上紧密相关的范畴。法实证主义将法律视作原则上能够作为一种信息而得以传递的存在物。因此，法实证主义者们认为并不存在诸如法律教育之类的东西。[1]

也许，存在与自然主义谬误相对应的实证主义谬误。实际上，这并非（如代特莫尔德所想的那样）一直是拥护法实证主义学说的那些法律理论家们所犯的错误。然而，它的确由一些法律论者、教师和从业者从这些理论家们之立场的一个粗鄙版本中拣选而来。这一谬见受到布莱恩·辛普森（Brain Simpson）的巧妙批评，在其精妙的《普通法与法律理论》（*The Common Law and Legal Theory*）一文中，他将其描述为普通法的"规则手册"理论。[2] 一言以蔽之，这种理论认为法律只不过是一种可习得规则的集合体，正如辛普森敏锐地观察到的那样，如果不作严格限定的话，很可能会没有普通法学者接受它。

---

[1] See M. J. Detmold, *The Unity of Law and Morality* (London, 1983), pp.89–90.
[2] A. W. B. Simpson, "The Common Law and Legal Theory", in Simpson (ed) *Oxford Essays in Jurisprudence, Second Series* (Oxford, 1973), pp.77–100.

对这一谬见的恰当回应必须从法律教育能够而且应当是通识教育这一命题开始。这正是本文旨在确立的命题。正是为了这一目的，才继续论证恰当的法律教育应包含大量的哲学元素。

三

以此种方式提出这一命题，正如威廉·特维宁（William Twining）指责的那样，我冒着犯另一种错误的风险。特维宁说我们需要：

> ……谨防用部分替代整体的错误。当下这一错误最常见的版本是认为法律哲学与法律理论同延的取向。将法理学等同于法哲学，抑或认为哲学问题是值得每一位严肃的法学家关注的唯一或主要问题，过度窄化、枯竭了法律学科。[①]

为了弄清楚人们是否能够避免犯这一哲学谬误，也许，为了弄清楚到底是存在这种谬误，还是仅仅是在广义的哲学概念与狭义的哲学概念之间的竞争，现在阐释这一命题的实质内容是有必要的。声称法律教育应当完全浸透着哲学，这是什么意思呢？

我的意思是，有这么六个问题，任何通向高等教育的严肃进路都应当允许经由实质反思后给出某种回答。简而言之，这六个问题是：（1）存在什么？（2）存在之物的结构是什么？不同类型的存在物之间如何相互关联？（3）我们如何知道存在什么东西？我们如何认识存在之物？（4）我们依据什么方法解释和说明我们的知识所面对的各种问题？（5）在与其他任何存在物的关系中，作为理性行动者的人类处于什么位置？（6）有鉴于此，我们如何生活，如何行动？

这样一来，如果一个人认可民主知识分子传统赋予哲学这一术语的广

[①] W. L. Twining, "Evidence and Legal Theory" (1984) 47 MLR, 261-283, at 266.

博含义，那么他至少必须承认上述这些问题是哲学问题。然而它们却与法律人以及法律教育者们所做的一切事情紧密相关，它们也与作为法律学位课程之一部分的法理学课程的构造有更重要的关联性。

首先，存在什么？我们是相信海格斯多姆（Hägerström）与奥利维克罗纳（Olivercrona）告诉我们的，只有物质世界才是真实的；还是成为其他意义上的唯物主义者，例如，马克思主义者？[1] 如果我们对任何形式的唯物主义都说"Yes"，诸如继承权、终身用益权和绝对所有权、浮动担保等我们乐于归于财产类型的东西将成为什么样的实存？法律本身以及主体的法律意识又将成为什么样的实存？化简为严格行为研究的法律研究与今天实际的法律研究可能有巨大差异。不夸张地说，他们是否会调整以有效地适应其主题，这也不明朗。

由此，我们至少必须承认下述可能性，也就是说，除了物质存在这种纯粹事实外，还有其他类型的事实。也许，诸如"制度事实"这样的东西至少必须被认可；"制度事实"这一概念是由安斯库姆（Anscombe）教授与塞尔（Searle）教授在其他场合提出来的，奥塔·魏因伯格（Ota Weinberger）和我进一步发展了这一概念。[2] 毕竟，埃姆斯里（Emslie）勋爵是苏格兰高等法院的首席大法官，海尔什姆（Hailsham）勋爵是大不列颠上议院的大法官；如果说这不是事实，那么，存在的事实要比多数人想象的少得多。但是，如果说这些是事实，那就存在着物理学、生理学或辩证唯物主义范围之外的事实。

然而，如果我们接受这种探究进路，那么，我们就可能冒险直面如下追问——例如，来自戴维·莱昂斯[3]（David Lyons）的追问——为什么我

---

[1] See A. Hägerström, *Inquiries into the Nature of Law and Morals* (Stockholm, 1953); K. Olivercrona, *Law as Fact* (especially 1st edn, London,1939; 2nd edn, London,1971); M. Cain and A. Hunt, *Marx and Engels on Law* (London,1979); H. Collins, *Marxism and Law* (Oxford, 1982).

[2] See D. N. MacCormick and O.Weinberger, *Grundlagen des Institutionalistischen Rechtspositivismus* (Berlin,1985), to be published next year in English as *An Institutional Theory of Law: New Approaches to Legal Positivism* (Dordrecht, 1986); MacCormick, "Law as Institutional Fact" (1974) 90 LQR, 102–129; G. E. Anscombe, "On Brute Facts" (1958) 18 Analysis 69–72; J. R. Searle, *Speech Acts* (Cambridge, 1969), pp.50–53.

[3] See David Lyons, *Ethics and the Rule of Law* (Cambridge, 1984), chs. 1–3.

们不愿意承认道德事实？相较于具有法律约束力的合同而言，具有道德约束力的允诺更不是事实吗？是什么东西妨碍了我们像承认前者是关于我们法律义务的事实那样，承认后者是关于我们道德义务的事实呢？一些事情，例如强奸，是我们绝不应当做的；另一些事情，例如合理照顾邻居，是我们一直应当做的；如果这不是事实的话，那么，"事实"这一惯常用语在存在论上就是不合理的。

即便如此，存在诸多关于道德理想事实与制度事实的问题，这是众所周知并被广为承认的；值得补充的是，所谓的纯粹事实存在的问题要比我们通常承认的多得多。然而，本文的论旨既不是澄清说明那些问题，也不是解决那些问题。这里只是坚持主张，如果对存在什么以及法律这类事物如何适应任何其他类型的事物没有最低限度的潜在认识，那么，无论是探究法律还是探究法律证据，都无法进行。

这一有关事物如何相互适应的想法提出了上述六项清单中的第二个问题，即存在之物的结构与相互关系问题。如果只有物质事物才是实在的，那么，实际上，法律意识就不得不成为一种反映观念上层建筑而非实在基础的错误意识。又或者，它不得不成为其他形式的虚构，无论是边沁信徒意义上的还是斯堪的纳维亚现实主义者意义上的。当然，这些讲求实际的唯物主义观点中的最极端看法与早期冠以讲求实际之名的法学教师们的观点相比，简直有过之而无不及；那些老师认为学生只应当研习法律——即法律规则，绝不应为形而上学思辨分心。由于讲求实际的法律家们的进路必须，尽管是未曾言明的，将诸如法律规则这样的非物质实存视作是实在的。由此，一旦我们放进来这些非物质实存，那我们如何能够排除其他诸如道德事实与理性人那样的实存；我们又如何解释物质实在与非物质实在之间的结构关系呢？

这一没有答案的第二个问题不可阻挡地驱使我追问第三个同样没有答案的问题：即"我们如何知道"的问题。有关存在什么这一问题——华丽一点说，存在论问题——的诸种唯物论和其他一元论观点，倾向于依赖"感觉拥有作为实存之保证人的优先地位"这一假设。能够被看到、听到、感觉到、闻到的东西就是实在的,不能的话就不是实在的。然而众所周知,单凭这种证据不足以产生关于因果性或因果律以及相关观念的知识。此外,这种认为一切都依靠感觉证据的经验主义,即便并不必然会真正误入某种唯心主义——唯心主义认可的基本事实是,直接在场的观念归因于感知主体之意识——的歧途,但作为为唯物主义辩护的基础也确实是十分薄弱的。

无论如何,以除了具体直接的感觉之外的任何方式认知世界,都必定受制于某些预设的范畴或原则。这一本质上属于康德主义的洞见,导致凯尔森(Kelsen)及其同仁坚持认为因果原则是科学认知世界的结构性原则。但是,如果这是可接受的,那么当然会有其他的结构性原则,比如凯尔森的归因原则,规制我们的认知或规范领域吗?总之,无论凯尔森主义的观点正确与否,情况仍旧是,我们关于存在什么的理论或观点中的任何多元论,总是配之以我们关于我们熟知"那里有什么"之方式的观点的多元论——配之以一种认识论上的多元论,如果我可以再次陷入华丽辞藻的话。[1]

总之,只要有人愿意主张法律知识是可能的,并且法律教育就是为了获取和传播法律知识,其结果就是,必须要有某种关于法律知识的理论。正如理查德·图尔(Richard Tur)曾经指出的那样,法理学的首要任务之一就必须是提供此种关于法律知识的理论,也就是提供一种法律的认识论。[2]

这反过来引向了我的第四个问题,即方法问题——我们如何解释和说明我们的知识所面对的各种问题。如果用规范的术语考量法律,把它当做人之行动的向导,因此也当做人之行动的理性方面与感性方面的纽带,那么,恰当的研习方法就是有时被称为"解释学"的方法。也就是说,它试图用表达意义的术语阐释法律对人类的意义。[3]但是,换一个视角,

---

[1] Cf. Weinberger, "Facts and Fact-Descriptions" in MacCormick and Weinberger, op.cit., above n. 10(即本书第 10 页注释②——编者注), ch. 3.
[2] See R. H. S. Tur, "What is Jurisprudence?" (1978) *Philosophical Quarterly*, 148–161.
[3] See MacCormick, *H. L. A. Hart* (London, 1981), ch.2–4; and cf. V. Villa, "Legal Science between Natural and Human Sciences" (1984) 4 LS, 251–273 at 264–268.

如果问存在什么、如何知道，那就要拒绝解释学的方法转而支持更偏向行为主义或结构主义的进路。这里，争议地带与所有社会科学是共通的。法社会学是否构成法理学的必要组成部分，对这一问题的回答因此是快速肯定的，更为迫切紧要的问题是，应以何种正确的方式对法律开展社会学研究。

最后，让我一并讨论我的最后两个问题——作为理性行动者的人类在与其他存在物之关系中的位置以及我们应当采取的生活方式与行动方式。这两个问题标志着从思辨描述（包括社会学的）问题向实践推理与对话问题的转变。一般性的主题是，为关于如何生活与如何行动的决策提供某种客观的正当证明的可能性（如果有任何可能性的话）；在法律中，问题更为具体——如何以及在多大程度上能够为司法决策和立法决策提供客观合理的正当证明。

对实践理性的关切自然是我们法律领域所有关切中的重心。法律人首先是实践推理者。当代法律哲学论著的主要关切是法律人实践推理的各种不同面向。[①] 这里需要强调两个要点：首先，我们关于实践推理的观念不能与之前的思辨问题截然分离；反而，必须以回答之前问题的正确进路为必要基础并与之相适应。其次，法律哲学化中的实践理性元素正是法律教育中的通识教育与职业教育两个面向彼此交融的联结点。

学生所研习的具体法律可能会随着立法者的意志而不断变化。与行政机关和议院从业者们的技术一样，也与法庭上行家里手们的技术一样，衡量、评价和论证的技术，一旦习得，就永远不会失去，并且会一直处于法律人技艺的核心。对特定社会语境中法律的批判性评价整体上就属于对法律进行论证并检验该论证的这一过程。此种论证的外延在法律审议的外延之内还是之外，这本身就是作为实践推理之一部分的法律推理研究必须处理的问题。正如我所引罗纳德·德沃金（Ronald Dworkin）主张的那样，我

[①] See MacCormick, "Contemporary Legal Philosophy: the Rediscovery of Practical Reason" (1983) 10 JLS, 1-18.

们又回到了是否存在道德事实以及法律是否属于道德事实这一问题；毫无疑问，我们这里触及了前文所引代特莫尔德之评论的要点。

前述对法律哲学的六个问题以及回答这六个问题的相关考量因素的快速概览，表明了我认为应当浸透到法律课程中的哲学类型以及这一哲学进路应具备的要素。真正具有重要意义的是问题的范围，而不是一系列要点和干巴巴的答案。这些问题应当对每一位法学教师、法科学生以及实际上对无论任何等级和声望的法律执业者保持开放和活力。这些问题对法律职业和法律教育而言是根本的，这正是为什么在民主知识分子传统中法理学课程对于任何法律学位都具有结构性的重要意义的一个原因。这些问题是如此基本，这表明了为什么在民主知识分子传统中所有提供法律学位的课程都应当引入它们。

然而，如果声称我们调研的所有或任何法理学课程都正确理解了这一点，那可能言过其实。如果目前这六个问题得以有效架构，它们就可能成为批评这些课程的基础，爱丁堡大学的法理学当然也在此列。也许，我们大概揭示了这些问题是什么以及针对这些问题的反思材料。但是，我怀疑，我们还没有足够明确地揭示，为什么我们引导学生通向特定的观念和文本以及我们希望他们从中获得什么。

如果声称这些问题只应当在法理学课程中提出，那么这可能更加言过其实吗？就像一个世纪以前数学在威廉·汉密尔顿视角下的地位一样，现在的实体法也是如此。确实也能以一种反思的哲学精神、用看待这六个问题或其他类似问题的眼光教授实体法吗？

实际上，自芝诺·班科夫斯基与吉夫·曼海姆（Geoff Mungham）在其《法律的肖像》[①]（*Images of Law*）中提出可以通过排挤或分离成独立课程的方式精准地分割法律的理论或批判性研究以来，已经12年了。就法律的哲学或社会学进路而言，它对合同法与侵权法、财产法与商法等主要的专业课程更加紧要。如果理论课程与实体法课程运行在截然相反的轨道上，那么理论部分就可能变成纯粹起装饰作用的第五个车轮。此外，理论

[①] (London,1976),especially at pp.1-6, 49-72.

家们冒着被批评的风险（这些批评在某些情况下还得到了充分证明），说他们欠缺对现实法律的现实关怀。于是理论与法律被迫分离了。这就是前引威廉·特维宁伦敦大学学院就职演讲的要点之一。如果我们就像某些时候的实践那样，将法律理论仅仅等同于法律哲学中最抽象和一般化的问题，那么，所有关于法律及法律制度的中观理论问题的价值都会被贬低。

坦率地说，特维宁的要点是对的。但是，通盘考虑后，我的结论是，法律作为一门学科，其所有的课程而不仅仅是法理学课程，本质上就是一门哲学学科。这当然也是对的。没有任何伟大的法律学术论著，无论是论犯罪还是合同，无论是论财产还是税收，也无论是论公司还是工会法，无论是论社会保障还是继承，能够脱离哪怕一丁点的理论。法律学说阐释和发展中的传统就是实践哲学的立场表达。本世纪从苏格兰的斯泰尔（Stair）到英格兰的布莱克斯通（Blackstone）以及其他人关于制度的伟大论著，都生动地揭示了这一点。确实，诸多伟大的作品创造并体系化了英国法中的合同、地役权以及 19 世纪许多其他主题；并且，这一传统至少持续到戈夫（Goff）与琼斯（Jones）的《论赔偿》[1]（*Restitution*）。奈杰尔·西蒙兹（Nigel Simmonds）曾颇令人信服地论证说，这类著作依赖一系列关于法律的连贯理论假设；如果后继者的论著使用了不同的范式，那将需要阐发各种新的基础理论。[2] 我自己也曾指出，就其弥漫着一种实践哲学而言，法学只能是一门理性学科。[3]

在此基础上，毫无疑问，作为一名法学教师，我的确建议，在我们的法学院采纳或继续有力地培养我称之为民主知识分子传统中的知识分子一脉。想必，各法学院的组织机构仍然关心其民主一脉的诸多要素，并为其预留了空间。但这些可能是在另外的场合与语境中旨在讨论的问题。不管怎样，无论法学家们是否应当成为民主主义者，可以肯定的论点是，他们都应当是知识分子。

---

[1] 2nd edn, London, 1978.
[2] See N. E. Simmonds, *The Decline of Juridical Reason* (Manchester, 1984).
[3] See MacCormick, "The Rational Discipline of Law" (1981) Jur. Rev., 146–160.

在法学教育中培养人性[*]

玛莎·C.努斯鲍姆[**] 著

叶会成 张峰铭[***] 译

> 地球上的人类因此不同程度地进入到一个普遍的共同体,而且事情已经发展到这样的状态:某个地方的法律遭到了违背,全世界却都能感受到。
>
> 伊曼纽尔·康德:《永久和平论》,1795 年[①]

全球一体化正在缩减时间、缩减空间和侵蚀国家的边界。人们的生活变得更加互相依赖。国家的自主性正在下降,因为新的全球贸易

---

[*] 原文出自 "Cultivating Humanity in Legal Education", in *The University of Chicago Law Review*, vol. 70, no. 1, Centennial Tribute Essays (Winter 2003), pp. 265-279。翻译已获得作者授权。

[**] 玛莎·C.努斯鲍姆(Martha C. Nussbaum),芝加哥大学恩斯特·弗罗因德(Ernst Freund)法学与伦理学杰出贡献教授,任教于法学院、哲学系和神学院;古典学系兼职教授,南亚研究委员会研究员,人权项目委员会成员,比较宪制中心协调员。我非常感激 Eric Posner、Richard Posner 和 Cass Sunstein 对先前草稿的有益评论,也非常感谢 Jose Alvarez、Jeffrey Lehman、Anne-Marie Slaughter 和 Mark Tushnet 有益的建议和信息。

[***] 叶会成,中国政法大学中欧法学院 2016 级博士研究生;张峰铭,中国政法大学法学院 2017 级博士研究生。

[①] Hans Reiss, ed, *Kant: Political Writings* 107-08 (Cambridge 2d ed 1991) (H. B. Nisbet, trans) 我将 Nisbet 对 "Recht" 的翻译从"权利"(right)换成了"法"(law)。此处和其他地方一样,康德用 "Recht" 一词翻译拉丁文 *ius*,经常在德语后面的括号中加上拉丁文。他经常将用 *ius naturae* 指代经典的自然法思想。如果我们记住这些事实的话,那么就会最佳认识到康德对西塞罗、塞涅卡和其他罗马作家们的思想的延续。

规则约束着国家的政策、新的全球行为体发挥着更大的影响力。

联合国开发计划署:《2000年人类发展报告》[1]

不久,我们终将逝去。但在此期间,当我们仍旧活着时,当我们仍为人类时,让我们培养我们的人性吧。

塞涅卡:《论愤怒》(大约公元45年)[2]

一、互相关联世界中的法学教育

在这个日渐互相关联与互相依赖的世界里,我们的法学院在训练学生的公民身份上做得有多好呢? 就像世界上大多数国家一样,美国的法学教育也主要集中于研究一个国家的法律传统和推理方式。在这篇论文中,我检视了在当今世界里面临影响与慎思新形态的法学教育中所呈现的趋势。我的评价将是混合的:在某些与好的世界公民身份有关的领域,法学院正在取得好的进步;但在另一些方面,它的进展还远远不够。

因为在其他地方,我基于对美国本科通识教育(liberal arts education)的研究而发展出了一套世界公民教育理论[3],所以本文的开头,我将论述我在那篇作品中所辩护的规范性原则以及它们的理论基础。随后我将追问,鉴于法学教育自身承载着非常不同的目的,它在何种程度上应当以及能够遵循相似的原则。我将举例说明,在法学教育中我们可以做些什么来实施这些原则的合适修正版本,然后我将用上述这些原则评估美国法学院的一些发展情况。

---

[1] United Nations Development Programme, *Human Development Report 2000* 9 (Oxford 2000).
[2] 塞涅卡的拉丁文全部都是我自己翻译的。*De Ira*(*On Anger*)最好的拉丁文版本是 Seneca, *Dialogorum Libri Duodecim* 39-128(Oxford 1977)(L. D. Reynolds, ed)。英文版本的可见 Seneca, *On Anger*, in Seneca, *Moral and Political Essays* 17, 116(Cambridge 1995)(John M. Cooper and J.F. Procopé, eds)。(中译本可参见塞涅卡:《道德和政治论文集》,约翰·M.库铂、J. F.普罗科佩编译,袁瑜琤译,北京大学出版社2010年版。——译注)
[3] Martha C. Nussbaum, *Cultivating Humanity: A Classical Defense of Reforming Liberal Education* 50-84(Harvard 1997)(辩护了一种培育学生世界公民的通识教育观)。(中译本可参见玛莎·纳斯鲍姆:《培养人性:从古典学角度为通识教育改革辩护》,李艳译,上海三联书店2013年版,第36—69页。——译注)

二、古代哲学与当代合作

在《培养人性》[1]中提出的教育理论有两个相当不同的来源：古希腊与古罗马的斯多葛学派研究和与一个国际机构就发展中国家的贫困问题合作的经历。对于古希腊和古罗马的斯多葛学派而言，所有人类在根本上都是同一个世界秩序的成员，不管他们居住在什么国家。基于他们认为我们每个人都是"世界的公民"（用希腊文就是 kosmou polites）这一事实，我们经常将用"世界主义"（cosmopolitanism）来指涉这个观点。[2]对于像西塞罗、[3]塞涅卡和马卡·奥勒留这样的思想家而言，我们与远方世界的人们共享一个共同的人性这一事实意味着我们对他们负有超越了当前实在法的道德义务。这些思想家的观念成为了后世国际法发展的基础，尤其是在战争与和平法领域。[4]

因为斯多葛学派主张人们应当跨越国界合作，因此他们有一些相当好的教育观念。塞涅卡，一个出生于西班牙的罗马哲学家和尼禄年轻时期的罗马帝国摄政王，很好地反思了这些议题，因为在他当时生活的罗马，种族构成已经是相当多样，与世界许多不同地区的联系非常复杂。塞涅卡的

---

[1] Martha C. Nussbaum, *Cultivating Humanity: A Classical Defense of Reforming Liberal Education* 50-84（Harvard 1997）（辩护了一种培养学生世界公民的通识教育观）。（中译本可参见玛莎·纳斯鲍姆：《培养人性：从古典学角度为通识教育改革辩护》，李艳译，上海三联书店2013年版，第36—69页。——译注）

[2] 例如参见 Martha C. Nussbaum, *For Love of Country?*（Beacon 2002）（讨论了过度的爱国主义自豪对世界主义公民及其理想的消极影响）；Martha C. Nussbaum, *Duties of Justice, Duties of Material Aid: Cicero's Problematic Legacy*, 8 J Polit Phil 170, 185（1999）（将西塞罗的正义责任观描述为"完全的世界主义"）；Martha C. Nussbaum, *Kantand Stoic Cosmopolitanism*, 5 J Polit Phil 1, 4-12（1997）。我正在写一本书《世界主义传统》（*The Cosmopolitan Tradition*），已经与耶鲁大学出版社签约（未出版的手稿已经和作者备案）。对希腊和罗马斯多葛主义的整体阐述，参见 Martha C. Nussbaum, *The Therapy of Desire: Theory and Practice in Hellenistic Ethics*（Princeton 1994）；See also Malcolm Schofield, *The Stoic Idea of the City*（Chicago 2d ed 1999）（讨论了斯多葛学派的政治思想）。

[3] 西塞罗不是一个斯多葛主义者，而且在某些领域他对斯多葛主义的思想提出了很多反对；然而其政治思想方面却非常接近正统的斯多葛主义，而且《论义务》（*De Officiis, On Duties*）是对斯多葛的世界主义思想的最为充分的阐述文献之一。这本书的英文版本可参见 Cicero, *On Duties*（Cambridge 1991）（M. T. Griffin and E.M. Atkins, eds）。

[4] 参见 Nussbaum, 8 J Polit Philat at 185（注释6［即本书本页注释②——编者注］）（概述了"西塞罗的很多思想成为了现代国际法的基础"）。更加详细的讨论是在我这本书中格劳秀斯那一章，Nussbaum, *The Cosmopolitan Tradition*（注释6［即本书本页注释②——编者注］）。

《道德书简》(*Moral Epistle*)，经常被称为"论通识教育的信函"，是我们现代通识教育理念的奠基性文本。[1]

在信函的开头，塞涅卡就描述了这种传统的教育风格，特别指出它之所以被称为"通识的"(liberalis，"与自由相连")是因为它被理解为是一种针对良好教养的年轻绅士之教育，这些人被称为是自由人，"自由出生的人"。而后，他宣称他将在一种非常不同的方式上使用"自由"这一术语。根据他的观点，一种教育只有当其"解放"学生的心灵，鼓励他或她掌管自己的思想，过苏格拉底式的反省生活，成为一个传统实践的反思批判者，它才是真正的"自由的"。[2] 塞涅卡继续论证道，只有这种类型的教育才会发展每个人成为完全意义上的人的能力，也即自知之明、自治、能够承认和尊重所有我们人类的人性的能力，不管他们出生于何处，不管他们身处何种社会阶层，也不管他们的性别和民族起源于哪。"不久，我们终将逝去"，他在相关的专门篇章《论愤怒》中总结道。"但在此期间，当我们仍旧活着时，当我们仍为人类时，让我们培养我们的人性吧。"[3]

我认为，这些理念能够帮助我们辨别当代通识教育改革中哪里做得是好的和哪里做得是不好的。美国的通识教育过去常常就像塞涅卡所描述的老式教育类型，一种针对良好教养的年轻绅士之教育，培育他们融入传统的规范和共同体的价值。在过去的大约二十年期间，培育不同种类的学生成为复杂世界中的公民之理念已经渐渐被确立下来。但是，对于如何在实践中实现这种理念仍旧存在很多冲突的观点，而且关于各种新形式的研究也存在激烈的分歧，诸如妇女研究、人类性行为研究、非

---

[1] 最好的拉丁文版本见 Seneca, *Ad Lucilium Epistulae Morales* 312-23（Oxford 1965）(L.D. Reynolds, ed)。一个完整的但并不是很好的英文翻译可见 Seneca, *Ad Lucilium Epistulae Morales*（G.P. Putnam's Sons 1917）(Richard M. Gummere, trans)。这个书简大约在公元64—65年出版，因此它们要远晚于《论愤怒》一书，但是在思想上却相当连贯。

[2] 我使用"他或她"不仅仅是出于当代政治正确的需要：公元一世纪的斯多葛主义哲学家们详细论述了妇女的平等教育，辩护了妇女应当像男人一样过反省的生活之观点。参见 Martha C. Nussbaum, *The Incomplete Feminism of Musonius Rufus, Platonist, Stoic and Roman*, in Martha C. Nussbaum and Juha Sihvola, eds, *The Sleep of Reason: Erotic Experience and Sexual Ethics in Ancient Greece and Rome* 283, 286-298（Chicago 2002）。

[3] Seneca, *On Anger*, at 117（注释3［即本书第17页注释②——编者注］）。

西方文化研究和种族与民族研究。受斯多葛学派好的哲学观念和当前最好的教育实践之启发，我认为发展出一些一般性原则指导对新兴课程创设的评估是非常重要的。①

《培养人性》的第二个来源是我在世界发展经济学研究院（一个隶属于联合国大学的国际机构，设在芬兰的赫尔辛基）的工作经历。在1986年至1993年期间，我以一名研究顾问的身份在那个研究院工作，与阿玛蒂亚·森合作了一个跨学科的哲学与经济学项目，内容包括了思考发明用以衡量一个国家中的"生活质量"的新方式。②我们挑战了那种如人均GNP根深蒂固的生活质量概念，而支持一个更为丰富的、更加人文的、多层面的发展路径概念，以实现促进"人类能力"之目标，即人类能够做特定有价值的事情或者成为特定有价值的事物的机会或能力。③这种路径，至少在我的这个部分，深深植根于古希腊和古罗马的哲学，既有亚里士多德的，又有斯多葛的。

当在研究院和来自全球各地的人一起工作的时候，我学到很多关于我自己的本科（包括研究生）教育的局限之处。我明白了尽管在某些方面我的教育在培育我跨文化对话方面做得很好，但在一些其他方面我受的培育却又是极其糟糕的。在思考各种各样的议题（其范围从商业和工业到全球环境）如何把不同文化背景的人们日渐聚到一起讨论根本的规范和原则时，我有了另外一个思考—一种真正的"世界公民"教育可能会是什么样的优势点。

三、培养人性：三个核心价值

聚焦到本科教育必修的"通识文科"内容，我首先主张，对于学生们

---

① Nussbaum, *Cultivating Humanity*（注释4［即本书第17页注释③——编者注］）聚焦于一组十五所差异甚大的学院和大学，极其详细地研究了他们的课程。
② 这些努力与创建联合国人类发展计划署的人类发展报告运动密切相关。
③ 关于这种路径，参见 Martha C. Nussbaum and Amartya Sen, eds, *The Quality of Life* 1–6（Clarendon 1993）（表明了当分析人类繁荣和福祉时需要考虑到这些能力）。我个人的所认可的路径稍微不同于森的，其最充分的发展参见 Martha C. Nussbaum, *Women and Human Development* 11–15（Cambridge 2000）（发展出了一种作为基本的社会和政治权利基础的能力理论）；亦见 Martha C. Nussbaum, *Capabilities as Fundamental Entitlement: Sen and Social Justice*, 即将在《女性主义经济学》（Feminist Economics）杂志刊出。

所生活的相互连锁的世界而言，有三种能力的良好培育是至关重要的。发展这些能力应当是通识文科教育课程部分的核心内容。

（一）苏格拉底式的自我反省

第一种能力是对自身和自我传统的批判性反思——遵循苏格拉底，我们可以将这种生活的过法称为"反省的生活"。这意味着这种生活不会只因为它是由传统流传下来或者已经成为熟悉的习惯就接受其为权威性信念，这种生活将质问所有的信念，只接受那些经过理性一致性和证成性的要求检验过的部分。发展这种能力需要训练人们按照逻辑展开推理，检视我们的阅读和言说是否满足推理的一致性、事实的正确性和判断的准确性。

这种检视经常会导致对传统的挑战，正如苏格拉底为自己辩护以反对"腐化青年"的指控时所明知的那样。但是他辩护自身行动的理由是，民主需要的是能够自我思考而不是一味服从权威的公民、能够共同思考他们的选择而不只是互相讨价还价的公民。他说，就像叮在一个高贵但却慵懒的骏马后背的牛虻，他是在唤醒民主，让它能够以一种更加反思性和合理的方式运行起来。这种慎思性民主规范在我们现代民主社会并不比古代雅典实现得更加充分。常态却是，单纯的花言巧语和支配大众舆论的野心远远胜过了良好而清晰的推理思考。

为了创造一个真正的慎思性的和自我清醒的民主，我们需要给予学生的是以一种苏格拉底的范式分析和建构论证、同时也表现出对别人论证之尊重的实践。此外，就像苏格拉底那样，学生们需要反思他们社会中的价值，学习辩护合理的价值以及批评那些经不住慎思检验的价值。

（二）世界公民

公民们培养他们人性的第二种能力，是不要将他们自己视为单单是某些地区或族群的公民，而要是并且也首先是通过承认和关切之纽带而与所有其他人类相关联在一起的人类。正如塞涅卡和古代的斯多葛学派所认识的那样，我们很容易将我们自己限定在狭小的群体中——做美国人是第一位的，做人类是第二位的——或者甚至更加狭隘的是，首先是意大利裔的美国人或异性恋或非洲裔的美国人，其次是美国人，最后是人类。我们忽视了将我们与那些住在相距很远或者长相面貌与我们差异很大的同胞们相连系起来的需求和能力。这意味着我们没有意识到与他们交流和结为同伴的广阔前景，以及包括我们对他们所负有的责任。在一个复杂的连锁的世界中培养我们的人性，包括要思考在不同的环境下实现共同的需要和目的之不同的方式。这需要大量的知识，而这些知识却是美国的学生们在先前阶段几乎没有学到过的：非西方文化的知识、少数群体内部的知识和性别与性行为差异的知识。

不同类型的机构需要以不同方式处理世界公民教育的挑战，但是所有的学生应当学习各大世界性宗教的基本知识和世界历史的基本知识。他们应当至少掌握一门外国语言。而且，他们应当学习如何更深入地探究至少一个不熟悉的世界文化，与此同时也要体认少数群体内部的经历。

（三）叙事性想象力

然而公民们不能够基于纯粹事实性的知识就能够思考得很好。所以第三种公民能力与前两种紧密相关，可以被称为叙事性想象力。这意味着一种为与自身不同之人设身处地思考的能力，成为一个那个人故事的明智读者的能力，理解他人彼时所拥有的情感、愿想和欲望的能力。这种叙事性想象力并非毫无批判性：我们总是将我们自己和我们自己的判断带入其他人的遭遇之中，当我们识别一部小说中的某个人物时或者一个我们能够想象其生活的远方之人时，我们必然将不仅仅是识别，而且还会以我们自己的目标和愿望去判断这个故事。但是，从他人立场理解这个世界的第一步对于任何负责任的判断行动来说是非常重要的，因为只有我们在明白那个人意图实施行动时的意义、明白在那个人的历史和社会世界情境下用以表达某些重要之事的一段演讲的意义之后，我们才知道我们在判断什么。我们的学生需要获得的这第三种能力，就是一种能够通过想象力的运用去破译这些意义的能力。

这种能力的培养首先是在文学和艺术课程之中。许多典型的和熟悉的作品能够培育学生们理解不同于他们自身之人所处的情境。但是，也有理由将那些让学生们体验他们所处社会中的少数群体和生活在远方国家的人民的经历的作品纳入进来。道德想象力常常会变得懒惰，因为我们会将同情给予那些相近的和熟悉的人们，而却拒绝分配给那些看起来与我们不同的人。可以说，征召学生们向远方的生命给予他们的同情，是一种训练想象力肌肉的方式。

四、作为公民的法律人

现在让我们转向法律。一方面，法学教育的主要目标是培养法律人，这一点显而易见。法学教育是一种专业化的职业训练，而不是为了培育公民素养和生活能力而进行的一般性准备。此外，与世界上大多数国家不同，美国学生只有在完成本科通识教育之后才能进入法学院学习。所以，我们有一些很好理由认为《培养人性》一书中主张的价值和目标并不适合法学教育：学生们已经完成了成为合格公民所需的一般性准备，他们将在法学院中收获的会是一些非常不同的东西。

但另一方面，法律人同样也是公民。事实上，他们还是非常有影响力的公民。人们早已意识到，让法律人成为伦理公民非常重要，美国律师协会自身也将伦理课程列入了必修。所以，法律显然不应仅仅被视为一系列技术性操作，还应被看作一种具备特定规范性伦理维度的、在公共生活中保持积极和影响力的方式。进一步说，法科生可以在不同背景下影响公共生活：作为法官助理（在一些案件中作为法官本身），作为跨国公司律师以及作为不同层级的政府官员。通过这些以及其他各种方式，法律人有机会为公共生活制定规范和做出指引。因此有必要再次强调，仅仅工具性、技术性的准备不足以帮助法律人很好地扮演这一规范制定者角色。

即使在法律人不处理规范性问题的时候，他们也需要展示出一些典型的苏格拉底式的公民美德，例如掌握精确和全面的信息，尊重对手论证，具备反思和审议的能力以及对生活的复杂性保持好奇心。再次强调一下，纯粹技术性和工具性的教育不足以培育这些美德，也不足以帮助他们在其专业角色中展现这些美德。

所以我们至少有必要问一问，我所提炼的公民的三种能力各自如何与法学教育相联系，以及在何种程度上这些要求已经在美国的法学院课程中得以体现。

五、法学教育：追求三个核心价值

（一）苏格拉底式的自我反省

这似乎不难实现，毕竟"苏格拉底式教学法"一直流行于法学院课堂中，而且逻辑能力作为法学院入门资格和学业评估标准，受到了特别重视。但我仍有一些担忧。很少有哲学学生甚至是他们的老师，能够透彻理解柏拉图在他的《高尔吉亚篇》（Gorgias）——一本主要致力于激烈批判修辞学家和智术师的著作——中到底想表达什么。因为"修辞学家"和"智术师"这两个词在当今听上去没什么大不了。是谁喜欢不择手段玩弄言辞蛊惑听众，而不是通过其自身艰辛而精妙的方式探寻真相？是谁喜欢制造满足感而不是追求真正的健康？应当就是律师吧。不仅如此，由于法学教育的目标之一是培养能胜诉的法律人，所以法学教育常常过分模糊诡辩与哲学之间的区别，混淆巧妙之论证和求真之论证之间的区别。甚至是在聘任法学教员时，也过分看重候选人能否展示出令人目眩的修辞说服力，而不是考察其披荆斩棘追求真相的能力。[1]法学教授和职业法律人是非常不同的角色，但二者常常被混淆，很少有人思考二者各自适合拥有何种心智品质。但即使是职业法律人，也需要具备比他们通常被期待的更强的反思能力和慎思能力。

---

[1] See Martha C. Nussbaum, *Cooking for a Job: The Law School Hiring Process*, 1 Green Bag 2d 253, 253-64（1998）.（批评法学院职工聘任程序并不能有效识别好的学者而不是好的修辞学家》。标题引自 *Gorgias* 中段落：苏格拉底将修辞与烹饪相比——目标是愉悦味觉；以区别于医术——目标是呵护健康。

所谓的苏格拉底式教学法并不十分苏格拉底式：其重点在于培养快速应答的能力，而没有真正赋予学生一个关键的苏格拉底式美德——承认自身的困惑。保持宁静和内省探索常常被看作苏格拉底式探究的标志，但在法学院课堂上很少看到这些。我们的课堂文化通常重视自我肯定、机敏和信心——这些品质常常与苏格拉底的对话者联系更紧密，如游叙弗伦（Euthyphro）和柯里西亚斯（Critias），而不是苏格拉底自己。这种情况在考试中更是如出一辙：成功的关键在于具备短时间内灵活收集和组织大量材料的能力，而不是苏格拉底式探究所需要的那种耐心探索的品质。

如果对年轻法律人来说，理解诡辩和苏格拉底式哲学之间的区别、关注真理而非获胜的确是重要的，那么我们应如何改变法学教育结构以促进这些价值？我认为其中之一是更加注重基础课程中的论文写作，像哲学课堂那样，仔细评估和批评学生论证的结构，并由指导老师给予严肃的评论。考试是训练论证能力的一个十分糟糕的方法，在很短时间内给 150 份试卷打分更是考察论证结构的一个极其糟糕的方法。在这一过程中学生也无法得到任何有益的反馈。

这一改变会进一步要求其他改变，将会拉近法学教育与其他学术教育规范的距离。如果指导老师打算一一评分，那么课堂就必须比先前小得多。也可以让教学助手评分，但问题是决定由谁来担任教学助手。① 这确实是个难题，只有雇佣更多教员才能彻底解决，而这会进一步要求改变法学院的财务结构。当然我们也可以在短期内采取一些折中策略，比如仅仅布置一篇这样的论文，花几节课时间公开地对论证结构进行分析。我们也可以充分利用课堂讨论，在这个过程中辨析追求获胜和追求正确之间的区别以及漂亮得分与尊重对手论证之间的区别。我们还要鼓励学生们在给他们的案例中寻找这些区别的例证。

理解这些区别之后，年轻法律人的以下认识仍然正确：某些特定情境下，他们的适当角色就是追求胜利而非追求真理，是击败其对手而非尊重

---

① 雇佣三年级学生会在学生中制造等级问题；雇佣其他专业受过法学教育的研究生也会有其自身问题。

其对手。(的确,有些人可能认为一个好的法律人是一个狡黠的智术师而非苏格拉底式的探究者。)一个好的辩护律师并非私家侦探;一个好的庭审律师也并非公平的真理裁决者。而且获取法律真理不同于获取道德真理,虽然大众常常混淆其区别:判例和条文在法律论证中承担了其在纯粹的道德论证中不具备的地位。然而法律人担任着多种角色,法学院也担任着多种角色。这其中包括追求正确和真实的学术价值以及真理和正义的社会价值。我们应当更加明确法学教育的哪一部分相应地促进哪一价值。即使对这些问题展开直率讨论,也比有时支配法学课堂以及某种程度上更普遍地支配法学研究的对诡辩与哲学的混淆给法学教育带来更大帮助。

但苏格拉底的挑战不仅仅是要求人们更清晰地思考。"反省的生活"关注伦理上的卓越,其核心目标在于弄清什么是美德和正义,批判性地检讨现存社会的传统。苏格拉底式活动的这一部分不属于所有的法学课程,因为法律人需要按照法律原本所是的那样来学习法律。但法律人同样也是公民,是公众人物,是社会变革的主体。他们应当在审视决策、社会正义以及其他相关主题的各种可行性解释的过程中学会参与规范性道德推理。法学教育的这一规范性维度不应被限制在"法律伦理"必修课——一门通常仅仅关注专业行为的狭隘课程——之中,而应贯彻于全部课程,因为规范性问题和正义问题遍及全部法律领域。如今这些问题时而被提起,尤其是在宪法和环境法领域中,但将来应当越来越普遍化。现在的课程往往引导学生对这些问题报以嘲讽("这些归根到底都只是自我利益而已")和相对主义("你有什么资格评判?")的态度,而不是严肃、严格处理这些问题。那些出于正义激情而选择法律事业的学生,无法在这些课程中学会引导自身的激情,也无法使自己关于这些问题的想法变得更加细致和精确。

基于上述理由,法学院已经和道德哲学家们有了越来越多的正式合作,而且在很多地方,规范性的政治哲学和道德哲学课程扮演了越来越重要的角色。作为一名在法学院的主要工作就是教授这些课程的教师,我对此的主要忧虑是:这些课程到最后常常变成了对已持有相同观点的人做宣传,变成了针对本科主修哲学的学生的继续教育。在芝加哥大学,我们通过一门名为"决策过程"的课程来解决这一问题，这门课程由我和道格拉斯·贝尔德（Douglas Baird）教授——一名将博弈论应用于法律方面的专家——共同讲授。通过处理公共生活中良好决策过程的分析性面向和规范性伦理面向，我们帮助学生掌握期望效用理论、博弈论以及新行为法律经济学。很多学生最初基本将伦理学视作一门"无用的"学科，但我们会让他们阅读康德、密尔、亚里士多德以及一些更为冷僻的作者，例如亨利·詹姆斯（Henry James）和玛哈丝维塔·黛维（Mahasweta Devi）。这样的课程能够使学生们受到很好的规范推理训练，对此我非常乐观。

（二）世界公民

研习法律最初显然是以国家为单位的事务。美国和英国（以及印度、孟加拉国、南非、澳大利亚、加拿大等国）共享了一个完全不同于欧陆的法律传统。世界上还有很多不同的法律体系。然而，我们也可以通过结合比较视角使法学教育模式更加多样化，就像历史系和政治系学生通过将历史置于全球背景下这样一个比较视角来获得对其研究主题更为深刻的理解一样。（比较视角也有助于激发苏格拉底式的追问，因为学生们会发现我们的行事方式并不具有必然性和普遍性，其他地区那些通情达理的人会用不同方法处理类似问题。）大多数法学院都有比较法课程，我们院甚至有一个比较宪政研究中心。[①] 无论如何，我们需要在各种不同议题展示中加入更多比较性的材料。在这一点上，非核心领域的新案例教科书通常比标准案例教科书做得更好。凯瑟琳·麦金农（Catharine MacKinnon）新出的《性别平等》（*Sex Equality*）案例教科书[②]是一个典范，其囊括了世界各地关于性别平等问题的材料，能够使我们全面深刻地理解当今世界是如何处理相关问题以及美国在这些问题上是如何与其他国家相较量的。

但局部比较并不足以应对来自当代世界的全面挑战，因为现在有了越来越多的全球性机构、国际组织以及国际协议，而且跨国公司在它们工作

[①] See http://ccc.uchicago.edu.
[②] 总体上，请参见 Catharine MacKinnon, *Sex Equality* (Foundation 2001).

的世界各国的影响越来越大。我们的毕业生越来越多地在跨国背景环境下工作，因为那些公司要么本身就是跨国公司，要么拥有自己的跨国客户，抑或二者皆是。他们可能以美国律师的身份生活在西贡或伦敦，代理那些对印度和孟加拉国公共政策制定有重大影响力的客户。随着国家主权日渐妥协于跨国公司的影响力，我们甚至可以说这些跨国公司及其律师越来越成为这个紧密联系的世界的公共政策制定者。

旧的标准美式法学教育完全不足以帮助年轻法律人很好地应付这些新角色，尤其考虑到美国人对国外事务的惊人无知。对于社会正义的规范性的苏格拉底式推理相较以往显得更为必要，因为法律人更多被要求超越死板的制度框架进行思考。但学生同时也应当通过相应课程熟悉国际法、国际组织、国际条约、国际人权以及国际商法的历史（最好不要只学最后一个）作为对前述训练的补充。他们也应当至少了解一些棘手的发展中国家问题以及这些问题的法律衍生物。因此，环境法、教育法以及济贫法都应当更多以国际视角教授。（我们将玛哈丝维塔·黛维——一位关注穷苦妇女生活的孟加拉一流短篇小说家——纳入"决策过程"课程的阅读清单，以使学生们思考一名穷苦孟加拉妇女的决策如何受到经济状况和性别地位的约束。）

鉴于标准"核心"法律课程所占的庞大比重，我们难以为这些新的国际化学习内容腾出空间。但一些锐意进取的法学院正在努力尝试。在院长杰弗瑞·莱曼（Jeffrey Lehmann）的领导下，密歇根大学法学院要求所有的学生学习国际法，而且以一系列富有雄心的比较法和国际法课程贯彻始终。乔治城大学则正在讨论开展一项提升一年级比较/国际化要求的计划，且国际法是一年级最热门的选修课。而以国际法、人权以及全球治理而闻名的哥伦比亚大学则为具有国际关怀的学生设立了一些具有创新性的选择性"通道"以及一个国际法工作坊。在芝加哥大学，除了一个正在运作的国际法工作坊，我们的法律-哲学工作坊经常关注国际事务（2000—2001年关注全球正义，2002—2003年关注战争），而且比较宪政研究中心针对一系列国际议题举办了研讨会，主要关注的是弱势群体宪法权利的保障实施。①

正如美国国际法协会关于"国际法与法律课程"的报告所指出的那样②，提升法学课程国际化程度依赖于教职工团队的优化、相关学生活动与学生刊物的发展、课程改革以及对会议及其他科研活动的大力支持。这些努力都离不开财力与想象力。但旧式的法学教育并不能很好培养我们的学生适应他们即将进入的世界。正如在其任期内的突出工作就是致力于国际化的杰弗瑞·莱曼院长所说：

> 为什么我们中的许多人想要学习外国法律和国际机构？为什么我们想要理解那些塑造各国行为的规范？为什么我们在意其他国家如何对婚姻、污染以及媒体进行规制？
>
> 毫无疑问，其中一个理由是比较主义的。我们明智地相信，通过理解其他社会和文化如何采取了不同的路径解决了类似的社会问题，我们能更好理解我们自己以及自身的法律文化。
>
> 但在我看来，一个更重要的理由在根本上是人道主义的。虽然我们尊重国家边界在法律上的重要性，但我们中的大多数人仍然承认存在一个包含全人类在内的"共同体"……弗朗西斯·艾伦（Francis Allen）称法律为"通向世界之路"，这既能按字面理解，也可以看作一种隐喻。我们的毕业生在他们的法律人生涯中会感到一种责任，一种对包含了整个世界的共同体的责任。③

这段文字，即使与塞涅卡（Seneca）相比，也毫不逊色。

（三）叙事性想象力

表面上看，本科阶段才适合教授文学和艺术——这些课程可以提升学生

---

① 本中心的第一次研讨会得到了 Mark Tushnet、Richard Epstein、Cass Sunstein 以及 Iris Young 的支持帮助。See 3 Chi J Intl L 429（2002）.
② Charlotte Ku, *Panel Report: International Law and the Legal Curriculum*（ASIL 2002）.（对美国国际法协会第 96 届年度会议一次小组讨论的总结）
③ Jeffrey Lehman, *Message From the Dean*, 40 L Quadrangle Notes 2, 2 (Fall/Winter 1997).

对不同情境的想象能力。法学院的学习则更加枯燥和技术化。但我认为这一结论是短视的。如前所述，对人类困境的想象能力就如人的肌肉：除非持续运用，否则必然萎缩。同时，对人类之苦恼、畏惧、愤怒以及巨大哀痛的想象本身就是法律事业的一个重要特质。律师需要这一能力来有效理解和描述其客户面临的困境。法官需要这一能力来提炼整理案件中的各种主张。公司法律顾问需要这一能力来完整呈现公司各种不同的政策选择所可能产生的一切后果，包括对消费者、员工乃至公司营业地域范围内的国内外公众的影响。当然，事实知识本身是决定性的，缺乏事实的想象会将我们引向歧途；但如果缺乏在脑海中再现情境的能力，那么事实知识本身也无法展现其人文意蕴。

由于机敏好胜的高智商人群往往极度缺乏这一想象能力，所以在法学课程中应当特别注意设置有关叙事性想象力的内容。正如我在《诗性正义》(Poetic Justice)① 一书中主张的，法学课程可以通过很多办法激发和发展想象力。② 为了节约篇幅，且我已经在关于法学教育改革的论述中谈过这些内容，在此我不再赘述。

虽然《诗性正义》中已经说了很多，但针对最近流行的"法律与文学"课程，我仍然想给出一些告诫。③ 我以前教过这门课，现在不教了。"法律与文学"这个标题并不指向任何明确的主题。但我上这门课时，主题很明确：同情与移情在法律中发挥的作用。我通过各类文学④ 和法律文本来探究这一主题。但不出所料（虽然我认为我对这门课的描述已经足够清晰），上这门课的学生并不期待在课堂上持续对情感进行哲学化的反

---

① Martha C. Nussbaum, *Poetic Justice: The Literary Imagination and Public Life*, xiii-xviii (Beacon 1996).（描述了法学教育中文学的价值）
② 詹姆斯·博伊德·怀特（James Boyd White）提供了一个至今仍旧特别有价值的经典解释。See James Boyd White, *The Legal Imagination: Studies in the Nature of Legal Thought and Expression*（Little, Brown 1973），这本书对"法律与文学"运动的影响胜过其他所有著作。See also James Boyd White, *From Expectation to Experience: Essays on Law and Legal Education*（Michigan 1999），especially the essays, *Teaching Law and Literature*, id at 73-88, and *Meaning in the Humanities and the Law*, id at 89-110.
③ 除了怀特的作品，这一领域最有影响力的书籍当属理查德·波斯纳（Richard A. Posner）的 *Law and Literature*（Harvard 2nd ed 1998），但二者的方法路径完全不同。
④ 当然，并非只有文学作品能够培养对人类困境的想象力。历史和传记材料都非常重要，而且有时更易为法科生所接受。

思，而是期待一门更加轻松而有娱乐性的、关于法律情境的文学表达的课程。也许那类问题能够被解决，但我们无法指望这样一门选修课来实现我试图推广的那种训练，无论这一性质的课程设计得多好。

如今，我提倡将想象力这一主题以及培育想象力的作品整合进众多不同层次不同种类的课程。举例来说：在"决策过程"这门课中，我和道格拉斯·贝尔德教授布置了范围非常广泛的阅读材料，包括叙述性和记录性的历史材料，对经济发展计划的叙述性解释，一些短篇小说（玛哈丝维塔·黛维的《吉瑞芭拉》[Giribala]以及蒂莉·奥尔森[Tillie Olson]的《我站在这儿熨烫》[I Stand Here Ironing]），亨利·詹姆斯的一段文摘，以及在一次难忘课堂上所展示的一个活生生的历史性决策的例子，在这次课上我们的同事伯尼·梅尔泽（Bernie Meltzer）第一次公开描述了二战期间，他在担任国务院外事金融部门负责人时是如何尝试将罗马尼亚犹太儿童从屠杀中解救出来的。

我相信所有的这些不同文本都有其意义。讨论亨利·詹姆斯的那次课十分美妙；一名积极进取的学生，在充分理解麦琪·费弗（Maggie Verver）做出在他们自己家中见她丈夫这一决定的复杂性之后，称这次课为"魔法课"。梅尔泽对反犹主义以及当时高层反应迟钝的温和解释也自有其力量。有时，当学生们惊讶地发现历史性事件就在课堂上发生时，其想象力能得到极大的提升。在期末考试中，我们让学生（运用其学到的不同理论方法）分析两段叙述：一段是对博帕尔事件（Bhopal disaster）的历史性解释，另一段摘自萨缪尔·理查森（Samuel Richardson）的《克拉莉莎》（Clarissa）一书，克拉莉莎·哈洛（Clarissa Harlowe）向安妮·豪（Anne Howe）解释她为什么要与洛夫莱斯（Lovelace）私奔。（如果说贝尔德教授对战争故事特别感兴趣，我则被困境中妇女的故事所吸引；这个组合既刺激又有益。）简而言之，叙事性想象力本身不能通过一门叫做"文学"的专门课程教授。它是也应当是以许多不同的地点和形式展开的法学教育的一部分。

法律人是公民。事实上，他们还是非常有影响力的公民，对他们的祖国以及世界而言都是如此。在这个全球化时代，受过美式训练的法律人影响着世界各地的事件。因为法学院挑选的都是那些机敏、好胜、积极进取的人，因此必须严肃对待课程设计，使学生的思维能比入学时更加周全和审慎。我常常担心反面情形发生：有抱负有理想的青年人变得更加狭隘，进一步被局限于狭隘的工具性目的。律师事务所的世界已经足够让人变得狭隘了。略微改动塞涅卡的表述，我们可以对自己这样说："不久，他们就将走向社会为企业服务了。但在此期间，当他们还在这儿时，当他们还有时间慎思和想象时，让我们培养他们的人性吧。"

哲学在法学教育中的功用与误用[*]

玛莎·C. 努斯鲍姆[**] 著

刘雪利[***] 译

一

苏格拉底走向一位著名的政治家,这位政治家"在很多人看来,尤其是在他自己本人看来,是有见识且聪明的"[①]。一如往常,苏格拉底让这位政治家对自己所声称的成就进行哲学上的质疑,并请求他对平等、正义和法律等重要的法律与政治概念给出一致且毫无矛盾的解释。这位博学之人给予苏格拉底的回答并不令人满意。苏格拉底表示很是惊讶,他在离开的时候得出结论:毕竟他还是比这位博学之人知道得稍微多一些,因为他至少知道这些概念的困难和自己理解的不足;而这位博学之人既缺乏对这些

---

[*] 原文出自"The Use and Abuse of Philosophy in Legal Education", *Stanford Law Review*, vol. 45, no. 6 (Jul., 1993), pp. 1627–1645。

[**] 玛莎·C. 努斯鲍姆(Martha C. Nussbaum),布朗大学教授,哲学、古典文学和比较文学教授,芝加哥大学法学客座教授。

[***] 刘雪利,中国政法大学法学理论专业博士研究生。特别感谢陈竞之同学和叶会成、张峰铭两位师兄对本文的细致校对,当然,译责自负。

[①] Plato, Apology 20C. 这些经典文本都是我亲自翻译,所有的参考文献都与这些作者在学术版本中被引用的标准编号相对应。文本将与苏格拉底对话的人称作"politikoi之一",并将他与其他的"专业人士"进行对比,后者包括诗人和工匠。因此,由于特定阶层的所有市民都会为其在公共事务中的活跃而骄傲,现代意义上的职业性政治家没有阶层之分,那么他一定是将大量时间都用于政治活动的人。这是什么角色仍不清晰。我将"sophos"一词译作"有见识且聪明的",它的意思可以是"智慧的",但也可以包含精明和机敏。

概念的充分理解，也缺乏对自身不足的认知。苏格拉底认为，他对于民主政制而言是一个有益的角色，因为民主政制就好像一匹"硕大的骏马，这匹马因其体型巨大而变得有些呆滞"，而他就像是一只牛虻，时刻叮着这匹马，使它精神焕发。①

当哲学家以这种方式行事时，那些他们打算使其受益之人并不总是很高兴。苏格拉底认为他应该得到一个终身任职并免于业绩审查的受薪职位②，这有点像美国联邦法院的法官身份。众所周知，希腊公民有一个与众不同的观念：对那些致力于实践事务的人而言，哲学家的身份总是很可疑。为什么她如此超然世外？什么是她在这个领域的经验技能？什么赋予她权利，让她能够在没有任何该领域专业证明的情况下，对诗人、经济学家、律师或者生物学家提出根本的质疑？③ 正如卡里克利斯（Callicles）对苏格拉底所说的那样，这种行为对于青少年而言是非常好的，但是当他长大成人，他就必须要从事一个真正的职业，否则人们就会嘲笑并且驱逐他。④

但是，苏格拉底严肃地主张，他的那些根本的诘问具有着实践价值。他似乎认为，职业领域和公共生活中的人们对他们自己的学科、主要的概念和活动都有着直觉上的理解。这些理解在某种基础性的意义上是合理且正确的，但其与完全充分的表达、应用相比，却非常模糊、自相矛盾、缺乏严谨和慎思。哲学是从对谈者（interlocutor）来获得素材的，哲学不是灌输，其从来都不是来自于外界。通过系统且清晰地梳理出人们自己很少为其自身整理和其自身思想内部的东西，哲学扮演着重要的公共服务角色，促进了职业教育的形成。⑤

---

① *Id.* at 30E-31A.
② *Id.* at 30D-E. 苏格拉底指出，他愿倾尽生命所有于哲学，因此这个城市就有了一个更强大的理由来支持他。
③ 这些所有的担忧都来自于柏拉图早期和中期对话录中的谈话者，参见 Plato, *Protagoras*; Plato, *Republic*. 目前对苏格拉底的最好描述，参见 Gregory Vlastos, *Socrates, Ironist and Moral Philosopher* (1991).
④ Plato, *Gorgias* 484C-485C.
⑤ 对于苏格拉底式诘问（Socratic elenchos）的类似叙述，参见 Gregory Vlastos, *supra* note 4（即本书本页注释③——编者注）, at 107-31. Vlastos 认为，苏格拉底预先设想了待研究信念的基础地位，这就是为何他会认为，如果没有事先的教化，梳理将只会产生材料。Vlastos 认为这是柏拉图反对苏格拉底方法的其中一个原因。

亚里士多德对此也持有类似的主张，认为哲学训练对未来的立法者非常重要。他认为，我们必须将公民自身的信念和理念作为出发点和归宿。这是我们的主题和素材：哲学家并非是在建造空中楼阁，哲学化的梳理依然还有显著的实践功能要实现：

> 正如我们提出的，对于那些已被真实表达但尚不清晰（的概念），我们也将从通常的混乱表达转向清晰，进而得出更为明确的观点。对每个论题的探究而言，是否以哲学方式论辩有着很大的不同。因此，我们认为政治家进行清晰化的思考并不是多此一举，这种清晰化的思考不仅关涉"是什么"，而且涉及"为什么"，因为这是哲学家在任何一个领域所应做出的贡献。①

亚里士多德和苏格拉底都不认为精确和清晰对于实践有用性来说是充分的。苏格拉底将自己与智者学派对立，亚里士多德在这篇文章中进一步将其方法与那些轻浮又狡猾的人区分开来，后者对人类经验和经验事实不屑一顾。尽管如此，他们又确实认为，哲学至少对于职业教育的妥当实现是必不可少的②，我将支持他们的主张。我不会像苏格拉底那样在公民大会上要求为我的服务提供免费晚餐，我将尝试使苏格拉底的哲学案例比其在通过抽签选出的雅典公民陪审团前所呈现出的更可信一些。③ 那么，为何我们应当将哲学当作法律教育的一部分呢？

今天主导法学院的法学教育理念是从科学中借鉴而来的。兰德尔（Langdell）认为，为表明法律不仅仅是手艺，法学教育也不仅仅是学徒训练，我们就必须证明法学是一项科学事业。他们所使用的案例是归纳后的判例（Baconian data），法科学生从中抽象出法律原则并以演绎方式进

---

① Aristotle, *Eudemian Ethics* 1216 a 26-39.
② 这也成为希腊时期哲学学校、享乐主义者、斯多葛学派和怀疑论者的中心主题。我在 *The Therapy of Desire: Theory and Practical in Hellenistic Ethics*（1994年即出）一书中讨论了他们在哲学实践意义上的重要性。
③ 要记住，赞成哲学家傲慢主张的人出乎意料的多。苏格拉底惊讶地发现，（在500人中）只有30票要将他驱逐出去。Plato, *supra* note 1（即本书第33页注释①——编者注）, at 36A.

行体系化。兰德尔所谓的"真正法律人"能够"熟练掌握法律原则，进而以恒定的技巧和确定性将其应用于错综复杂的人类事务之上"。[1] 显而易见，在他的语境下，法学教育有资格在一个著名的大学（如哈佛大学）中获得荣誉性的地位，但是兰德尔从未质疑法律有可能并不属于人文学科，甚至也不属于科学。他将和科学的从属关系视为法律能够证明其自身作为有序和理性学科的唯一方式。

这一理念已经产生了强大的影响力，并成为抵制法学生应该进行哲学训练这一观点的重要依据。举例而言，理查德·波斯纳（Richard Posner）在《法学杂志》（Journal of Legal Studies）第一卷的编后记中这样阐述杂志的宗旨：

> 本杂志的宗旨是鼓励在法律体系的研究中使用科学的方法。正如生物学之于生物体、天文学之于星辰或者经济学之于价格体系那样，法律研究之于法律体系同样如此：力图精确、客观和系统化地认识法律体系事实上是如何运行的，进而发现和解释在观察中反复出现的模式——体系中的"规律"（laws）。尽管已经做出了大量非常杰出的开拓性工作，但是很显然，我们这一学科依然处于前科学阶段。[2]

我们注意到，像兰德尔一样，波斯纳也将精确等同于科学精确，客观等同于科学家认为他们所能达到的那种客观[3]，体系的规律等同于科学发现的规律。他并没有问，是否存在其他包含其自身精确、客观性和精确规定的学科，并且，如果存在，其中哪一个可能最适合于法律。这一假设对法学教育产生了极大的影响。由于人们通常认为科学是（如果它真的是）

---

[1] William Twining, *Karl Llewellyn and The Realist Movement* 10–15 (1973).
[2] Richard A. Posner, 编后记，1 *J. Legal Study*. 437（1972）.
[3] 我之所以以这样表达是因为，总体而言科学家通常不会像最厉害的哲学家那样，在描述科学所做和已有成就时那样细致地捍卫关于客观性的主张。一流的科学哲学家也没有必要在科学和社会探究之间就目前客观性的种类和程度作出明确区分。See, e.g., Hilary Putnam, "Objectivity and the Science-Ethics Distinction", in *The Quality of Life*（Martha Nussbaum & Amartya Sen eds., 1993）.

最有助于理解法律的学科，因而今天的法科学生通常至少都会了解一些经济学。但他们几乎不知道如何去质疑这一整个科学预设，进而去探究对精确和体系的替代性理解。在此，苏格拉底可能会有一些冒犯性（irritating）的问题要问，尤其是如果他怀疑他正在和这样一些人打交道，即他们对自身能力的自信超过了他们回答这一问题的能力之人。我并非借此指那位具有高度苏格拉底式品格的波斯纳，如果论证是好的，其总是乐于接受反驳。我的意思是说在法学中也可能存在这种"在很多人，尤其是他自己本人看来，是有见识且聪明的"。如果在法律职业中不存在这类人，那么这一论证不针对任何人。

首先，我将阐释法学教育的几个不同领域，在我看来哲学在这些领域有很多贡献，借此来捍卫苏格拉底并继续推进这一探究。如果不同时对哲学及其正在发生什么有所论述，那么上述论证将会略有难度，但我希望能够在令探究内容清晰的同时给出足够的例证。然后，我将考虑一些针对在法学院教授哲学这一整体观点的反对意见，最后我将提供一些能够实施（在法学院教授哲学）的最好策略。

（一）法律论证所使用的基本概念之探究

经典的苏格拉底式纠问是考查被纠问之人所使用的某个（或者某些）概念，他们[①]无时无刻不在专业领域中使用这些概念，但自己却几乎并未真正澄清它们。法律论辩经常运用那些专业哲学家所致力澄清的概念，比如正义、平等、自由、自由意志、情感、性和性欲以及生活质量。律师和法官经常就这些问题表达自己的理论主张，司法意见也充斥着这样的主张。然而这些论辩却很少显示出对哲学家长期严谨工作的最基本认识，而这些工作原本可能有助于澄清法官或者律师对上述问题的推理过程。让我给出四个具体的例证。

[①] 苏格拉底并未真正对雅典的妇女提出纠问，因为她们不能外出。但是苏格拉底宣布，他死后将会对妇女和男子都提出纠问，因为海蒂斯（Hades）不会施加这种限制。See Plato, *supra* note 1（即本书第33页注释①——编者注）, at 40C.

1. 自由意志

在目前斯坦福大学所使用的一本由萨士保（Saltzburg）和卡普拉（Capra）编写的刑事诉讼教科书中[1]，思考在刑事审判中供认（confession）可采性的学生被引导考虑下列问题："自由意志"是否是供认案件的一个可行标准？[2] 然后他们被要求阅读波斯纳大法官[3]近期关于"盛气凌人的自由意志"（overbearing of free will）的主张，波斯纳认为一旦我们严肃对待"自由意志"，就可能要求排除"几乎所有的羁押审讯结果"，因为在这样的情形下，没有什么供认的决定能够被认为是完全自由的。他进一步认为，真正相关的问题是：

> 政府是否使得被告在是否要供认的问题上做出一个理性选择成为不可能——换言之，使得被告无法在供认之时权衡利弊，随后依照平衡状态做出行动。
> ……
> 警察可以利用嫌疑人的无知、不安、恐惧和不确定；他们只是不能扩大这种恐惧和不确定，以至于达到了使得理性决定变得不可能的程度。[4]

进而，萨士保和卡普拉向读者们提出问题：波斯纳法官是否对上述情形进行了正当的阐释？他的分析是否与弗尔米南特（Fulminante）一致？[5]

如果缺乏对问题所涉概念的体系性和严谨哲学化的思考，就无法恰当地回答这些问题。波斯纳推进了这些问题，因为他注意到自由意志的整体性标准在应用中是多么空洞和难以把握，而其概念又是多么富于争议和模

---

[1] Stephen A. Saltzburg & Daniel J. Capra, *American Criminal Procedure: Cases and Commentary* (4th ed. 1992).
[2] *Id.* at 501.
[3] United States v. Rutledge, 900F, 2d (7th Cir.1990).
[4] *Id.* at 1129, 1130.
[5] Saltzburg & Capra, *supra* note 14（即本书本页注释[1]——编者注）, at 502. 探讨 *Arizona v. Fulminante*, 111S.Ct.1246 (1991).

糊。波斯纳认为，回答"一位被告就是否供认作出理性选择"要比回答"这位被告在供认时是否是自由的"这一问题更加简单，在这一点上他是对的。在《法理学的问题》①这本书的有趣讨论中，他更进一步地（参照了传统和现代的哲学讨论后）认为我们应当将自由意志解释为做出理性选择的能力，而不是法律通常所解释的那些不清晰的特定方式。但是我认为还有一些问题值得进一步研究。

首先，"作出理性选择"这一整体概念并非如波斯纳所认为的那样清晰。他在《法理学的问题》一书中对此问题进行的讨论，尽管哲学化的分析比大部分法律分析更加合理有据，但是以哲学讨论自身的标准来看仍然是简略和粗浅的。这一讨论并未区分哲学讨论中的各方对理性的不同解释，波斯纳个人对理性的理解是以经济学为依据②，他似乎假定了这一理解是对自由的最佳界定。但是，即使是在自由意志的语境下，对理性也依然存在多种讨论。我所认为的目前对此问题的最佳哲学理解——苏珊·沃尔夫（Susan Wolf）的佳作《理性之内的自由》③——确实也主张（其细致且精确的论证也许有助于支持波斯纳的陈述④）我们应当从作出理性选择能力的角度理解自由意志。但是沃尔夫对理性选择的理解与波斯纳有着重大区别：将我们所讨论的理性界定为一种回应特定伦理争议的能力，而这些争议所涉及的目的本质，事实上对个人的理性或者非理性决定是至关重

---

① Richard A. Posner, *The Problems of Jurisprudence* 171-89 (1991).
② 要了解自由意志的完整定义，*Id*. at 174（"使手段适合于目的这一意义上的理性选择，无论那些目的如何被选择，也不论'使适合'是否包含有意识的精神活动"）。
③ Susan Wolf, *Freedom within Reason* (1990).
④ 波斯纳依赖对大量文献的快速调查，这一方法的困难在于，其几乎不会促进对所争论问题本质和细节的细致的批判性参与。人们倾向于像在他处引用科学文献那样引用哲学家（的观点）作为权威，但是波斯纳并没有告诉我们，为何选择对自由意志的特定讨论来消除困惑，而不选择其他，或者说在他所赞成的观点当中，什么是他所认为的有张力和细致的讨论。参见 Posner, *supra* note 19（即本书本页注释①——编者注）, at 172 n. 19（引用一系列关于自由意志的参考文献，这些文献经过审查后会显示出非单一的立场和许多深层次的差异）。更进一步，波斯纳关注有关自由意志的观点时，通常会关注那些在其他方面知名的哲学家，却忽略了他们的知名度在很大程度上取决于不同的贡献这一事实。如果要求推荐近几年对自由意志理论作出最大贡献的人，我想正在工作的哲学家不会有人提名奎因（Quine），尽管奎因无疑是本世纪重要的哲学家。同样，虽然戴维森（Davidson）受到广泛的尊重，但他的贡献显然也是他饱受争议行动哲学的一部分。然而波斯纳在论证时就好像能够抽取出这些文献中的一部分作为权威加以运用，而不去追问（1）他是否赞同这些主张的所有前提，或者（2）他们的文献是否是这个话题讨论中最好的，*id*. at 171。

要的。但波斯纳的讨论如此简单,无法显示出这些重要的区别。

此外,萨士保和卡普拉在探讨弗尔米南特一案时关注到了其他方面。[①]因为在此情形下,我们无法轻易地将"盛气凌人的自由意志"的议题简化为波斯纳意义上的理性选择问题——甚至也不是在苏珊·沃尔夫的意义上——尽管如此,这似乎对供认的可接受性提出了严重的质疑。弗尔米南特被怀疑是可怕的儿童谋杀犯。他尚未被指控犯罪时,却因另一个违法行为而入狱。在这期间,一个警察线人告诉他,狱友怀疑他是儿童谋杀犯,意欲虐待他,从而诱导他供认;如果弗尔米南特向他坦白供认,那么他将保护弗尔米南特。怀特(White)法官裁定,如此获得的供认是不予认可的,他并不是主张弗尔米南特在列出成本和效益之后无法做出理性选择。[②]相反,他主张尽管弗尔米南特在这种情景下的思考过程是完全理性的,但是此情景下的威胁因素使得这一供认并非出于自愿。那么,波斯纳的替代方案能够充分解决自愿与自由的问题可能就是错误的。或许,此处的自愿和自由这两个用语(*language*)本身就是令人误解的,我们应该使用其他术语来描述这些心理约束的情况。(比如亚里士多德将这种情形称作"混合式行动"[mixed actions],由于行动者出于"对更大恶的恐惧",因而不是非自愿,而是不完全自愿。[③])但是道德问题的核心依然是有意义的:尽管

---

① Arizona v. Filminante, 111S. Ct. 1246 (1991).
② *Id.* at 1252-53. 当然,他也没有主张弗尔米南特不符合苏珊·沃尔夫关于理性的标准;他既没有提及沃尔夫或者更早的相关讨论,也没有去解决他们所提出的问题。但事实上,在沃尔夫的意义上来说,弗尔米南特是理性的,他能够对善与真作出回应。但是其是否决定供认罪行就是另一个问题,如果他这么做,就是在以沃尔夫意义上的理性行事。
③ Aristotle, *Nicomachean Ethics*, III.1, at 1110a3 ff. 亚里士多德的例证是两个男人,其中一个男人在暴风雨中将船上的货物抛出,以拯救自己和船只;另一个男人则在暴君的胁迫之下做了"羞耻之事",如果拒绝,他的父母和孩子将会被杀死。亚里士多德认为,一般来说没有人会选择去做这样的事情,但是在特殊情况下,"任何理性之人"都会如此。因为人们是在充分意识到行为的情景和性质之时开始行事,看起来似乎是出于自愿的行动;但是在另一种意义上看他们又是不自愿的,因为在一般情况下没有人会选择这样做。针对亚里士多德这一想法的清晰阐释,参见 Michael Stocker, *Plural and Conflicting Values*(1990)。See also Martha C. Nussbaum, *The Fragility of Goodness: Luck and Ethics in Greek Tragedy and Philosophy* 25-50, 318-42 (1986). 了解对这种现象的一般处理办法,参见 Ruth Barcan Marcus, "Moral Dilemmas and Consistency", 77 *J. PHIL.* 121(1980), and Bernard Williams, "Ethical Consistency", in *Problems of the Self: Philosophical Papers* 1956-1972, at 166(1973)。

不完全一样，但是弗尔米南特被就像被洗脑或者服用毒品一样被施以了强制。波斯纳可能会主张，自由意志问题的其他部分在道德或者法律上都不重要。但是无论如何，不能如此轻率地打发掉这个问题，就好像一个很容易就被成本-效益理性这样更清晰的概念所取代的模糊概念一样。（诚然，有人可能会补充说，理性的经济学概念最明显的问题之一在于，其困难使得这种类型的冲突有了意义。①）我认为某种苏格拉底式的哲学诘问和最优秀的哲学家在此领域所要提出的反思，将会对整个讨论产生重要的价值。

2. 情感

由于我最近已经写文章细致地讨论过此话题②，因此只对其进行简要的分析。但这又是一个如此重要的问题，以至于我又不想完全地遗漏。司法观点经常会讨论情感和"情感"与"理性"之间的关系，这些讨论处于一团混乱。在情感和理性之间，甚至是在某些案例中的情感与道德判断之间，存在一种简单的极端对立观点，即情感在裁判思维中没有地位和有地位这两种主张。没有人会停下来去准确地探究情感和理性之间真正的关系是什么，情感本身是什么，它们是否以及如何以信念作为基础，它们是否以及如何将对象的概念具体化，它们是否以及如何能够经由论辩发生改变。这些都是从柏拉图③到罗纳德·德·索萨（Ronald de Sousa）④情感哲学探究的基本起点。最近的哲学著作⑤有一个很大程度上的共识——同时

---

① See Henry Richardson, *Rational Deliberation of Ends*（即将出版）; Amartya Sen, *On Ethics and Economics*（1987）. 我对此问题的讨论可参见 Martha C. Nussbaum, "Plato on Commensurability and Desire", in *Love's Knowledge: Essays on Philosophy and Literature* 106-24（1990）。
② Martha Nussbaum, "Skepticism About Practical Reason in Literature and the Law", 107 *HARV. L. REV.*（1994年2月即出）（下文简称 Nussbaum, *Skepticism*）; Nussbaum, *supra* note 8（即本书第35页释②——编者注）; Martha Nussbaum, *Upheavals of Thought: A Theory of The Emotions: The Gifford Lectures* 1993（暂定题目，1996出版）; Martha Nussbaum, "Emotions as Judgments of Value", 5 *YALE J . CRITICISM* 201 (1991); Martha Nussbaum, "Equity and Mercy", *PHIL. & PUB. AFF.*（1993年即出）（芝加哥大学法学院杜威讲座1992）（下文简称 Nussbaum, *Equity*）。
③ Plato, *Republic Book* IV, at 435A ff.
④ 目前针对这个问题的最佳哲学作品是 Ronald de Sousa, *The Rationality of Emotion*（1987）。
⑤ 除了 Sousa 的书，还可以参考 Robert M. Gordon, *The Structure of Emotion: Investigations in Cognitive Philosophy*（1987）; Williams Lyons, *Emotion*（1980）; Robert C. Solomon, *The Passions*（1976）。

也包括人类学[①]与心理学[②]——情感不只是无意识的起起落落，而是感知或者思想的形式，是对世界观与信念变化的强烈回应。尽管如此，法官还是照旧行事，仿佛这样的讨论从未发生过一样。最近在一个陪审团指令的（jury-instruction）加利福尼亚州诉布朗案中[③]，奥康纳（O'Connor）法官代表多数意见书写判决，将"对被告人背景、特征和罪行的理性道德回应"与"纯粹的同情或者情感"进行了鲜明对比。[④]布莱克曼（Blackmun）法官反对这种观点并对情感进行捍卫。尽管如此，他使用的仍然是理性和情感之间常规且模糊的差异："尽管裁判者令被告免于死刑的判决可能是理性或道德的，但也可能产生于被告人对裁判者同情心或怜悯心的诉求，不可否认，这些人类特征在本质上是感性的。"[⑤]在这里，我认为有些哲学性的质疑——即便只是足够向年轻法律人表明，我们不能将这些反对观点视为理所当然，依然需要对更多的问题提出质疑——将大大有助于这些议题在法律诸领域的解决。

3. 性（sexuality）

法官经常针对与性有关的问题作出判决。波斯纳法官曾有力地提

---

① See Jean L. Briggs, *Never in Anger: Portrait of an Eskimo Family* (1970); Catherine Lutz, *Unnatural Emotion: Everday Sentiment's on a Micronesian Atoll and Their Challenge to Western Theory* (1988).

② See James Averill, *Anger and Aggression: an Essay on Emotion* (1982); John Bowlby, 1. *Attachment and Loss: Attachment* (2d ed. 1982); 2. *Attachment and Loss: Separation* (1973); and 3. *Attachment and Loss: Sadness and Depression* (1980); Richard S. Lazarus, *Emotion and Adaptation* (1991); Keith Oatley, *Best Laid Schemes: The Psychology of Emotions* (1992); Andrew Ortony, Gerald L. Clore & Allan Collins, *The Cognitive Structure of Emotions* (1988); Martin E.P. Seligman, *Helplessness: On Depression, Development, and Death* (1975). 情感的相关观点在"对象关系"学派的精神分析思想中越来越成为主流，参见 Nancy Chodorow, *The Reproduction of Mothering: Psychoanalysis and the Sociology of Gender* (1978); W. R. D. Fairbairn, *Psychoanalytic Studies of the Personality* (1952); Daniel N. Stern, *Diary of a Baby* (1990).

③ 479 U.S. 538 (1986).

④ *Id*. at 545.

⑤ *Id*. at 561-63. 我在 *Equity* 一书中讨论了这些观点，*supra* note 27（即本书第41页注释②——编者注）。其他借助情感和理性之间的简单对比来诉诸情感的法律辩护人有 Toni M. Massaro, "Empathy, Legal Storytelling, and the Rule of Law: New Words, Old Wounds？", 87 *MICH. L. REV.* 2099 (1989), and Lynn N. Henderson, "Legality and Empathy", 85 *MICH. L. REV.* 1574 (1987). 对此主张的绝佳辩护认为情感能够解释并传达理解，但这仍然保持了情感——理性的二分法，参见 Paul Gewirtz, "Aeschylus' Law", 101 *HARV. L. REV.* 1043 (1988). 一个对二分法有价值的批评可参见 Martha L. Minow & Elizabeth V. Spelman, "Passion for Justice", 10 *CARDOZO L. REV.* 37 (1988). 我注意到 Minow/Spelman 的文章是一位法律理论家和哲学家的合作。

出①，法官往往做得非常糟糕，比如说以极少的历史和科学资料作为依据。他的书《性与理性》非常清楚地表明，这些更广泛的理解形式在对涉及性的法律理解和裁判中必须要发挥作用。但是他的分析指出了更多东西：一个哲学问题。他这种比较性和跨文化材料显示出，很多在我们看来似乎是最自然和必要的性别实际上是历史的人造物。②在这一意义下去探究性欲和情感的"社会构建"程度，会将我们带入哲学领域——尤其是深受米歇尔·福柯（Michel Foucault）③的重要作品影响——在该领域，哲学已经与历史学和人类学④形成了相当丰富和富有成效的伙伴关系。哲学对这一共同事业所起到的作用是非常之大的，正如柏拉图笔下的苏格拉底（Plato's Socrates）所说⑤，如果一个人不能充分理解什么是欲望、情感、愉悦以及欲望与身体上的变化或疼痛有何不同等，就不能很好地探究"社会构建"⑥。在我看来，即使像福柯这样在这个领域的重要学者也不尽如人意，因为他不会进一步去探究这些基础性的问题。比如，他假定了愉悦仅仅是一种在强度上有所变化的感觉，而没有必要去探究这种感觉究竟是什么。⑦苏格拉底和柏拉图的认识更

---

① Richard A. Posner, *Sex and Reason*, 2, 4, 7, 442（1992）. 我在下面的文章中讨论了这本书：Martha Nussbaum, "Venus in Robes", *The New Republic*, Apr. 20, 1992, at 36 and in Martha Nussbaum, "Only Grey Matter?", *Richard Posner's Cost-Benefit Analysis of Sex*, 59 *U. CHI. L. REV.* 1689（1992）.
② See Richard A. Posner, *The Economic Analysis of Homosexuality*, 宣读于布朗大学"法律与自然"会议，并将在 David Estlund 和 Martha Nussbaum 编辑的论文集中发表。
③ Michel Foucault, *The History of Sexuality: The Use of Pleasure*（Robert Hurley trans., 1985）.
④ 这个领域的文献太广泛以至于无法在这里充分引用，但是关于古希腊的文献在理论上非常重要，因为其在细节上为我们所了解，有关于此的一些最好作品也已经完成，see K. J. Dover, *Greek Homosexuality*（1978）; David M. Halperin, *One Hundred Years of Homosexuality and Other Essays on Greek Love*（1990）; John J. Winkler, *The Constraints of Desire: The Anthropology of Sex and Gender in Ancient Greece*（1990）.
⑤ 我指的是书中对食欲、欲望和情感本质的探究：*Republic*（II-IV）, in Plato, *Phaedrus*, and Plato, *Philebus*（对每一个情形都有完整的论证）.
⑥ 在柏拉图《理想国》的第二、三章，苏格拉底主张恰当的社会组织会阻止特定欲望和情感的形成，尤其是恐惧和怜悯；在这本书的第四、七、九章中，他对性欲持有更加不明确的立场，主张这是身体组织的一个天然部分，但是我们不仅能够控制，而且可以通过社会教化加以改变。这样他就接近现代"社会建构"的立场。希腊化的哲学家更加接近，他们主张情感和性欲是密切相关的。我在注释 8（即本书第 35 页注释②——编者注）的书中和 *Constructing Love, Desire, and Care*（宣读于布朗大学的"法律与自然"学术会议，*supra* note 37）中对此进行了讨论。
⑦ 我对福柯观点的几点批评，参见 Martha C. Nussbaum, "Affections of the Greeks", *N.Y. Times Book REV.*, Nov. 10, 1985, at 13（评论 Michel Foucault, *The Uses of Pleasure*[1985]）.

加清晰。福柯和波斯纳所从事的这种历史学与比较性探究，会使得这一重要领域的司法文书远比当下要好。但是，对基础概念再多一些哲学上的深度和严谨将会令其更好。

4. 生活质量

法律常常谈论人类福利，讨论人们如何分配福利。法律也会谈及各个社群和国家是如何分配福利的。通常我们会假定，一个人在提出这些问题时知道他要探求什么。（在这种情况下，就个体而言，假定通常是指某种形式的欲望满足或者偏好满足；就群体或国家而言，则是某种形式的总体或平均效用或福利。[1]）但这些实际上是极具争议的概念。当一个人对社会进行考察并试图回答生活质量的问题时，他并不清楚应该如何去做。他应该只考察财富和收入，还是也应该考察其分配？他应该将生活质量的所有指标视为可衡量的单一量化尺度，还是应该认识到不可通约的价值？他应该采纳一般人对自己生活状况的描述，还是认为个人偏好会因社会条件的匮乏而改变，进而寻找某种更为客观的衡量标准？如果选择了后者，那他能否摆脱家长主义？所有这些问题都是今天政治哲学的核心，也是福利和发展经济学的核心，即这些领域的哲学部分，哲学能够回答这些问题。让我引用一篇讨论了该主题的文章的导言，这篇文章是阿玛蒂亚·森（Amartya Sen）与我最近合著出版的，因为这篇文章的苏格拉底精神与此处的主张非常契合，而且也代表了经济学与哲学的合作：[2]

> 经济学家、政策制定者、社会科学家和哲学家目前仍然面临着衡量和评估的困难。他们需要了解世界各地的人如何行事，他们所提出的问题关涉的究竟是什么。可以这么说，他们是带着惊异（wonder）[3]

---

[1] 相关的例证比比皆是，但是一个特别丰富的来源是在波斯纳的作品中，参见 Richard A. Posner, *The Economic of Justice*（1981）; Posner, *supra* note 19（即本书第 39 页注释①——编者注）; Posner, *supra* note 36（即本书第 43 页注释①——编者注）。

[2] 这篇合著很复杂，关系到每一位作者以及作者之间的合作，因为森在剑桥大学接受过哲学与经济学的训练并在这两个领域发表过作品，目前在哈佛大学的哲学与经济学系任职。我没有经济学的教学经验，但是自 1986 年以来，一直担任赫尔辛基世界发展经济研究所的研究顾问。

[3] 亚里士多德在《形而上学》（*Metaphysics*）一书中提出"哲学始于惊诧"（philosophy begins in wonder），本文对"wonder"的翻译参照了此中译本，译作"惊异"，具体可参见亚里士多德：《形而上学》，吴寿彭译，商务印书馆 1997 年版，第 6 页。——译注

来面对这些问题的（我有意使用在格莱恩先生[Gradgrind]创办的学校①所几乎不能容忍的词）；他们意识到了评估一个人的生活何其复杂，并且（至少是一开始）愿意承认这要最大程度地解释一个人是如何做这些事情以及什么是他可能会相信的标准。

当然了，没有惊异也是可能的——固守一种易于使用并且早已经用过的机械公式，没有提出的问题也没有必要回答。这篇文章尝试提出这些问题，并试图去回答和进一步检验可能的答案。②

毫无疑问，我同意那些为惊异进行的辩护中所包含的批评和建议。森和我提出的理论方案，近年来已经开始产生广泛而又重要的实践效果。③在此，我所需要补充的仅仅是：法律是另外一个这样的领域，在这个领域中，这种类型的惊异将会是一件特别棒的事情。

（二）方法论和认识论问题

哲学不仅仅探究明确的话题，而且它也会反过来进行自我检验，追问何为信念、知识，何为理性，何为解释一个文本，什么样的方法有助于或者无益于理解。我再次主张，由于法律不可避免地会论及证据、认知、解释、客观性和理性的本质，因此哲学的明确和严谨对法律有相当大的帮助。关键并不在于哲学家对这些难题有某种秘钥，而是他们穷其一生致力

---

① 托马斯·格莱恩（Thomas Gradgrind）是查尔斯·狄更斯小说《艰难时世》（*Hard Times*）中的人物之一，其在市镇创办学校，以注重实利为主要的教育主张；努斯鲍姆在《诗性正义：文学想象与公共生活》（*Poetic Justice: The Literary Imagination and Public Life*）中以此书为背景材料，对功利主义的正义标准提出了批判。——译注
② Martha Nussbaum & Amartya Sen, Introduction to The Quality of Life, supra note 12（即本书第36页注释③——编者注）, at 2.
③ 联合国发展计划署发布的1993年人类发展报告（1993年即将公布）（本文以下称人类发展报告）所使用的生活质量标准深受森作品的影响。了解森方案的主旨，参见 Amartya Sen, *Choice, Welfare, and Measurement*（1982）; Amartya Sen, *Commodities and Capabilities*（1985）, Amartya Sen, *Resources, Values and Development*（1984）。我个人的理论贡献，参见 Martha Nussbaum, "Aristotelian Social Democracy", in *Liberalism and the Good* 203-52（R. Bruce Douglass, Gerald M. Mara & Henry S. Richardson eds., 1990）; Martha Nussbaum, *Human Functioning and Social Justice: In Defense of Aristotelian Essentialism*, 20 POL. Theory 202, 202-46（1992）。有关整个方案的精彩讨论，参见 David A. Crocker, "Functioning and Capability: The Foundations of Sen's and Nussbaum's Development Ethic", 20 POL. Theory 584（1992）.

于此，法律人则对此很少花时间。因此，起码存在这样的可能性：哲学家更加系统化和细致的探究将会对法律人有所帮助。

考虑一下兰德尔的设想：法律若想理性和系统化，它就必须是演绎性的法律原则体系。无疑，这一假设与科学哲学、道德政治哲学领域中对方法论和理性的论辩是相关的。可能没有学科真的像兰德尔所认为的科学那样运行；[1] 也可能科学真的是以这种方式工作的，但是法律在与之相关的方面并非如此。所有这一切都需要探寻。

再次，我们将波斯纳在拉特利奇案件（Rutledge）[2] 中主张的理性特征（不过，我们当然也能在他的文书中找到数以百计的相似案件）理解为进行成本与效益的计算能力，在《法理学问题》一书紧密相关的评论中，他认为理性是以手段来满足目的的能力，"不管这些目的是如何选择的"。[3] 无疑，这一假定与最近道德哲学领域中关于价值是否具有可通约性、理性的功利主义理论是否恰当的争论密切相关。[4] 我在跨越哲学－经济学界限的经验表明，与那些经济学家（几乎不存在例外）相比，功利主义哲学家和非功利主义哲学家在这一观点上更为接近，即一致批评了他们需要一种简洁的理性功利主义理论[5]（一个人所必须具备的基本资质）。因此，向年轻法律人指出这一点就变得很有意义：他们在学习过程中通常认为是规范性和毫无争议（的理论），实际上可能极具争议性，这可能需要持续的论证，而不是彻底的辩护。无论如何，我们需要对这一切提出疑惑。法律在很多领域，特别是关于宪法解释的讨论，已经成为方法论哲学。但是这种自我审查能够进一步扩展并更加严谨，这对于所有人来说都是有益的。

---

[1] 对此影响的有力论证，参见 Putnam, *supra* note 12（即本书第 36 页注释③——编者注）。
[2] United States v. Rutledge, 900 F. 2d 1127 (7th Cir. 1990).
[3] Posner, *supra* note 19（即本书第 39 页注释①——编者注）, at 174.
[4] See Elizabeth Anderson, *Value in Ethics and Economics*（1993 年即出）; Richardson, *supra* note 26（即本书第 41 页注释①——编者注）; Sen, *supra* note 26（即本书第 41 页注释①——编者注）; Amartya Sen, "Rational Fools: A Critique of the Behavioral Foundations of Economic Theory", 6 PHIL. & PUB. AFF. 317（1977）. 有关这些主张与法律的关系，参见 Cass R. Sunstein, "Incommensurability in Law"（未出版手稿，收录于 *Stanford Law Review*）; see Cass R. Sunstein, "On Analogical Reasoning", 106 HARV. L. REV. 741（1993）.
[5] See Richard B. Brandt, *A Theory of The Good and The Right* (1979); James Griffin, *Well-being: Its Meaning, Measurement, and Moral Importance* (1986).

随着该事业的推进，追求它的哲学家不应该将他们自己与那些以一种更加抽象和非实践之方式探寻形而上学和认识论问题的同事们隔离开来，这一点至关重要。因为哲学作为一门学科的重要事实是，它一直是接近于问题的中心内核，对这些问题的论证可能是永无止境的，尽管有人希望以更好的替代性方案（来终止论证）。很多学科院系是相互隔离的专业群体，几乎不存在共同的兴趣；在很多情况下，几乎没有什么院系研讨会能够吸引所有学科的成员。诚然，哲学有其子领域，这些领域当然也需要专门知识。但是，由于方法论、基础性的和认识论的问题是道德哲学、政治哲学、科学哲学和社会科学哲学以及哲学历史上每一个时期的核心话题，因此相较于大多数领域，它是更加具有共享性和互动性的领域，而且这也正是其最大的优势所在。[1]

（三）具体政策问题

"应用哲学"是一项蓬勃兴盛的事业，其中的很多著作也相当不错。这个领域的优秀哲学家熟练掌握着关于其旨在讨论的对象大量的事实资料以及这个学科内的经验，但同时依然保持着其与哲学的学科基础和其对理论性以及基础性问题之追求的紧密联系。由于法律也处理哲学家曾经陷入思考的许多政策领域的议题，因而其也就能够从研究哲学论辩在这些领域做出的具体贡献之中获益。这类合作性实践事业在医学伦理学（medical ethics）中最为发达：在这一领域中，对病人权利与利益关系的哲学讨论，极大地影响了大部分美国地区和海外更广泛地区的立法；[2] 对生命性质的哲学讨论，在对死亡定义的修正中起到了关键作用；[3] 对堕胎的哲学讨论

---

[1] 这是试图回应波斯纳在他的讨论中所提出的一点，认为我并未认清自己的专业。当然的确是有一些哲学院的教授因为彼此不喜欢而互不往来，但那是另一回事。除了像逻辑学和科学哲学这些最为技术性的领域外，大部分在该领域所写的内容都对所有成员开放访问。

[2] 对这一领域绝佳作品的显著例证，see Allen E. Buchanan & Dan W. Brock, *Deciding for Others: The Ethics of Surrogate Decision Making*（1989）。Brock 曾在卡特政府时期就职于总统医疗保健和医学伦理委员会，并在起草立法方面发挥了重要的作用，他目前在克林顿医疗保健委员会的伦理部门就职。

[3] See Dan Brock, *Quality of Life Measures in Health Care and Medical Ethics*, in *The Quality of Life*, supra note 12（即本书第 36 页注释③——编者注）, at 95-132.（附有大量参考文献）

也已促进了法律和司法分析。但是,类似的微妙变化和实践影响却在环境伦理学和动物对待伦理学(ethics of animal treatment)领域开始显现出来,[①]其同样产生了较大的实践影响,并且随着发展伦理学领域的不断成长,关于福利和生活质量的讨论引起了信息收集和政策制定实践的具体转变。[②]就此而言,随着法律参与进这些领域,探究规范性的问题和应当是什么的问题已经变得习以为常。在我看来,如果能够了解自己工作的哲学部分,将会提出更好的问题。

(四)法律制度与实践

我将这个最显而易见的问题留在后面,因为哲学家已经直接针对法律、法律制度的本质、惩罚、法律实践伦理以及其他很多与此相关的内容进行了直接的讨论。我认为对这些问题的法律讨论将会从法哲学已有的研究中获益,因此不必像其他有争议的观点那样对此加以强调,所以接下来我将转向所有问题中最富有争议的一点。

(五)惊异(wonder)

一位著名的道德哲学家非常喜欢借助突破思维的虚构例子来提出艰难困境,她在一个著名法学院执教了一段时间。有一天她讲授了其最有名的案例,这引发了关于道德和法律责任、作为与不作为之间的关系以及许多其他内容等非常微妙的议题。之所以产生这种教学想法,是因为她经常给哲学家讲课,在这个过程中梳理出问题的含义,从而展示出这些问题实际上是何其复杂和难以处理,对所有相关的直觉进行合乎逻辑的排序又是何其困难。但是她的这一意愿却遭遇到了困难。法学院的学生不断地问她什么是正确的答案,却从未提出过惊异。这种情形令人担忧,而且无益于她所主张的对法律而言最重要的那种理解。这个哲学家就是朱迪斯·贾

[①] See James Rachels, *Created from Animals: The Moral Implications of Darwinism* (1990).
[②] See *The Quality of Life, supra* note 12(即本书第 36 页注释③——编者注); Crocker, *supra* note 48(即本书第 45 页注释③——编者注); *Human Development Report, supra* note 48(即本书第 45 页注释③——编者注)。

维斯·汤姆森（Judith Jarvis Thomson），（凭借关于堕胎的文章[1]）一个或许比任何美国哲学家对实践影响都要大的哲学家，一个绝不是那种对实践需求无动于衷的理论家。这个法学院也不是什么反理论的无才智的商业学院，它是耶鲁大学法学院。

这个故事是我所关注的苏格拉底模型的核心所在。他从不允许问题得出一个简单的结论，正是这一行为令那些与其相遇的忙碌的专业人士很恼火。[2]总是会有更待挖掘、更加复杂和更令人不快的问题存在。正如《生活的质量》这本文集所写的那样：不去惊异，不去回答那些未被提出的问题，这些做法始终是有可能的。格莱恩先生知道，一种特定有序的制度再好不过了，因此从不鼓励学生去惊异。[3]我认为追问法学教授是否应当鼓励学生养成思考的习惯是非常糟糕的问题，这种法律职业在校园外很快就会摧毁、粉碎、消失。另一方面，在我看来，法官和法律思考者也需要多一些苏格拉底式的惊异：不是对自身才能不受控制式的自由发挥，而是在掌握相关经验信息的情况下，同心协力地探究一些根本问题的微妙之处。和苏格拉底一样，我也认为，这种类型的思考对人类的整体行为而言也是有益的。因此我要说，让法科学生学会惊异，这样一来无论他们在哪里，当他们想要把问题简单化时，他们都会感受到苏格拉底式诘问的压力，这会让他们感到非常不安。

我认为，这是将科学作为法律推理标准的最大缺陷。至少就科学家的实践来看，科学很少是苏格拉底式的，而且在某种意义上来说也不可能是。科学在进行研究的同时无法再对其概念和基础进行自我审查。托马斯·库恩（Thomas Kuhn）曾经很好地指出，"常规科学"（normal science）和发生

---

[1] Judith Jarvis Thomson, "A Defense of Abortion", 1 *PHIL. & PUB. AFF*. 67 (1971), 再版于 Judith Jarvis Thomson, *Right, Restitution, and Risk: Essays in Moral Theory 1*(1986).
[2] 这个词语有些不合时宜，因为与苏格拉底谈话的大多数政治家和诗人是不会从其追求中获利的。但是我使用这个词语意在表明，他们以其实践的专业知识在城邦中有名，他们在这项活动中所付出的努力使得他们在重要的意义上像现代职业人士一样没有空闲。
[3] 有关格莱恩先生的学校，参见 Martha C. Nussbaum, "The Literary Imagination in Public Life", *22 New Literary IST*. 879（1991）。这是我于 1991 年的春天在西北大学法学院所做的第一场罗森泰尔讲座。

于科学革命时期对研究范式质疑是截然不同的。[1] 将法律视为"常规科学"已经令其对很多问题无能为力，即应当不断追问自身并学会更好地追问。

二

我已经谈到了哲学的应用。现在我需要谈一下可能的误用，因为它们是如此之多，处理不好将会迅速偏离我所设想的整个事业。

苏格拉底和亚里士多德认为，在公共生活领域中，好哲学所面临的最大敌人是智术师（sophists），他们通过花言巧语赢得关注，但是由于缺乏深入的人际交往和严格的自我审查，他们提出的主张使得哲学在富有实践经验的人群中声名狼藉。[2] 从这个方面看，与古希腊相比，我们并未进步很多。这种智术师在现实中依然大量存在，并且不幸的是，在法学院日常所读到的大量哲学家就是这种智术师。[3] 这是因为向智术师学习要比向优秀哲学家学习容易，智术师只是不断告诉你，其他人都犯了一个简单的错误，因而你只需要阅读他/她的作品，而不用读其他人的作品。智术师还会经常以诱惑性、充满行话的方式写作，让你以为如果学会使用这些行话就掌握了某种深刻的东西。在这里我不想提及名字，因为我不想中伤个人，而且我也没有时间以辩论来支持我的主张。但是我坚持认为，近来欧陆文学理论给法学院的哲学领域所带来的巨大影响，对法律和哲学在法律中的作用都是一场灾难。[4] 它使得讨论走向那些早已被证明要么是无效的，要么太

---

[1] Thomas Kuhn, *The Structure of Scientific Revolutions*（2d ed.1970）. 在回应波斯纳的观点时，我就已经指出，库恩接受了哲学和科学的训练并长期主张跨学科的设置。我并不了解他的博士学位是什么专业，但是这个在某种程度上并没有什么关系（我自己的博士学位事实上也不是哲学，而是古典文学）；重要的是一个人经常从事的活动是什么专业，以及批评他的同行等。

[2] 亚里士多德对此的阐述，参见 Aristotle, *supra* note 7（即本书第 35 页注释①——编者注），at 1217a1-2。

[3] See Martha Nussbaum, "Sophistry about Conventions", in Nussbaum, *supra* note 26（即本书第 41 页注释①——编者注）, at 220-29; Nussbaum, *Skepticism, supra* note 27（即本书第 41 页注释②——编者注）.

[4] 对此影响的更多讨论和具体例证，参见 Nussbaum, *Skepticism, supra* note 27（即本书第 41 页注释②——编者注）。我在这里所说的欧陆文学理论并不是整体的欧陆哲学，这是完全不同的而且相当复杂的一个问题，参见评论 45 *STAN. L. REV.* 1671, 1687（1993）（玛莎·努斯鲍姆的评论）。

粗糙以至于无法评估的道路；它也使得学生们松化严谨，无视逻辑清晰。

我认为在这个问题上，分析哲学的传统难辞其咎。分析哲学常常以过于讲究和晦涩的术语来表达，过度使用清晰和严谨的狭隘概念。[①]有些分析哲学家已经表现出对实践和政治的蔑视。他们的语言满是圈内引用，这种交流方式排斥好奇的实践者，而且他们也时常无法通过例子来唤起读者的切身体验。很久以前，西塞罗（Cicero）在谈到斯多葛学派（Stoics）时，就已经对学院哲学提出批评：

> 他们狭隘的小范畴三段论像针一样刺痛了听众。即使听众们在知性上同意了，他们在心底也绝对不会改变，他们来时什么样走的时候还是什么样。这个论题或许是真的，也的确可能是重要的；但是那些论证却以一种过于狭隘的方式来对待它，而不是以其应得的方式。[②]

在当今某些分析哲学领域，同样的不足之处也使得很多人认为，分析哲学对那些陷入生活困境的人毫无帮助，而只是增加了那些貌似高深莫测的理论传播者的吸引力。但是解决之道并不在于抛弃分析传统的严谨和精细，而是教给它如何书写和表达。我们没有任何理由认为，严谨的哲学不能很好地表达，以适合于向关心实践事务的人传达重要的真理。至少在西方传统中，哲学史对此观点提供了大量反驳，从柏拉图开始，经由休谟、亚当·斯密、约翰·密尔和威廉·詹姆斯，再到今天很多优秀的哲学作家。

在寻求与法律的有效沟通时，哲学还面临一些其他的陷阱。哲学往往对实证事实、科学、历史、心理学太漠不关心。这个缺陷就哲学自身而言已经足够糟糕，当它希望能够有效地和法律人对话时，将会完全致命。美国医学伦理学的历史表明，这个缺陷本不必存在，因为哲学家完全能够学会他们需要学会的专业知识，以和其他学科的专家充分对话。相较而言，

---

① 这是 *Love's Knowledge* 一书的核心议题，参见 Nussbaum, *Love's Knowledge, supra* note 26（即本书第41页注释①——编者注）。对此问题的精彩研究，参见 Michael Tanner, "The Language of Philosophy", in *The State of The Language* 458-66（Leonard Michaels & Christopher Ricks eds., 1980）.

② Cicero, *De Finibus* 4.7.

其他缺陷更难以避免,因为他们和哲学的优势密切相关。由于哲学关心开放式的探究和讨论,关心最好意义上的惊异,因而明确的解答常常来得很慢。哲学通常以近乎美学的方式挣扎于思索人生的困难。但是法律人想要而且需要明确的结果,朱迪斯·哈维斯·汤姆逊耶鲁课上的学生要求电车难题(trolley problem)的答案并不是完全错了,尽管学生们的不耐心显得很不成熟,但是阻碍了汤姆逊的论证所能够提供的真正知识。[①]

最后,当问题的答案可能是哲学上最好的,但并不能(或者可能根本不会)在当下制度结构中得到最好实施时,就会出现非常有趣但又令人不安的问题。我的同事丹·布鲁克(Dan Brock),现在是克林顿医疗保健委员会的成员,他也曾以哲学家职员的身份在卡特政府的医疗保健和医学伦理总统委员会工作。他曾经以哲学家的身份竭力批评杀人和安乐死之间的明显区别,并主张当一个人充分考虑到这种区别的时候,并不存在基于普遍直觉和实践的连贯性整体理由,以此来保证其在生命结束领域的这一差异。但是他也认为,在有些情形中,杀人在道德上是允许的。他很快发现政治上的思考与此相反:有可能获得一个或多或少是他认为最好结果的法律,但是只能通过坚定地认为杀人和安乐死之间存在差别来实现,进而主张这一界限位于他真正所认为的允诺杀人和非允诺之间。这位过于谨慎的哲学家对此类情形无法提供任何指引。这些逼迫布鲁克去思考,他究竟是要成为一个过度严谨的哲学家,还是想要成为一个把事情完成的人。

法律上也时常出现类似的问题。凯斯·桑斯坦(Cass Sunstein)在一篇有关法律理论与实践的文章中提出了大量令人震惊的案例,在这些案例中,通盘考虑后是最好的主张,在带有法律限制特征的领域内却不是最好的。[②]哲学上理想的言论自由原则在我们不完善的制度结构中所发挥的作用,可能不及某个在哲学上更难辩护的原则。法官无法自由地选择最好的原则,他们受制于历史、先例和法律与政治制度的性质。这也就意味着任何哲学要对法律有所帮助,就必须是灵活和与实践关切的,而不是过于严谨和遥

[①] 关于这一点作为法律研究之哲学方法的可能缺陷的相关论述,参见 Cass R. Sunstein, *On Legal Theory and Legal Practice*, 37 *Nomos: Theory and Practice*(1993 年即出)。

[②] *Id.* n.29.

远的。我们的目标并不是训练像哲学家那样思考的学生,而是让我们的学生能够以一种灵活的方式通过哲学视角去解决他们所遇到的实践问题。

三

这一切如何在具体条件下实现?我是否要开设一门哲学课程要求所有法科学生参与?如果这样做,这门课会讲授上述问题中的哪一个?或者在另一方面,我是否可以设想一种方法让哲学贯穿于全课程,无论课程的主题是什么,都可以在二年级或者三年级从很多角度来讨论其中的哲学问题和研究?黛博拉·罗德(Deborah Rhode)在最近一篇关于法律伦理教学的文章中也很好地提出了同样的问题。[1]整体而言,我倾向于赞同她所主张的"普遍方法"(pervasive method)这一贴切称谓。但是在我得出实际上更赞同的解决方法之前,我需要陈述一下这样做的利弊。

一方面,进入法学院并教授专业课程的哲学家与学生的其他课程可能几乎没有什么联系。哲学上的专业课程——即使可以设计成对方法论问题的讨论,同时讨论在不同问题上的优秀哲学工作(一项令人气馁的工作)——可能会与学生在做的其他事情过于隔离,而无法在当一个法律议题出现时对他们思考每一个法律问题的方式产生多大影响。客座哲学家与其法学同事之间潜在的分离会加剧这种隔离。法学同事可能不知道哲学家在做什么,也就不太可能有动力将其与自己的教学相结合。缺少与法学同事的互动,哲学教授也无法获知足够多的法律来令其观点更有说服力。

另一方面,在阅读了近年来法学期刊上与哲学主题有关的文章后,哲学家会很快对这种普遍方法下的产物感到失望。波斯纳法官的观点无疑是正确的:关于哲学的哲学专业标准与这类期刊中哲学性文章的标准是截然不同的。举例而言,我读过的法学方面关于情感与同情的大多数文章,甚至都没有达到布朗大学本科生在我课堂上结课论文的水平;其与该学科的专业文献没有任何令人感兴趣的关系。这看起来就好像是法律学者学会了

---

[1] Deborah L. Rhode, "Ethics by the Pervasive Method", 42 *J. LEGAL EDUC.* 31 (1992).

一点哲学，然后在这个领域做了一两件事，但做得很糟糕。这并不会令人感到惊讶，因为一个人在学习任何东西的过程中，如果没有长期的相关训练和练习，他都很有可能把事情搞砸。奇怪的是，他们以为自己可以做到。然而没有人会假设他们可以在没有长期数学学习的情况下发表关于数学的论文，或者在没有上过声乐课的情况下在旧金山歌剧舞台上开演唱会。这个寻常、如果说可悲的情形确实表明，法学院的哲学教育如果要开设，就应该由专业的哲学家来讲授。

我们应该如何处理这种困境？我建议以下的模式。法学院应该聘请一两位哲学家，最好是半任期的。他们能够保持与哲学学科基础的牢固联系，继续教授真正哲学专业的学生，同时也有足够的时间在法学院逐步了解大量的法律知识：首先学习法律课程，然后慢慢地教授一些常规的一年制课程。同时，他们也将开设一些专业哲学课程和研讨课。除此之外，还要尝试成立工作小组，将哲学家与她的法学同事联系在一起，深入且细致地探讨如何将哲学问题与法律常规教学实现最佳结合。通过这样的方式，哲学家会成为整个法律共同体的重要资源，同时哲学家也会被迫在处理法律问题时变得务实和经验丰富。

全国各地的很多医学院采用了同样的模式，效果很好。举一个例子支持我所设想的制度，我的同事布鲁克以双聘教授的身份任职于哲学院和医学院。在医学院的时候，他一边进行教学，一边为理论教学和诊所实践提供咨询。因为医生们认为他并不像傲慢的学院派那样时不时地以抽象交流取胜，而是一个坚定的专家，经常与医生们一起并关注他们工作的细节。医生信赖他，并愿意接受其主张的影响。由于他对医生的工作进行观察，因而能够提出中肯又不空洞的意见。由于医学院的学生在课上学到他严谨的论证，因而能够在很多案例中更加独特地看问题，尤其是在病人权利这样重要的领域中，而这正是年轻医生们通常所认为他们最应该了解的领域。由于他并未放弃哲学系，而是继续与同事和学生们保持联系，交流认识论、形而上学、行动理论和道德与政治理论的其他领域中的话题，因而他能够保持哲学严谨性和批判性的优势，使之处于最佳状态，进而将其适用于医学研究中。

我以古希腊哲学家作为起点，下面将以一位年轻博士生作为本文的结束，这位博士所写的博士论文是关于古希腊哲学家理论与实践之间的关系。他认为希腊哲学传统为现代哲学家提供了一种世俗的投入与参与范式，同时也为世人提供了一个具备哲学实践重要性的实例。他的观点表达如下：

> 哲学并不在世界之外，就如同人的大脑虽然不在胃里，但也不在人体之外一样。当然，哲学在用双脚立地以前，先是用头脑立于世界的；而人类的其他许多领域在想到究竟是"头脑"也属于这个世界，还是这个世界是头脑的世界以前，早就用双脚扎根大地，并用双手采摘世界的果实了。①

上述观点的作者也是自马可·奥勒留（Marcus Aurelius）统治罗马以来，迄今所知的对世界哲学实践影响最为深远的哲学家。我不以任何方式主张法律哲学家应当成为卡尔·马克思（Karl Marx）的追随者，或者寻求马克思所寻求的那种影响力。（事实上，马克思本人也很早就否认了其早期对公共生活指导作用的理念，而且其在很多方面也与我此处正在论证的观点不一致。②）我认为，他丰富的言论传达了两个重要的真理：无论我们喜欢与否，这个世界是一个哲学化的世界，人们或好或坏地理解或者误解着这个世界上的哲学观念和理念，并在这样的理解之下行动。同时，由于她对世界这种不可思议的分离，也部分是因为这一分离，哲学家是世界的促进者。她的思考和主张与世界有关，并且有可能引导我们更加充分和清晰地理解这个世界。我认为这些事实给了我们有力的理由将哲学教学融入到法学教育之中。

---

① Karl Marx, *Rheinische Zeitung*, (July 14, 1882), reprinted in Karl Marx & Frederick Engels, Collected Works 195（1975）. 对相关观点更详尽的论述，参见 Karl Marx, *Difference between the Democritean and Epiccurean Philosophy of Nature*（1841），reprinted in Karl Marx & Frederick Engels, Collected Works 25(1975). （此引文的翻译参照了《马克思恩格斯全集》[第一卷]，中共中央马克思恩格斯列宁斯大林著作编译局，人民出版社1995年版，第219—220页。——译注）

② 然而，我并不是要反对制度、法律和物质条件在观念形成过程中的根本重要性；我在这里只是讨论一个明显相互影响过程的方向。

执业律师所需的哲学

朗·L.富勒[*] 著
郑 琪[**] 译

  富勒曾经说，他认为法学教育既需要变得更有实践性，又要变得更富哲学性。

  在谈到法学教育的实践性时，他指的是要让学生为他们作为现代律师而承担的实际任务和责任做好充分的准备。以此为标准，他认为法学教育在如下三个方面是有欠缺的：（1）在收集、筛选和组织事实方面对学生的培训；（2）为了恰当地解决问题，应培养学生利用不同领域（如会计学、经济学和心理学）的专家的成果；（3）引导学生进行"法律规划"，也就是说，为欲求的目标和政策提供法律形式的工作，而不只是为已经发生的行动的有效性或正当性辩护。法学教育方面的每一项变革当然都将使学生更好地熟悉法律程序的多样性。

  然而，一种实践性的法律教育也必须是哲学性的。这两个方面远非不相容，富勒认为它们是彼此需要的。哲学的视角关注的是作为有预谋的人类活动的法律过程，它能避免律师对法律问题采取一种过于形式化的方法。

---

[*] 朗·L.富勒（Lon L. Fuller），美国法学家，新自然法学派主要代表之一。
[**] 郑琪，法学博士，华东政法大学政治学与公共管理学院讲师。

在为法学教育推荐一种哲学路径时，我不是说我们应该增加对宇宙理解的要求。我只是认为我们需要意识到法律和政府的目的，并对之有所反思；我们需要把私法和公法中的具体规则与这些目的联系在一起。我们需要重新获得共和国早先时候的智识精神，当时，律师们为一种新的社会形式而奋斗和规划，他们充分意识到其职业的每个方面都以这种或那种方式触及对人的治理问题。

我们需要一种哲学上的觉醒，它将在人类为获得秩序和公正而进行的斗争中为法律赋予一个适当的位置，它将把法律看做是对这些能使我们和谐地生活和工作在一起的原则的永恒追求的一部分。我相信，这种哲学探求应该自始至终地支配法学院的课程。（来自一次题目和时间都不清楚的讲演）

"执业律师所需的哲学"描述了哲学在实现"律师在社会中的角色"这一观念中所能作出的贡献。这是给法学院学生的一次讲演。就我目前所能确定的是，时间是在20世纪40年代后期。

我的任务是想简要地与你们一起探讨哲学能为年轻的执业律师提供什么，以及他自己在何种意义上应该力求成为一名哲学家。

当然，哲学这个词而今对不同的人意味着不同的事情。如果我们要想达致任何一种确定的理解，那么我们就不得不在这个术语的不同用法中进行区别性的选择。我要明确地把哲学一词的现代意义抛在一边，因为它对于哲学所代表之物无所助益，我想要提请你们也抛开这种用法。我指的是这样一种观念，它把哲学和持有立场（position-taking）等同起来，它谴责那些并不宣称拥有某种据以评判生活的简单、抽象标准的人是"缺乏一种哲学"。

这个意义上的"哲学"所造成的灾难可从来自两次大战期间的德国政治史中的一个事件看出，这个事件与最近来自马堡大学的一位访问者有关。在30年代的德国，曾经讨论过一个议案，它旨在改善非婚生孩子（illegitimate child）的法律处境，认为现存的法律对这种孩子的保护是不充分的，使他受到了不公正的歧视对待。

渴望推广其不同"世界观"的政治领袖抓住这个国内立法议题作为其哲学宣传的媒介。每一个主要政党都通过表明它对于这个问题有一种特殊的、既定的态度，试图以此来证明其自身的存在权利，正如它对所有其他大大小小的法律和政府问题所持的态度那样。

共产主义者声称，堕落资本主义的财阀们正在糟蹋工人阶级的女儿，他们应该为他们的罪行付出代价。他们描述这些资本家夜间开着闪闪发亮的豪华轿车，在荒淫欲望的驱使下驶入德国城市的贫民区。与共产主义者极端对立的则是天主教和新教的信仰者，他们宣称是直接从宗教观念中获得其政治原则的。在他们看来，改善非婚生孩子法律地位的提议是对婚姻制度的攻击，是使人们降落到一种动物层次的步骤，是旨在消除神圣婚姻和罪中生活之区别的手段。在另一个角落，纳粹添加了他们自己的刺耳杂音。德国的出生率在下降是由于资本主义和马克思主义的腐败影响。祖国需要士兵。一个能生出纯种德国血统孩子的幸运女子应该得到荣耀的表彰，给她一个延长的带薪假期，以及用于抚养孩子所需的全部花费。

对于这个问题的这些抽象的预断不可避免地导致抽象的解决方法——lebensfremd，如德国人所说的，"与生活毫不相关"。一些人提议要给孩子接受其父亲名字的权利，作为一种排除杂种耻辱的方法。另一些人提出了更巧妙的建议，即在允许 exceptio plurium（即在受孕时母亲曾与多人同居，因此不可能知道谁是父亲）的情形下，所有可能的父亲都应该被强迫来抚养这个孩子。

这个讨论伴随着巨大的热情和华丽的辞藻而进行，参与者都获得了巨大的个人满足。与此同时，却没有人真正地思考过那不幸造物所面临的艰难困境，或者试图去发现他的真实处境和需要可能是什么。考察事实可知，首先，所有的非婚生孩子几乎总是由属于同一社会和经济阶级的父母所生；在现实中并没有涉及阶级冲突的问题。而对破坏婚姻制度而言，如果不存在阻碍，大多数犯错误的情侣——他们之间存在着微妙的情感——一旦发现女人怀孕了都很可能会结婚。如果没有产生这种婚姻，那么这很好地表明了一种双方都可忍受的生活是不可能的。此外，孩子和他母亲的困境是如此不幸和痛苦，没有人会严肃地认为，增加非婚生孩子权利的措施会损害婚姻制度的现实。至于那种炮灰观点，对事实的考察可知，由非婚生所引起的社会瓦解、痛苦和犯罪对祖国来说是如此昂贵，以致使得它在军事人力上的任何可能收获都变得不再重要——因此纳粹那最为冷酷的现实主义的成本计算与它所反对的观点同样天真。

至于所建议的措施，父名权对一个非婚生孩子来说是最不需要的。把他与一个不为他的朋友和邻居所知的男人的名字联系在一起，只会向世界披露他的出身的不正常。更为可行的建议是允许他的母亲在她自己的名字后添加"夫人"，并让学校和医院在常规的申请和表格中停止询问其父亲的名字。让所有疑似父亲捐助的提议被放弃了，因为，当以这种方式被帮助的孩子被取笑为"团体宝宝"（corporation baby）时，就可以认识到，该建议把其所欲帮助的人置于何种荒唐的处境中。

一个关于当前智识风尚的评论是，摇旗呐喊式的争论——这场讨论就始于此——在今天被毫无讽刺地描述为关于"生活哲学"的争论，参与者被认为是通过他们特殊"哲学"的指导而得出他们的结论的，而不是由于对事实的完全忽视和口头争论的刺激。

这个概念是多么远离大众传统中的"哲学家"啊！他曾经是穿着粗呢大衣、抽着烟管的家伙，不容易激动，他以放松的、不设防的态度对待生活。他可以在所有真诚的争论中发现真理，他可以平和地接受运气的逆转，即使走向失败也不怨天尤人。这个大众传统的哲学家是宽容的、博厚的，对任何种类的预断都不感兴趣。

我怕我对这个概念已经说得太多了。今天，哲学这个术语倾向于与"拥有一种哲学"而不是"作为一名哲学家"联系在一起。"拥有一种哲学"按通常的理解意味着几乎与我刚刚描述的温和形象相反的东西。它意味着用你紧张的智识肌肉、用临战前的那种算计和筹划的策略来接近生活。它意味着站队和拥有"确定的价值"（正如他们所称的那样），世界因此而被审判，一大部分内容就被拒绝了。

哲学这个词的意涵为什么会发生这种转变？我猜原因在于这种观念——而今已经广为传播以至于变得寻常——即所有的"价值判断"都是内在地主观的。按尼采的观点，在大多数历史上，我们现在所谓的价值问题被认为是由一个复杂的程序所决定的，它包括：首先，通过沉思以确保人们对生活所求的是什么这一点尽可能地变得清晰；然后，考察这些需求如何及在何种程度上可以在人类生存的有限条件下被满足；最后，则是根据所揭露者而修改我们的目标。"价值"以这种方式被反思和经验、被彼此之间的相互行动所界定。人在告诉世界必须给予他什么之前，先谦卑地询问可以从世界那里获得什么。

今天，存在着这样一种倾向，即认为价值在个人心理中有一种自发的起源，它表达了持有这些价值的人的特殊情感结构。这些深入骨髓的价值与外部世界完全没有关系，除非是个体的偶然经历可能会有助于塑造它们。

人们也许会认为，一个承认其价值的主观性人相较于一个宣称是从超越于他自己的现实中获得关于何谓善的概念的人来说应该更加宽容、更容易相处。但奇怪的是，事情刚好相反，原因有二。首先，如果价值事实上是从心理自发地形成的，那么人们没有理由不把这一整套价值适用到所有事物中。事实上，不具有一整套预先编制的价值可能被认为是某人——以某种隐晦并略带耻辱的方式——内在不完整的标记。说"我对孰是孰非还没有定解，但我正朝着它努力发展"，这听起来就好像在说"我还没有完备的牙齿，我正在长出它们"。

如果这个理论——即所有的价值都是主观的——使得每一个人想要宣称他具有一套完备的价值，那么它也使得他所肯定的价值不易于受到麻烦事实的攻击。那不力图证明自己的事物也不能被证明是错的。主观价值并不声称是来自于世界，它乐意把任何似乎与之相矛盾的世界部分拒斥为不相关之事。

到此为止，我觉得已经讲清楚了我对把哲学等同于预断能力这种观念的厌恶，它把哲学家想象为一名航行者，他在航行开始前拧紧其罗盘的指针。我不仅仅是在常识的名义下，而且是在我的职业的名义下谴责这种观点。在所有的人中，律师应该做到能在拿到证据之前悬置判断。我们的职业所能提供的最好服务之一就在于它能深入到口号和轻率的流行语之下，去发现和确定人们事实上同意和不同意的真实领域。如果为了实现这个目标我们不得不成为现代人所谓的"非哲学的"，那么我乐意接受与这个描述相联系的任何耻辱。

但我认为哲学对律师而言可以具有一种更具建构性的意义。首先，说一点关于哲学的技术性文献。我相信律师将从研读伟大哲学家的著作中获益。然而，我认为，如果想从这些著作中寻找一些可以直接适用到律师在他的实践和生活规划中所遇问题的原则或准则，那么这是个错误，且很可能导致幻灭。应该寻找的并不是那将会把那些令人不安的现实部分排除出去和使之变得不相关的原则，而是拓宽视野，打开那些已经消失了的意义领域。以这个精神进入的话，我认为人们可以从几乎任何的哲学家那里学到一些东西，不管是柏拉图、圣托马斯、杜威、黑格尔、卡尔纳普、萨特、科日布斯基（Korzybski）或施韦泽（Schweitzer）——我有意把一些我认为个性不相投的哲学家放在这个杂乱的名单上。

与律师的工作更接近一些的是法理学和法哲学的文献。我向你推荐庞德的小书《法哲学入门》《美国法律的形成时期》以及《法律和道德》。[1] 我相信你们都已经读过卡多佐的《司法过程的性质》[2]，即使还没有读过，我也相信你们一旦有机会就会去读它。格雷的《法律的本质和渊源》[3] 是部富有才气充满挑衅的著作，但却充满了一些隐含的前提，如果想要进入它的问题视角，就必须揭示这些前提。目前关于法理学的最通行的几部通论性著作是由正在澳大利亚教学的几个人写的——Stone、Paton 和

---

[1] Roscoe Pound, *An Introduction to the Philosophy of Law* (New Haven: Yale University Press, 1922; rev.ed., 1954); *The Formative Era of American Law* (Boston: Little, Brown, 1938); *Law and Morals* (Chapel Hill: University of North Carolina Press, 1924; 2d ed., 1926).
[2] Benjamin Cardozo, *The Nature of the Judicial Process* (New Haven: Yale University Press, 1921).
[3] John Chipman Gray, *The Nature and Source of the Law* (New York: Columbia University Press, 1909; 2d ed., New York: Macmillan, 1921).

Friedmann 教授。[①] 你们可以阅读这三人中的任何一个的著作而受益。

我希望你们能在实务期间找到时间来阅读我刚刚提到的那类书。然而，不管你们是否有时间，我都要迫切地向你们推荐一种我认为不可缺少的哲学活动的形式。不管你在职业生活或个人事务中可能有多忙碌，不管你相信你的一切有多好，或你作为律师的工作如何符合职业传统的最高要求，我都建议你要时不时地从事一种想象性的练习，与你自身保持距离，用一种尽可能冷漠和公正的眼光来看待自己以及你所做的事情。这是件困难的事。它需要思想和意志的力量。然而，没有它的话，你将失去任何人可在其工作中获得的最深刻的满足感，那就是对其所做之事的真实理解。

让我们来假设性地走过这种操练的步骤。我们来设想一名离开法学院五六年的年轻律师。他工作的办公室（比如说）至少还有六个其他律师——也许多达百人或更多。为了让我们的例子典型化，我们应该假设他从事的是私人业务，当然如果他在政府部门工作，我们的分析也不需要有实质性的改变。

我们的年轻律师起初不错，并且从他迄今为止的表现来看，他已经在他所选择的事业里获得了成功。当然，这意味着他非常忙碌，因此，也可能相当快乐。

当他在法学院的时候，他曾担心他可能会被他的办公室要求去为那些他个人并不相信的案件辩护。他发现这并非真正的问题。显然，人们在愤怒的处境中一般并不让律师代表他们，或者至少当他们寻找那种法律援助的时候并不会去他的公司。随后，事情并非像他所预计的那样如此黑白分明，更多的是灰色的地带，很难预先判断谁对谁错。在这些例子中，他起初对当事人的案子有些疑虑，这些疑虑在他办案几天后就消失了；他的当事人的案件随之就立刻显得合乎逻辑和正当。他有一点担心，如果他在另一方工作的话，他可能就会经历同样的转变，但这个细微的忧虑并没减少他要维护其当事人利益的热情或欲望。

[①] Wolfgang Friedmann, *Legal Theory*, 2d ed.(London: Stevens and Sons, 1949); George W. Paton, *A Textbook of Jurisprudence* (London: The Clarendon Press, 1946); Julius Stone, *The Province and Function of Law* (London: Stevens, 1947).

简而言之，他发现辩护并不是一个问题，而是一种巨大的刺激和释放。有一个案件并且向着一个清晰的目标工作是有乐趣的，尽管这是其他人的案件，或者尤其是因为这是其他人的案件。

他发现法律实践比他预想的要涉及更多的游戏因素，认真地玩但更多的时候是诚实地玩的游戏。他感到惊讶的是，游戏一般而言善意地进行着，考虑到利益是如此之大，一方赢得之物是另一方所失去的，但是他也反思到并非总是如此，因为他已经看到，对立双方利益的明显的死结经常可以通过律师的足智多谋来解决，即设计一种让双方都获得其所需的程序。

一个道德问题偶尔会来困扰我们的年轻律师，当他进入这个职业的时候他并没有对此做好准备。他担心，他可能听任自己太过完全地等同于其当事人的利益了。这并非是他可能卷入不道德实践的恐惧。如果他是代表他自己的利益，那么他可以诚实地行动，而当他感到他自己的利益与他客户的利益等同的时候，处境也没有什么不同。这种利益的等同并没有创造任何不恰当的诱惑。而且，他的处境的逻辑看起来也需要这种同一。他对当事人的忠诚义务把他拉向那个方向，就像他所参与的游戏的精神那样。然而他模糊地觉得不和他的客户保持某种分离、不在他自己的利益和其当事人的利益之间保持某种分离之墙是错误的。他希望有时间去想通这些事情。

在此时，我们应该让他带薪休假一周，并命令他去完成我所推荐的那种思想练习。他被要求从智识上和情感上远离他的工作，并且就好像一个完全的陌生人那样看待他所做的事。

从这种新分离的观点的角度来看，他看到了什么？他在玩的时候如此享受的游戏现在似乎是对公共利益的肮脏轻视，是对纳税人和当事人的金钱的浪费？他对与当事人案件认同的渴望是否表明他所经历的道德破碎是如此彻底，以至于这种保留着的分离欲望被罪恶的良知所窒息——它不敢直面事实？存在于彼此严厉相斗的律师之间的友谊丧失了其健康的外观，而有了些杜米埃（Daumier）的讽刺画的不祥特质，让人想起古罗马的占卜师们，据说他们在街上相遇时都是互相阴阴地笑的？

我不认为我们的年轻律师会经历任何此类的职业幻灭。从外部的有利地位考察他的工作，我认为他反而会看到，一种深刻的道德性证成了那在广义上所谓的对抗性体系和贯穿于该体系中的类似的游戏精神。

让我用最简单的术语来解释为什么我认为是如此。我从如下平凡的观察开始，即生活是复杂的，而律师不得不处理的问题尤其如此，这些问题一般涉及这些处境，即事情变得极其混乱和棘手，或者有可能如此。人们并不乐意付出合理地处理这种问题所需的能量，除非他们具有心理学家所谓的充分的动机。挖掘事实、思考论点、勾勒出所拟解决之道的全部含义——所有这些事情都是非常难的工作。这就是游戏精神参与进来的地方。缺乏它那事关公共利益的工作就无法完成。

在这方面，我们有二战期间战争劳工董事会运作时的一个好例子。在公司的管理层和代表其雇员的工会之间出现了一些复杂的纠纷，我们假设它与计件工资率有关，并且召开了一系列的会议来解决这件事。但问题层出不穷，难以解答。比如说，工会想要了解一些可以从时间研究部门（the time-study department）获知的技术性事实。处理谈判的主席或人力经理则回复说他不知道答案，但他会尽力在下次会议前及时获得答案。有时候他准时拿到了它，有时则没有。公司询问这个或那个解决之道是否值得考虑。工会则回复说，在它给出答案之前，它要咨询那些更直接地受到影响的成员。几个礼拜拖下去，每个人的时间都被那乏味的、没完没了的讨论占去了。

最后决定把事情交给战争劳工董事会。请来了律师，每个人变得忙忙碌碌，找出要解决的事实是什么，并开始严肃地思考各种可能达成的解决之道的影响。接下来的正式听证会使每个人都保持警觉。案子已进入论证阶段，案情摘要被记录并归档，一整个早上都在董事会的听证官员前激烈地争论。接着，奇怪的是，人们发现双方并不真正需要诉诸外部法庭来作决定；他们愿意通过谈判来解决案子。双方现在第一次认清，在乱麻一团的纠纷中，事实实际上是什么。他们有机会去评估其对手立场的分量；他们最终搞清了针对该问题的各种解决对他们的全部意义。案子很快就以一个对所有人来说合理的、满足的方案结束。

这种事情不断地发生。我们早上在争论，而下午就谈判，听证官员则在一旁，并在无需他协助的情况下当天就达成了合意。所有这些可以在没有律师、听证、争论的情况下完成——也就是说，如果人们是公正的天使，对工作有一种不知足的渴望，那么这可以被完成——当然他们不是。

从这个角度来看，辩护的热情是自然的狡计之一，通过它，人类在不知情的情况下被吸引着为公共利益服务，借此他会比他为实际所想要的工作和思考得更加努力。我所描述的过程以不那么夸张的方式体现在整个职业中。比如，正是辩护的热情为法院提供了事实和思考，没有这些，一个理智的决定是不可能的。

那么，所有这些是否意味着我们的年轻律师将从超越其日常活动边界的旅行返回，依然沾沾自得和踌躇满志，并没有被像他人那样看自己的经历所改变？我不认为如此。相反，我相信，他对自己工作的概念将经历一个相当大的改变。

并没有丧失他对游戏的任何热情，他现在希望以一种非常不同的方式来玩。在谈判中，不是首先追求为他的当事人获得利益，而是把他的最重要的任务看做是寻找可以调和明显冲突的利益的程序。在法庭前为案子争辩的时候，他将不把他的工作看做是纯粹的说服，或者是对法律学说的轻率操控，而是要向法庭表达他对案子的全面理解，这将有助于达成一个明智和有根据的决定。

我们的年轻律师将做这些事情，不是因为任何新近获得的道德拘束，而只是因为以这种方式玩游戏，他将获得同时来自于为其当事人和为公共利益服务的双重满足。顺带地，他也会懂得为何对当事人的案件保持某种程度的疏离是重要的（即使是在交锋最激烈的时刻），因为如果没有这种疏离，我所描写的满足是不可能的。

我相信，当我们的律师们通常都以这种方式来看待他们的工作时，我们将有一个以哲学家为国王的社会，尽管我们生活在民主社会，甚至我们的公民很少自称是哲学的技术文献（the technical literature of philosophy）的学生。

富勒论法律教育

罗伯特·萨默斯[*] 著

于柏华[**] 译

在法律教育研究方面，富勒(Lon L. Fuller)与卢埃林(Karl Llewellyn)一样，著述数量要远多于其他美国法学家。在其有生之年，富勒发表了12篇法律教育文章、出版了2本教学资料。[①]除此之外，还有若干断简残章于其去世后被发表。[②]他还撰写了一份长达175页的《哈佛法学院课程委员会报告》（打印稿，标注日期为1947年3月1日），该报告并未出版，这是很不幸的事情，因为即便它诞生于近40年之前，但今天的法学课程规划者仍能从中获得大量教益。

出于以下几个理由，富勒的法律教育著述值得特别关注。

---

[*] 罗伯特·萨默斯（Robert S. Summers），康奈尔大学法学院"麦克罗伯茨研究教授"。
[**] 于柏华，浙江工商大学法学院讲师。
[①] 本章的写作得到了康奈尔大学法学院的克拉姆顿（Roger Cramton）以及哈佛大学法学院的卡沃斯（David F. Cavers）的帮助，他们给出了一些有价值的建议。富勒关于法律教育的主要作品有：Objectives of Legal Education, 2 Assoc. Bar City of New York: Records 120（1947）; Preliminary Statement of the Committee on Legal Education of the Harvard Law School, Harvard Law Library, 1947（以下简称为 Curriculum Committee Report）; What the Law Schools Can Contribute to the Making of Lawyers, 1 J. Legal Educ. 189（1948）; The Place and Uses of Jurisprudence in the Law School Curriculum, 1 J. Legal Educ. 495（1948）; On Teaching Law, 3 Stan L. Rev. 35（1950）; What Is the Bar in Pennsylvania, 25 Temp L. Q. 249（1952）; Professional Responsibility: Report on the Joint Conference（coauthored with Randall）, 44 A. B. A. J. 1159（1958）; and The Academic Lawyer's House of Intellect, 14 Legal Educ. 153（1961）.
[②] Lon L. Fuller, The Principles of Social Order: Selected Essays of Lon L. Fuller, ed. Kenneth I. Winston, 272-81, 282-90, 293-303（Durham, N. C., 1981）.

第一，富勒十分重视律师在美国发挥的作用。他欣然引用密尔的评论说，不论在公共领域还是私人领域，美国人都特别善于自我管理。富勒相信，美国的律师在此种自我管理实践中扮演着核心角色（"型塑社会的基本秩序"），他甚至认为此种法律职业实际上是、同时也有能力成为现代社会的创新性与引导性力量。[①] 毕竟，必须去谋划拟定福利国与规制国所要求的诸多复杂制度安排的是律师。同样重要的，律师是私领域无数错综复杂且变动不居的事务安排的设计者，这些安排为私领域的秩序型塑提供了便利。

第二，富勒曾经在四个风格迥异的法学院任教，均为正式教师，与通常的法学教授相比，富勒更了解当时美国律师的教育状况。此外，在20世纪50年代早期，富勒对宾夕法尼亚州的所有法律院校进行了一次细致的实地调查，在之后出版的调查报告中，富勒得出了许多有见地的考察结论，其中一些与"苏格拉底教学法"的衰落有关。[②]

第三，在富勒着手研究律师职业与法律教育的时候，不论法学教学还是法律实务，他都已经有较长时间的从业经历。他在从事法律实务工作（1942—1945）之前，已经是一个有着十几年教龄的法律教育者。因此，他在反思法律教育问题时有着十分明确的针对性，在结束法律实务工作之后，他对律师的工作性质以及他们应受何种教育有了很多想法。

第四，作为二战后哈佛大学课程委员会主席（该委员会每12年履行职能一次），富勒理所当然要在课程设计上扮演重要的领导角色。赛克斯（Albert M. Sacks）评价道，在富勒的领导下，该委员会推行的改革措施是"目前最成功的改革之一"。[③] 部分是因为考虑到这一点，美国律师协会要求他（以及兰德尔）为"职业责任联席会议"起草"影响报告"（influential report），该报告于1958年出版。

最后，富勒的学者和法律理论家身份为其研究法律教育问题提供了

[①] Fuller and Randall, Professional Responsibility, at 1159.
[②] Fuller, Legal Education in Pennsylvania, at 265–68.
[③] Albert M. Sacks, Lon Luvois Fuller , 92 Harv. L. Rev. 349, 350 (1978).

特别的专业素养。他意识到,"哲学的影响力特别容易体现在法律教育中"①,他知道,在特定时期碰巧流行的法律理论,能够对法律教育实践产生深远影响。

富勒最关心的是,为律师真正的责任与任务阐发出一种一般性观念,并确保法律教育改革为该种观念的形成提供足够的助力。他关于律师责任与任务的解释,在今天基本上为人熟知。但情况不总是这样,他对法律教育所做的多数批评,现在的人们则并不足够熟悉。在许多法律院校里,很多被他批评的教育弊端仍未得到纠正。

一、律师的责任与任务

今天的一些法律教育者认为,训练法律实务人员至多属于法律院校的第二位功能,其首要功能则是创造并传播法律的新知识和对法律的新理解。但是对富勒而言,这两个目的"紧密关联,讨论二者的主次关系因此没有意义"。②很明显,创新性学术研究是法律教育的重要组成部分,但学术研究如果与律师实务分离得过远,则会滑向非现实的虚空。

富勒同样承认的是,想要训练好法律实务人员,法律教育者必须对律师的责任与任务持有一般性观念。当着手形成此种观念时,教育者大体上部分被这样一种愿望所促动,即对抗公众对律师通常持有的错误观念。

富勒认为,一般来讲,作为公共职业的成员,律师对社会负有一些特殊责任。他们应当时刻关注法律改革,特别是在"律师的法律"(lawyer's law)领域更应如此。凭借他们接受的训练,他们有能力同时也应当使公共辩论避免沦为不切实际的空谈,即声称无需考虑手段就能确定目的。③律师负有特别的义务维护法律的平等适用。他们应致力于使穷人得到法律服务,使非主流意见获得表达渠道。律师负有特殊的责任确保法治的良

---

① Lon. L. Fuller, "What Is a Lawyer?", Unpublished manuscript, Harvard Law School Library, Lon L. Fuller Papers.
② Fuller, Curriculum Committee Report, at 4.
③ Fuller, Professional Responsibility, at 1218.

性运转，其中包括"护卫正当程序"（guardianship of due process）。由此，他们应当积极参与培育一种健康的、关注且尊重法律程序公平的公众态度。富勒并没有想当然地认为，公众一定会理解并接受将有序得体之政府的行动基准予以具体化的基本规则，以及在有需要的时候会为其而斗争。依此，他主张"在领会了这些规则的证立（justification）理由之后，理解才能获得生命"。像实证主义这种法律理论，由于它把法律的权威立基于国家权力的垄断，不仅是错误的而且是危险的。

> 避免政府权力的不当使用最终必须依靠公众舆论压力，其中法律职业的舆论尤为重要。而只有在某种妥当理论（sound philosophy）的指导下，此类舆论才能产生预期效果。如果该种舆论充斥着这样一种观点，该观点将政府权力视为纯粹事实（brute datum），并拒绝检视其正当性与可接受性的理性与道德基础，那么公众舆论就失去了妥当理论之内涵。[1]

与这些一般性的责任相伴随，律师还必须被训练以担负一些基本任务。尽管富勒从没有单独为这些任务编制出一张全面的列表，但这些任务还是可以从他的相关著述中总结出来。

律师的这些任务中最重要的是，运用理性调处其在执业活动中所面对的人际关系。因此，律师应当将法律实践视为一种目的导向的事业，它要求律师理性地分析问题、理性地选择实现正当目的的手段。富勒从不认同那种质疑理性之力量的怀疑论，他坚信"有关法律与政府的那些基本问题能够被理性地解决"。[2] 他也不喜欢"黑体字思维"（black-letter mind）——该思维忽略了法律规定的目的，满足于机械应用法律，不能将问题分解为其构成要素，也不能形成独立的判断。

在公私两个实践领域，律师不仅仅适用他人已经创造的东西，而且必

---

[1] Lon L. Fuller, American Legal Philosophy at Mid-Century, 6 J. Legal Educ. 465 (1954).
[2] Fuller, Curriculum Committee Report, at 94.

须经常性地参与法律安排与法律形式的谋划与创造。作为创造性活动的参与者，律师为该活动的整体结果负有一些责任。富勒曾经说过，律师是"我们法律、政治、经济秩序的首席设计师，更准确地说，至少这些秩序有相当大的部分是有意谋划的结果"。[①] 契约、劳务协议、行政或司法决定、规制措施、成文法条款、制度构造、法律程序的内容，经常是在律师的参与下才得以形成的。还有，在引导客户进行目的导向的思考时，律师要为客户建议可行的目标，排除不切实际、无价值、非法的目标，辨识首要目标以及需要优先考虑的手段，为其提供清晰准确的行动路线图。

律师的相当一部分工作在性质上属于搭建未来的人际互动框架。此类工作向律师提出的要求主要有：律师要能预见不同选择的可能结局，识别和权衡法律与非法律要素，从不同的法律领域中查找、提炼规则，描绘行动蓝图。律师并非"站在路边向路人晃动着'止步与通行'的法律指示牌，对他们的前途命运不负有任何责任"，律师是"设计专家"（expert in structure）。[②]

训练有素的律师也是"程序专家"（expert in process）。在公私两个领域中，他都能有效地参与大多数规则的制定与实施，正是通过这些规则的制定与实施，人际关系才得以有序化。作为司法裁判的参与者，律师既有助于老法的适用，也有助于新法的创造。在那些涉及成文法法条含义的诉讼中，法官将律师的论证吸收到自己对法律的解释中，此种情况并不少见。在普通法案件中，律师通过举证与论证，更是直接地推动了法律的演进。

律师的另一个任务是作为协商者或辩护者协调利益冲突[③]，训练有素的律师经常能够化解明显陷入僵局的利益冲突。他们能够挖掘出隐藏在情绪化口号与轻率言辞背后的当事人真实意旨，缩小他们的分歧范围；他们也通过展示相关事实，使当事人能够更充分地理解自身利益之所在；他们运用其想象力为当事人寻找可行的妥协之道；他们凭借其局外人身份力图

[①] Fuller, On Teaching Law, at 37.
[②] Fuller, Curriculum Committee Report, at 59-60.
[③] Fuller, *supra* note 2（即本书第 66 页注释②——编者注）, at 283-90.

使当事人双方都能从对方的角度看问题；他们运用自己的说服力促使双方当事人达成合意；他们作为公然对抗双方之间的缓冲带，尽力斡旋说和。在美国，只有一小部分私人之间的严重分歧会最终进入司法裁判或仲裁环节，在某种程度上，这是律师的功劳。

律师最重要的任务之一是发现事实，好律师明白与法律相关的事实的重要性，事实决定了可被适用的法律规则是什么。许多法律规则在表现形式上采取了当事人之间的"衡平"（equities）模式，其内容有着高度的情景相关性，因此律师需要对事实细节有足够敏锐的感受力，方能确定其衡平内容。作出决定所需的实质性理由，与道德、经济以及社会方面的考虑有着直接关联，它们影响到法律规则的适用，但其中也必然包含了事实要素，如果对相关事实不甚了了，这些理由也就无法被说清。当不存在可供适用的法律，或者法律需要被修改的时候，依据实质性理由做出决定的推理模式发挥着决定性作用。好的律师能够敏锐地把握有可能产生事实争议的情形，他能够高效地收集、筛选、组织、呈现事实，他知道在发现与陈述事实（必须凝练）时出现歪曲的主要原因，他也知道如何应对那种根本无法搞清事实的情形。

提供咨询服务是律师经常要完成的任务。事实上，与打官司相比，律师的工作时间更多地用在了提供咨询与协商服务上面。有一个很常见的错误观点，认为国家的强制机制是法律目的的主要落实渠道。真实的情况是，如富勒所言，"律师的办公室经常是法律的目的最富成效的实现场所"[1]。

在公私两个实践领域，在提供咨询、协商、沟通、谋划、设计、辩护以及创制规则服务时，律师必须综合考虑两类事实与考量因素，一类是法律性的（legal facts and considerations），一类是非法律性的（nonlegal facts and considerations）。那些非法律的事实与考量因素种类繁多，其中或许包括：客户的多种多样的目标，商业考虑，相关的政府政策（尚未转化为

---

[1] Fuller and Randall, Professional Responsibility, at 1161.

法律），相关的社会科学知识。一个训练有素的律师，要么单枪匹马，要么借助外力，会将所有这些考量要素予以妥当处置。

二、课程设计缺陷

今天的人们不太了解的是，富勒是一个非常积极的法学课程设置的改革者。他从多方着手拓展法律教育范围，特别强调在法学课程设计中，必须使法律领域与非法律领域之间的各种互动关系获得一个更为核心的位置。"只有将这些互动关系纳入法学教育，才能打破一个怪圈：诞生于这些互动关系的问题在法律院校中被视为与这些关系无关，因为它们在实践中就是这么被对待的；而实践中出现的此种处理问题方式，又部分是因为律师和法官在学校里就是这么被教育的。"[1]

在 20 世纪 40 年代末，富勒对法律院校课程设计进行了尖锐批判并提出了诸多矫正措施。作为哈佛大学课程委员会主席，富勒对那些忽视法律的目的性与理性内涵的法律教育者提出了批评。他认为，在法律方法的教学中仍有过多的形式主义残留，具有过分强调法律的国家意志性而忽视了它理性地型塑人际关系这个特点。有太多的法学教师相信，理性与目的之选择无关，只有在确定方法时才用得到它。但富勒认为，"作为教师，我们最应关心的是正确地型塑规则、解决争议，凭借这些，人们才有可能生活在一起"[2]，应该教会律师去"阐发、界定、捍卫'正确'(rightness) 之标准"。

法律教育者通常十分在意社会法律秩序被破坏的情形，例如争辩、诉讼，对律师扮演的设计专家、谋划者、人际互动框架的拟定者等角色则不够重视，法律教育者更重视的是在发生纠纷之后，律师扮演的纠纷解决者角色。围绕上诉法院判例展开的教学法，与对秩序破坏的执迷联合在一起，强化了此种目光短浅之认识。此教学法必然忽略律师与实务人员

---

[1] Fuller, Curriculum Committee Report, at 122.
[2] Fuller, On Teaching Law, at 45.

（businessmen）进行的谋划性选择，即那种并不是一定最终将当事人带入诉讼环节的选择。

  当案件被呈交到上诉法院的时候，大多数谋划与策略已经被完成，律师发挥的多数沟通功能由此隐而不显。此时，他的首要任务是，尽可能以有说服力的方式，去辩护或挑战某个或某些已经形成的局面。由于法律院校的教育基本上围绕上诉法院的判决展开，它不可避免地会强调此种争议的最终环节，对于在此环节之前律师需要进行的选择，学生们很少能得到直接的训练。①

上诉法院的判例资料，排除了许多非法律要素，此类要素恰恰是律师在之前阶段做出选择时必须要考虑的。用富勒的话来说，"在没弄清楚法律之外的相关因素之前，根本不可能讨论法律谋划问题"。此外，上诉法院判例基本上没有充分体现"手段-目的"思维，而它正是律师进行谋划所要求的。学生需要的是这样一种学习资料，它要求"学生构想一个妥当的目标，然后寻找实现此目标的有效手段"。

上诉法院判例教学法对必须进行谋划的律师有误导性。"例如，对于理顺相关的判决先例之彼此关系而言必不可少的精准'区别'（distinction）能力，可能会妨碍律师从事法律谋划活动。只有以如下方式运用此能力才不会对其产生妨碍，即出于给谋划活动框定一个安全的施展空间的目的，律师减少'区别'的精确性，在减少的幅度上，以能够大体上预测可能对案件有管辖权的法官会如何判决为底线。"②

此外，部分由于上诉法院判例教学法的影响，法律教育紧密围绕着法院活动展开。这意味着，进入学生眼中的，主要就是案件的司法裁判过程。如果像富勒建议的那样，让学生接受案件处理过程的一般性教育，那他们也必定习得处理案件的非司法裁判过程。在其法律教育著述里，富勒

---

① Fuller, Curriculum Committee Report, at 36.
② *Id.* at 40.

强调引导学生充分掌握规则创制过程的重要性，其中既包括通过订约、协商、拟订方案等方式型塑私人秩序的过程，也包括经由立法、行政活动的公共秩序型塑过程。在富勒的合同法案例教程里，他加入了合同起草方面的内容，在其后的版本中，他又插入了一个很长的文本注释，解释经由订约的秩序型塑在法律运行过程整体中所处的位置。他也强调了教导学生理解法律运行过程如何型塑人们的价值观以及言行模式的重要性。"使共同生活得以可能的行动框架与限制，是我们创造的，但是它们反过来参与塑造了我们，并规定我们彼此之间应该做什么。"[1]

富勒经常提醒我们注意的另一个法律教育弊端是，它过分强调"法律"技能，而轻视事实发现技能。同样地，上诉法院判例教学法对此负有部分责任。判例中出现都是经过加工的事实（frozen facts）而非原始事实（raw facts），它们对于培养寻找事实之证据的洞察力，锻炼不加扭曲地筛选、组织、转述事实的能力[2]，基本没有帮助。此种判例教学法还注重"证据事实"（forensic facts），重视书证事实或上诉法院意见中的传闻事实（skeletally reported facts）。但律师必须经常性地处理原始事实，对正在发生的事实，即生活事实，负有管理掌控之责。当律师扮演谋划者、协商者、方案拟定者的时候，其任务是"依照可能发生的事实调整其决策，他必须构想行动计划，该计划能够准确地预测并承受未来的事实变动"。[3]

尽管在20世纪30年代，就有大量的实用主义作品强调将社会科学纳入法律教育的必要性，直到二战后（一直到今天）这还是一个未能得到解决的问题。富勒认为应当有所改变。以经济学为例，他十分清楚，如果法律院校的课程不包含经济学，那么经济学也就不会在法律实践中被运用。但他批评的却是，法学教授未能识别出需要其他领域专家研究的问题，这些问题与他们的专业领域有着法律相关性，并指明了研究方向。由此，他强调，社会科学与法律的融合不必也无需被迫为之，我们应该挑选出一些

---

[1] Lon L. Fuller, The Philosophy of Codes of Ethics, 74 Elec. Eng. 917 (1955).
[2] Fuller, What the Law Schools Can Contribute, at 193.
[3] Id. at 195.

特定类型问题供教学使用，让"融合"在教学过程中自然而然地发生。

由卢埃林撰写的，著名的 1944 年"全美法律院校课程委员会联合报告"预示了富勒对课程设置的一些批评。① 然而，富勒清楚且有力地强调了一些课程设计上的严重缺陷，其中一些是这份知名报告所忽略的。他强调与"过程"有关的教学，这是独一无二的。他的建议比较有说服力，并且通过哈佛大学的示范，对外界产生了广泛影响。在笔者看来，1947 年富勒的"课程委员会报告"，在内容上要比"全美法律院校课程委员会联合报告"丰富得多。

如前所述，在富勒看来，法律教育中的诸多缺陷源自于上诉法院判例教学法。但他不打算彻底废除这种教学法。他也不认为，它在 20 世纪中叶具有的狭窄性是其固有特征。事实上，在相当程度上，它的狭窄性是一个命运之偶然事件。

> 有一个很奇妙、在某种程度上又很不幸的事实，在美国的法律教育史上，大多数有长远影响的改革措施，都发生在这样一个时代，那时，法律研究的范围前所未有地被严格限定。而在法律的功能被极为狭窄地限定这个时期，恰恰是判例式与问题式法律教学的开展时间。今天很少有人会赞同兰德尔（Langdell）的格言：法律是一种科学，所有相关资料都能在书本中找到。然而教学法，特别是成功的教学法，经常要比信念更有生命力。判例教学法诞生时的法律研究范围的主导观念，凭借判例教学法取得的巨大成功，被凝结、传播下来。但假如判例教学法出现在 1810 年，并从这个时期的思想中获得其最初印记，可以很确定地说，今天的法律教育范围会更为宽广。②

在 1980 年代，法律院校的课程设计引起了激烈争辩。有趣的是，批判方的一个主要矛头指向已经被富勒预先考虑到了，即法律教育既缺乏理

---

① Karl N. Llewellyn, The Place of Skills in Legal Education, 45 Colum. L. Rev. 345 (1945).
② Fuller, Curriculum Committee Report, at 95.

论性又缺少实践性。[1]然而，富勒似乎并不打算像20世纪80年代的多数课程改革者那样，在这两个方面进行大刀阔斧的改革。在实践性方面，很少有证据证明，富勒会支持现今被普遍青睐的诊所式教学。他不相信，真正有"转移价值"(transfer value)的实践技能的有成效教导，会要求学生沉浸在细节层面，而这正是现代诊所式教育的主要特点。在他的1947年课程改革报告中，他建议了许多具体的修正教学资料（和教学方法）的途径，以便于培养学生的事实发现、谋划等技能，而无需引入真实的或模拟的客户。他相信，学徒式教育有着低效率等缺点，整体上讲，职业法律院校的兴起是一个很大的进步。然而，如前所述，他还敦促法律教育者，需要更加注重训练学生掌握那些在诉讼领域之外会用到的技能。

考虑到富勒的理论背景和接受的训练，人们或许会惋惜，在加强法律教育的理论性方面，他并没有提出较大幅度的改革建议。与仅仅引入一些学生在毕业前至少要选择一门的"透视课程"(perspective courses)相比，在加强法律教育的理论性方面，有太多可以做的，富勒却止步于此。

三、教学方法缺陷

在1952年，富勒发现，美国的法律教师大都放弃了苏格拉底教学法，对此他深感不安。他确信，该教学法对所有学生的教育都有着重要作用，他既为它被丢弃这个事实感到不安，又为那些使用它的人未能充分展现它的独特力量而惋惜。在20世纪50年代早期，他开始研究宾夕法尼亚州的法律院校教育情况。在实地从事课堂教学调研的时候，他发现很多教师要么简单地宣讲，扮演"提问者"角色，要么扮演圆桌讨论的调停人角色。虽然还有一些教师在教学中没有这些问题，但在富勒看来，他们要么给学生布置了过多的案例，要么教学节奏过快。[2]

富勒认为，教学的重点不是传递他人的权威性结论，不论结论的作者

---

[1] See generally, Roger C. Cramton, The Current State of the Law Curriculum, 32 J. Legal Educ. 321 (1982).
[2] Fuller, Legal Education in Pennsylvania, at 258-68.

是讲授者、法官、立法者或者法律的职业重述者。教学重点应该是，将案例视为需要在课堂上被探索与思考的问题。[1] 他认为，将判例教学法与苏格拉底教学法相结合，使其能够自由、活跃、自然、客观、无私地体现具体问题，那是最好不过。它可被用来强化构架议题的能力，学生只有亲自去界定和解决问题，他才会充分理解这个问题。此种方法还可用来提升相关性意识，对事实细节保持敏锐，锻炼想象力（通过假设各种可能情形等），培养"区别"能力，滋养创造性思维，激发对"正确"之应然标准的思考，提高判断的成熟性。法律教育的实质并非是教师与学生之间的信息传递过程，它是一种意图培养学生思考能力的参与过程。但想要实现这个目的，课堂教学的节奏就不能过快，教师布置的案例也不能太多。教师必须注意，不能"过分强调快速地给出正确答案的重要性，而忽视那些得出速度较慢但更有内涵、更为透彻的答案"。[2]（最终，富勒强调了苏格拉底教学法的另一个重要好处：使学生能够"间接体验到法律人需要完成的任务，即构思、解释、证立、应用规则，这些规则为社会良好运转所必须"。）[3]

富勒注意到，案例教科书中有很多疑难问题，但教师和学生有时会倾向于处理更为简单的案件。直面疑难案件需要的不仅仅是思维力的编排与聚焦，而且它要求道德勇气，当待决问题是新的，要求运用创造性思维时，更是如此。学生必须适应推理带来的痛苦，必须能够面对犯错产生的挫败感。学生如果学会了这些，那么不仅仅提升了智力水平，也接受了道德训练，经历了道德成长。[4] 富勒还强调，学生必须学会控制自我肯定的本能。"这个本能会使人们有意无意地扭曲事实、歪曲议题，以便创造出他们自己的特殊天赋在其中会最有优势的场景。"[5] 富勒甚至主张，教育的"最高目标"或许是"控制这个本能，使人们意识到它的危险性"。[6] 当然，如果学生未能被要求参与进课堂教学，他也就失去了许多习得这些的机会。

---

[1] Fuller, On Teaching Law, at 38–41.
[2] Fuller, Legal Education in Pennsylvania, at 261.
[3] Lon L. Fuller & Melvin A. Eisenberg, Basic Contract Law xxii, 3d ed. (1972).
[4] Fuller, What Law Schools Can Contribute, at 191.
[5] Fuller, On Teaching Law, at 40.
[6] Id.

在今天的美国法律院校中，授课学生数量是被讨论的教学方法问题之一。一个相关的议题是，法律院校是否应该至少在第一学年进行小班授课，以便为学生提供更为舒适的听课环境。目前，法律院校在落实小班授课上花费不菲。可以比较肯定地推测，富勒不会赞同此状况。

大班授课，比如说 80 个学生的班级，确有其好处。此种规模的课堂，为教师和学生提供了公众表现的条件。在课堂上发言的学生，所面对的是一个问题以及非人格化的听众。而在小班课堂上，他对问题的思考可能会被这样一种考虑所妨碍，即"约翰同学对我的发言会有什么想法"。最后，我们要记住，法律并不是在炉边聊天式氛围中被实践的。三年轻松悠闲的讨论并非参与现代法律实践最好的准备活动，不论学生当时是如何享受这种状态。①

富勒一方面偏爱 80 人左右的课堂教学，另一方面又强调应拓展法律教育的范围，训练诸如协商、事实收集、谋划、设计拟定等非诉讼技能。这两个主张是否矛盾？这是人们难免会产生的疑问。可以很肯定地说，它们之间并没有什么逻辑上的不一致。在某种程度上，即便是千人课堂也不妨碍教师教授这些东西。但是如果打算让学生"通过躬行来学习"，80 人的课堂明显太大了，此种教学法在今天要比富勒那个时候更时髦。与今天的很多法律教育者的观点相反，可以比较肯定地说，富勒绝不会认为"通过躬行来学习"是一种必需品。例如，他指出，许多法律院校的学生到毕业时都能写出很好的上诉意见，然而，在校期间没有一个学生实际做过此种工作。类似地，人们不必实际上去订立合同，仍能学到很多合同拟定技能。

人们可能产生的更为根本的困惑是，富勒指出了上诉法院判例教学法的诸多缺陷，与此同时又歌颂苏格拉底教学法的优点，这难道不是不一致吗？我确定地说，这里面没有什么不一致。正如哲学家们很久以前就教导我们的，苏格拉底教学法并不要求讨论素材必须限定在某一类型的案例上，更别说限定在法院判例了。此外，有大量证据表明，富勒不认为所有课程都应该使用苏格拉底教学法。

---

① Fuller, Curriculum Committee Report, at 164.

在当代课程设置讨论中，一个重要的议题是，法律教育的非人性化(dehumanizing)。据说，法律院校使学生学会了律师角色特有的没情感、竞争意识强、独断专横。在其出版的著述中，富勒并没有系统地讨论这些问题。在他的课程委员会报告中，只有一些与此相关的只言片语。由此可以推测出，他要么从不认为这些是很严重的问题，要么或许认为纠正它们超出了法律教育者的能力范围。然而，今天的法律教育者基本上会同意，苏格拉底教学法能够、同时也应该以体现人性价值的方式被使用。

四、法理学课

富勒坚定地认为，法学课程设置中应该有法理学课。该课程的主要教学目的，应该是锻炼一种关于法律的深层问题意识，而不是灌输某种观点。它应该被用来批判性检视"法律问题推理背后隐藏的基本前提"。① "与其他课程相比，法理学更多地体现了认识论和形而上学内容，但不包括那些认识论与形而上学的终极议题。"富勒经常在他的课堂上讨论正义及其与法律的关系问题。他建议教师们要去探索，正义是否可界定，是否存在，是否仅仅是一种感觉、是否是纯粹主观的现象。他觉得，人们能够以正义之名给出决策的客观理由。

富勒并非道德怀疑论者，他相信即使最简单的合同与侵权问题都牵涉基本的道德证立。在法律院校中设立法理学课程，是一个理想的制度安排，经由它可以探索法律与道德的一般关系。就我在1957年上过的富勒的法理学课而言，他花费了大量时间来讨论这个问题，既展示了批判敏锐性（那时他正与哈特[H. L. A. Hart]和内格尔[Ernest Nagel]进行论辩），又体现了对人类事务中理性证立之力量的深度信念。

由于富勒的观点在今天更为流行，他曾经强调的"证立"在今人看来或许不证自明。实际情况是，20世纪很多一流思想家对律师的角色有着十分不同的看法，这些看法背后隐藏着关于法律本质的深层争议性理论。

---

① Fuller, The Place and Uses of Jurisprudence, at 495.

在哈佛大学，那些属于兰德尔（Langdell）和威利斯顿（Williston）代表的形式主义传统的人，认为律师实质上是特定基本法律概念之必然内涵的解释专家，例如合同之要约"本质上"是否可撤销。而那些属于霍姆斯（Holmes）和部分法律现实主义者代表的法院中心主义和科学主义传统的人，认为律师实质上是国家权力运行的预测者，即预测"法官会如何判决"。像拉斯韦尔（Harold Lasswell）和麦克杜格尔（Myres McDougal）之类的现代理论家，注重"权力运行之总体"，认为律师实际上扮演一种权力角色（power role），他要么去制定公共政策，要么影响公共政策的制定者。上述每一种观念都对应着一种法律本质的一般性理论：法律是一种有着内在逻辑的概念体系；法律是对主权者意志的预测；法律在某种程度上是制定公共政策的开放性过程，各种有着竞争性关系的权力集团都参与其中。所有这些理论富勒都不赞同，对于那种将法律仅仅理解为国家意志，律师不过是法官判决的预测者和试图施加影响者的观点，更是激烈反对。他承认，律师必须试图去影响那些掌握权力的人，但他强调，律师在实现这些的目标的时候，必须以法律的、理性说服的形式来进行。律师提供的证立有时表现为，通过推理诉诸于既存法律；但也经常表现为，国家权力应该如何行使或者法律应该是什么的理性论证。在做这些事情的时候，律师并没有超出其职责范围，他恰恰是在履行职责。①

富勒在哈佛大学任职的大部分时间里，二年级的法学专业学生都被要求至少选择一门"透视"（perspective）课程，这些课程有法理学、比较法学、法律程序理论、法律史学。依照富勒的观点，这些课程的目标是"使学生能够站在法律体系之外，从整体上看待法律，学生因此能够学会反思政府与法律的更为一般性目标，以及这些目标得以实现的适当条件"。富勒提出的这个要求被学院采纳，但受到了部分部门实体法教师的反对。加德纳（George K. Gardner）声称，他的海商法课也应被列为透视课程，富勒他们没有开这个口子。富勒写信答复加德纳，"在某种意义上，每一门课都有

---

① Fuller, *supra* note 2（即本书第 66 页注释②——编者注）, at 272–81.

透视性，但是对那些主要以透视性为目的的课程，与那些主要目的是理解具体法律领域问题的课程，还是能够进行比较清楚地区分的。"①

五、学术研究

对学术研究这个争议性问题，富勒极为关心，在哈佛大学任职期间，多次卷入这个复杂问题引发的论辩与纷争。出于记录的目的，同时也是因为与当代有关，现将富勒关于此问题的三个主要观点摘录如下。

尽管富勒想要拓宽法律教育面，把社会科学、特别是经济学囊括进来，尽管他也想把社会科学家吸收进法学院，但是，可以很确定的说，他对其了解的相当多经验性社会科学研究抱有怀疑。②正如我们已经知道的，他不接受部分法律现实主义者的观点，该观点认为，法律的目的与手段可以通过完全诉诸于经验研究的方式确定。富勒认为，社会生活中的很多事情不太适合用科学方法来把握。他似乎认为，很多社科研究做得不怎么样，且非常容易受到政治操纵。他感觉到，很多社会科学家对人文主义传统怀有敌意。当科学得不到可靠的发现时，仅凭此一点，很难说我们因此必须转而求助任意性偏好。

在 1950 年代，哈佛大学法学院开始资助若干研究项目，它们要么要求从事实地调查，要么要求使用大量非法学资料。在多数情况下，经费来源于学院以外，例如世界银行资助了一项关于拉丁美洲电力规制的研究。富勒越来越关注这些项目，他的关注促使副院长卡沃斯（David F. Cavers）准备了一个长长的报告，以所有目前由哈佛大学法学院以及其他法学院监督的此类项目和相似研究为对象，报告内容则是它们产生的问题以及可能的预防措施。作为回应，富勒向学院提交了一份备忘录，旗帜鲜

---

① Harvard Law School Library, Lon L. Fuller Papers, Fuller to G. K. Gardner, September 30, 1953.
② See, generally, Lon L. Fuller, American Legal Realism, 82 U. Pa. L. Rev. 429 (1934); and See also Robert S. Summers, Professor Fuller's Jurisprudence and America's Dominant Philosophy of Law, 92 Harv. L. Rev. 433 (1978).

明地反对此类"项目"式或"委托"式研究,着重强调它们与学术自由不相容。他们观点之间的交锋,引起了1957—1958年度的两次学院会议上的长时间讨论。并不是富勒的所有同僚都赞同其观点,尽管学院承认,此类项目确实涉及一些很重要的问题,但没有采取什么正式行动出台政策对其予以规制。1958年,卡沃斯从副院长的位置上退了下来,去担任"沃特·迈耶法律研究所"主席及其董事会中的哈佛方代表,他的继任者没有继续鼓励此类项目的研究。

关于学术著述的发表问题,富勒认为,发表著述需要思想成熟之后才能做,他经常建议学院的新教师至少在五年以内不要出版任何东西。作为一个受尊重的学院前辈,他的建议很有影响力。他的建议或许使某些同事避免了发表一些半途而废的观点的尴尬,但对那些终其学术生涯观点不改的人来讲,或许是耽误了人家。

在我看来,富勒很明显没有公允地对待经验性社科研究;对团体合作或"项目"式研究的危险性,他或许过于警惕。他也似乎忽略了另一个重要问题:法律、法律教育、法律研究在多大程度上是自治的,从而不能在实质上还原为别的学科,例如经济学、历史学或者哲学?这个内涵丰富的议题现在已经开始被讨论[①],就能力而论,富勒本来是非常适合处理这个问题的,但他却没有谈到,对此我们表示遗憾。

六、长久的障碍

对法律教育的良性展开的主要障碍有以下三个来源:学院同事、学生、实务律师界!

尽管富勒经常以批判者和改革者的面目出现,但他在面对学院同事的反对意见时却很宽容、很绅士。有些人认为,好的法律教育仅仅意味着招收一些好教师,然后让他们自由发挥才智。对此他回应道,现存的课程框

[①] See generally, Robert S. Summers, The Future of Economics in Legal Education: Limits and Constraints, 33 J. Legal Educ. 337 (1983).

架体现了追求融贯与和谐的努力成果,那些想要保留它的人应该对其负有捍卫之责。有些人声称,要么直接地要么间接地,判例教学法足以完成所有教育目标。富勒指出了这种观点中存在的严重疏漏与扭曲。有些人主张,法律教育者应该"严守法律",因为"不可能在三年内教导学生成为律师",更别说教导他们成为"经济学家、心理学家、会计师、社会学家以及人事管理者"了。富勒回应道,法律院校实际上并不打算教导学生在毕业时成为一名彻头彻尾的律师,而仅仅试图教会他们学习的方法,为他们今后的自我教育打下基础。以经济学为例,年轻的律师如果不了解它与法律的互动关系,他的自我教育基础中就缺少了一个重要要素。

富勒说,学生也是法律教育障碍的来源之一。有些学生认为创造性课堂教学体验偏离了学习重点,例如他们凭第一印象就把某种假设的甚至真实的案件仅仅视作例外或者异常情况。此类学生经常"思考的是律师执业考试",该考试当然要求学生具备大量的黑体字法律(black-letter law)知识。致力于创造性任务的课堂教学必定无法打动那些热忱的小家伙们,他们来到课堂,手里拿着预先写好的报告,心里想着那些在他们看来真正重要的事务。[①] 即使那些赞同此种教学法的学生,或许也经常不过是半瓶水。比如说,他们或许把创造性法律思维仅仅看做一种智力游戏,其中包含一个难题和唯一一个解决办法,该解决办法完全能够(同时也将要)被"追踪、捕获,最后打包带走"。这时,学生真正想要的是两个有矛盾的东西,"他们既想要体验探索荒野的刺激,又想要知道他们到底站在那里"。[②]

最后,富勒特别在意的是,法律共同体自己,借由律师执业考试,正在深度扭曲着法律教育的目的与方法。他在 1961 年写道,许多法律院校极为不幸地"在阴影下勇敢奋斗,此阴影甚至笼罩到一年级学生"。[③] 律师执业考试经常强调的,仅仅是"法律的知识"以及一种应用它的机械能力,而不是富勒呼吁的那些更为广泛的能力与观念,书面的律师执业考试很难考察这些方面的能力。

---

① Fuller, On Teaching Law, at 41.
② *Id*. at 42.
③ Fuller, The Academic Lawyer's House of Intellect, at 157.

主题论文二：何谓法哲学？

哲学法理学的概念[*]

迈克尔·欧克肖特[**] 著

马华灵[***] 译

本文的目的是探讨一种法律与公民社会哲学的含义与可能性。这个主题目前的研究状况具有混乱不堪与模糊不清的特征。我们必须假定，即便只是为了进一步澄清这种混乱不堪的本质与起因而进行的批判性讨论也是有价值的。而如果要摆脱遗留下来的这种混乱不堪，那么，我希望做的就不止于此，我希望得出某些肯定性（positive）结论，并指出我们的研究应该采取的方向。但是，我的第一要务必须是考察目前的研究状况，并探讨其缺陷的特征。

一

目前所使用的"法理学"（jurisprudence）一词滋生了某些基本的模糊不清之处，而这是我们要尽量加以避免的。我把"法理学"一词理解为"法律理论"。而所谓"法律理论"，我指的是对法律本质所进行的合理解释或阐释（explanation or interpretation）。我们将会马上回到这些表述上

---

[*] "The Concept of a Philosophical Jurisprudence," in *The Concept of a Philosophical Jurisprudence: Essays and Reviews 1926–51*, Luke O'Sulivan（ed.）, Exeter: Imprint Academic, 2007, pp. 154–183. 本文首发于 *Politico,* 3（1938），203-22, 345-60。

[**] 迈克尔·欧克肖特（Michael Oakeshott，1901—1990），英国哲学家。

[***] 马华灵，华东师范大学历史学系青年学者。

来。但是现在，这些表述被我用来说明，我所要讨论的是"法律理论"，而不是"判例法"抑或"法官制定的法律"，不是法院的惯例，不是司法解释或阐释，不是"法理学"一词所指或已指的任何其他对象，也不是其他欧洲语言中的对应物。对我来说，法理学代表的是一种理论，而不是产生一种理论的材料；法理学代表的是一种解释本身，而不是被解释和需要解释的事物；法理学代表的是一种法律本质阐释，而不是对一条法律或一套法律所进行的阐释（例如法官所作出的阐释）。在这项最初的命名工作中，小心谨慎是必不可少的。这不仅是由于"法理学"这个词语如今被用来指称若干种实质上各不相同的对象，而且还因为只有当"法理学"代表的是一种法律本质解释或一种法律本质理论时，"哲学法理学"这个表述才具有初步的含义。接着，我打算只以这样的方式来使用"法理学"这个词语，这样的使用方式不会使"哲学法理学"这个表述立刻变得毫无意义。而这并不是对这个词语所进行的标新立异的使用；这只是其现有各种含义中的一种。并且，就目前的这项研究而言，我希望把"法理学"一词仅限定于这个含义上。

目前"理论""解释"与"阐释"这些表述可能依旧具有误导性，即便我们清楚地知道这些表述适用于"法律本质"，而不适用于任何特定的法律、法律汇编或法律体系。正如我在前一段使用这些表述时所指出的那样，这些表述可能表明，我们要处理的是两项事务：第一项是法律，第二项是法律理论、法律解释或法律阐释。但是，实际上只有一项事务，即法律。"法律本质"跟法律本质理论、法律本质解释或法律本质阐释是一回事。任何法律解读都是法律解释。各种法律解释之间的差异在于其程度与相对全面性。对文本阐释适用的，对阐释也同样普遍适用；文本与阐释是一回事，两者是不可分割的。确实，我们似乎始于一项事务，即文本，然后进行第二项事务，即阐释。但是，我们所谓的"文本"本身就是一种阐释，一种含义。而在阐释中，我们会以另一种不同的或更广泛的阐释或含义代替这种阐释或含义。理论、解释和阐释都试图去寻找和解释特定事物的含义，而特定事物及其含义不是两回事

（当我们使用这个具有误导性的表达"……的含义"时，两者似乎就是两回事），而是一回事。更准确地说，我希望坚持的立场是：关于法律本质，无论我们说什么，在一定范围内都是一种法律本质理论、法律本质解释或法律本质阐释；而关于不含有且不涉及一种法律理论的法律本质，我们什么都说不了。某些法律本质论述被视为"法律理论"，而其他法律本质论述却不被视为"法律理论"，然而，这两者之间的绝对区分是不存在的。但是，当我们的法律本质论述达到了全面的程度，从而使之至少初步表现为令人满意且完整的法律本质解释时，法理学就产生了。法理学是对法律本质所进行的或详或略的解释；法理学旨在使依法组织起来的社会中的各种现象本身变得有序而一致；并且，法理学只是这种意义上的法律理论、法律解释或法律阐释。

当我们转向我们的法理学研究者，即那些不仅从事评论法律的本质，而且也为我们提出多少有点广泛而深入的法律解释的研究者，我们发现（因为这并不奇怪）不仅有若干种不同的解释，而且还有各种各样的解释。而我希望探讨的正是这些不同类型的解释，因为其中有（以各种方式定义的）所谓的"哲学"解释或阐释。我不打算巨细无遗地探讨所有类型或任何类型的解释。我主要关注的是哲学法理学，而其他这些类型的解释只是法理学一般本质的研究者习惯于置之其中的背景。

首先，我们容易注意到的是所谓的分析法理学（analytical jurisprudence）。目前已经有人做了各种尝试去界定这个名称之下的法律解释的特征，但是，我没有看到一种完全令人满意的尝试。人们认为，这个形容词是不恰当的，甚至具有误导性。但是，人们也认为，"分析法理学"这个表述代表了一种法律解释或阐释，这种法律解释或阐释并不违背定义，而且也可以被视为不同于其他类型的解释。我们没有必要询问是否有任何学者严格遵循这种法理学观念，我们更加没有必要询问是否有或曾经有一个学派表示专门从事分析法理学研究。我们只关注某种法律本质理论的本质特征。那么，我们如何对之加以思考呢？萨尔蒙德（John William Salmond）写道："分析法理学的目的是分析法律的第一原则，而不涉及其历史渊源、伦理意义或伦理有效性。"① 而艾伦（Carleton Kemp Allen）则指出，"分析"这个"含糊不清的修饰词"所坚持的是"研究法律规则，而'不涉及其好坏'。"② 目前我认为这类否定性（negative）论述并不令人满意。如果我们要对这种法理学的特征有一个融贯的观点，那么，我们需要的就不只是一份分析法理学所不想主张或所否定的法律本质观的清单（这个清单当然可以无限延长）。我们必须进一步观察。而当我们这样做的时候，我们就碰到了艾伦的观点："分析法理学"的真正含义是法律科学，其特征由其"归纳的而非演绎的"研究方法所决定。然而，当我们思考了艾伦的观点可能意味着什么的时候，我认为我们并不会感到自己的处境变得更佳了。"法律科学"这个表述所属的时代使用"科学"这个词语，没有我们现在使用它时那么准确。如果这个表述过去曾经发人深省（这是可疑的），那么现在肯定不是了。而当它跟知识论（知识论对归纳研究与演绎研究作出了绝对的区分）相结合，这种含糊性只会增加。当然没有所谓的"纯粹归纳研究"，也根本没有以"科学"为特征的研究。我认为归纳意味着关注事实，但是这并没有告诉我们什么事实。直到我们有某些方法来确定我们的事实，我们才有研究这样的事情："纯粹归纳"就是纯粹废话。我们再一次受阻了。我们所寻求的以及这位学者（抑或就我所知的任何其他学者）没有告诉我们的，是关于分析法理学特征与预设的一种肯定（positive）而融贯的观点。

我认为，所谓的分析法律解释在根本上具有两项基本预设，正是这两项基本预设决定了分析法律解释的特征。第一项预设是，法律之所以作为法律本身具有某些基本要素的信念，亦即法律本身有一个原则框架的信念。第二项预设是，这些原则就是法律的本质原则的信念，即法律的本

---

① *Jurisprudence*, p.5.（想必约翰·威廉·萨尔蒙德的《法理学》一书到1937年已经出到了第九版）
② Carleton Kemp Allen, *Legal Duties and Other Essays in Jurisprudence* (Oxford: Clarendon Press, 1931), p. 15. 这个表述当然来自奥斯汀（Austin）。但是，两位学者都没有澄清，他们所谓的"不涉及其好坏"是指"不对其好坏作出判断"（即道德判断），还是指"不使之跟伦理观念联系起来"（即联系好坏的理念来对之加以探讨）。而且，排除一个，并不能排除另一个。

质就在于这些原则的信念,亦即法律本质解释或阐释就是解释或综合这些原则的信念。而对我来说,定义分析法理学所需要的只不过是承认这些预设。分析法理学的特征不在于它排除了什么,而在于它主张了什么;不在于它否定了什么,而在于它肯定和预设了什么。分析法理学跟其他每一种思想研究一样,都起源于某些预设。而我已指出的这些预设都是真正的预设。第二项预设显然如此,它隐含着一种同一性哲学(philosophy of identity)。分析法理学家一般并不研究,而只是假设这种同一性哲学。如果第一项预设表面上看来是对法律制度进行归纳研究的产物,那么,这种表面性是具有误导性的。因为任何这类归纳研究本身都取决于法律的定义,即取决于预设,并且,"归纳而非演绎"根本就看不到。① 这是一种准确而又自足的法律本质理论或解释,这种法律本质理论或解释基于其自身的预设,并且不同于其他每一种解释;这是一种真正的尝试,它跟一种清晰可辨的假设共同运作,从而使各种法律现象变得有序而一致。分析法理学当然是要详细探讨的,而且它依旧有待研究它的教授们向我们指出它将走向何方。但是,使之区别于所有其他解释的,不是排除伦理与历史考察(确实,完全而绝对地排除这些考察并不是分析法理学的特征),而是其预设,即法律是一套互相关联的原则。亦即,分析法理学通过它所假设的同一性哲学,从而区别于其他解释。

现在我必须假定,(例如)艾伦意识到(尽管只是模糊地意识到),这种法理学取决于我所说的假设。在我已引用过的那篇论文中,艾伦承认:"法律之所以作为法律本身就建立在某些基本要素基础之上"的信念,"无论各种不同的法律制度在细节上有多么不同,某些要素都是法律的观念本身所固有的,并且被视为社会生活的一种现象"的信念,都属于这种法律理论。并且,他把这些基本要素写成"法律的本质原则",而把法理学写成"这些原则的系统综合"。但是,他没有认识到这些信念就是预

---

① 以上所引的萨尔蒙德的定义的明显缺陷是:(1)这个定义没有告诉我们它是何种分析,它只告诉我们它不是什么;(2)这个定义假设存在着"法律的第一原则",但却没有认识到这是一种假设。

设，也没有认识到正是这些预设定义了这种法理学。对于第一种信念，他试图通过对法律制度进行归纳研究而获得的论点来加以证明。对于第二种信念，他理所当然地假定没有其他可能的选项。而对于他的定义，他依赖于这种解释似乎排除了什么，并且依赖于"科学"这个神圣的词语。

接下来，我将讨论历史法理学（historical jurisprudence）的特征。[①] 有些学者为如下事实所误导，即分析法理学教授可以不抛弃指导其活动的解释原则而诉诸历史。这些学者进而得出结论说，历史法理学这样的事物并不存在。法律史是存在的，那些想要使法律现象变得有序而一致的人们正在利用法律史。然而，"历史法理学"却是一种没有特殊含义的表述。不过，我却认为这种怀疑主义是错误的。"历史"可能不是用来分辨某种法律本质解释的最合适的形容词，但是，使用这个形容词还是可以用来把一种解释跟所有其他不同的解释区分开来。分析法理学可以利用历史，但是，我们指望从历史法理学中获得的信息至少是，历史法理学本身就是在历史术语中建构起来的。而分析解释确实不是在这些术语中建构起来的。历史法理学的根本原则与根本预设是相信法律的含义不在于某些被提炼出来的抽象的"法律本质原则"，而在于受法律制度支配并生活在法律制度之下的社会或文明的历史。法律的本质特征在于法律是时间的产物。也就是说，历史法理学基于其明确否定同一性哲学，而这种同一性哲学会导致这样的观点，即法律是一套互相关联的原则。分析法理学认为，分析法理学的任务就是解释法律的本质原则。为了发现并辨别这些"本质原则"，分析法理学可能、也许必定诉诸法律史。但是，分析法理学的目标始终是从法律史中提炼并抽取法律的本质原则。然而，历史法理学却否定法律本质原则的全部观念，因为历史解释必定不是根据本质，而是根据历史个体。历史法理学不仅诉诸法律史，而且也诉诸文明史。其结果不是分析法理学所进行的各种抽象概括，而是其本身所体现的各种历史概括。不仅其方法是历史的，而且其各项结论也是历史的。这样，把历史法理学跟分析

[①] 本文通篇都应该这样理解，即我所讨论的不是法理学中的思想流派，而是关于法律本质的解释类型。也就是说，"历史法理学"不是代表"历史"法学派的法理学，而是代表历史法学派只有部分理解并发展了的一种法律理论。

法理学区分开来就没什么困难了：它们是以不同且对立的预设为基础的法律本质解释；它们不仅偶然地并在强调的重点方面互相区别于对方，而且在原则上也区别于对方。"历史法理学"这个表述并不像"比较法理学"①这个表述那样，只是代表了一种任何法理学研究都可以使用的研究方法，它还代表了一种特定的法律本质理论或法律本质解释。

然而，区分历史法理学与法律史却是一项更加困难之事，而最终我认为两者只是程度不同而已。我们可以以宽泛的方式来想象法律史，从而使之包括了（部分）体现于法律制度中的文明的历史。而当我们以这种方式来想象法律史时，法律史跟我所谓的历史法理学可能就没有太大区别。但是，区别还是有的。我们尝试解释"历史法理学"这个表述所蕴含着的法律本质，而这些区别对于我们理解这种尝试的特征来说，是意义重大的。首先，法律史必定总是一套特定的法律规则和法律思想的历史。法律史或许也是一部把法律规则和法律思想跟其社会政治思想和制度语境联系起来的历史，但却只不过是一部特定社会及其在法律中的自我表述的历史。但是，历史法理学却试图超越这一点，而且如果可能的话，它试图概括出法律跟具有更广泛特征的文明之间的关系。其次，法律史没有如下预设，即在书写一套法律规则和法律思想的历史中，我们对法律的本质作出了最大可能的解释（也就是说，法律史自以为只是一部法律的历史）。但是，历史法理学无疑是一种法律解释，一种法律阐释，一种法律理论，它以如下预设为基础：法律就是法律史，亦即法律的本质本身不存在于特定抽象的法律本质原则之中，而存在于法律的历史之中。历史法理学不是要发掘和呈现法律规则和法律思想（模模糊糊）所谓的"起源"，而是要根据法律

---

① 当比较法理学意味着某种跟法律理论相关的东西，而不只是令人赞赏地（但是，对于我们的目的而言，这是毫不相干的）试图去考察各个国家的法律差异，以期废除其中某些法律时，比较法理学就是一种研究方法，而不是一种解释类型。不过，我们还是可以看到比较法理学如何被视为代表了一种解释类型。决定比较法理学特征的预设，也就是其原则是，相信法律的本质在于所有发达法律制度的共同点，亦即法律的本质原则只是根据这些原则在所有法律制度中的表象而成为本质。应该注意的是，这个预设跟我所赋予的分析法理学的预设是不同的，尽管这个预设经常出现在那些自称进行分析研究的学者的著作中。但是，共同点本身就是本质的观点诉诸的是一种站不住脚的哲学，因此，值得庆幸的是，比较法理学从未发展成一种独特的法律理论。

史来解释法律的本质。历史法理学不仅涉及法律史研究，而且也涉及法律史研究的终极价值预设。

在这个宽泛但明确的历史法理学观念中，各种各样的讨论都是可能的。但是，讨论的种类却是有限的，这些种类之间的差异性始终取决于这样一种历史语境观念，即为了解释并阐释法律，法律应该跟历史语境关联起来。而最终我认为，这些种类是任意的，而且在逻辑上是站不住脚的。如果我们从法律的本质存在于法律史之中这个预设出发，如果我们从（例如）把法律视为一个社会的法律意识（Rechtsbewusstsein）出发，那么，我们就没有理由停下来去探索历史语境了。我们可以从一个严格想象出来的法律史语境出发，但是，我们这个预设的逻辑将使我们进入隐藏在一套法律规则、法律学说与法律思想背后的政治史、制度史、经济史、宗教史与社会史；我们不能没有文明史。

我认为，法理学文献中尚没有一种深入的关于法律本质的心理学阐释（psychologocial interpretation）。但是，这显然是一种可能的阐释方式，而且这种阐释方式必须加以考虑。即便其价值微不足道，然而，我们却可以毫不费力地确定其特征的一般原则。法律指的是立法者、处于某个法律体系中的某个共同体的个别成员或者作为一个群体的共同体的"心理"状况（context）；而解释法律特征就在于法律指的是这个状况。法律也许被看作人类意志活动的结果；但是对于这种解释来说，这种"意志"却是一种心理实体，而不是一种形而上学实体。这种解释无疑会探究法律的情感状况，并且注意到所谓的人类欲望与人类行动的非理性来源与倾向。而且，我们可能会在法律中发现道德思想的表达，但是这些道德思想本身却可以用心理学术语来解释。不过，无论心理学法理学（psychological jurisprudence）的实际内容可能是什么，这种解释的一般特征都会被以下预设所决定，即法律是人类个性的表达，而且只有对人类个性的运作与机制进行考察，我们才能充分解释法律的本质。

在讨论了分析法理学、历史法理学与心理学法理学之后，我已经考察了三种定义最清晰的法律理论。但是，其他定义并不那么清晰的法律理论也应该加以留意。特别是所谓的法律本质的经济阐释（economic interpretation），以及法律本质的社会学阐释（sociological interpretation）。这两种阐释都部分分享了决定历史法理学特征的那些预设，因此，它们不能跟历史法理学绝对区分开来。但是，前者试图把法律的历史语境限定于文明及文明史所谓的本质特征（区别于其总体特征），而后者则试图把法律语境从特定的历史语境拓展为所谓的社会学语境。

我们没有必要像那些自称法律的经济阐释者所写的作品那样，去考察这种阐释的细节。这些细节中有许多都跟这种法律理论的阐释原则毫不相干，而这种阐释原则却是这种法律理论的特征。这些阐释者中的某些人认为，这种经济法理学（economic jurisprudence）不是退化为一种法律理论，而是退化为一种立法理论，即（大部分是）一系列关于立法的历史总结。然而，尽管有许多不当的推测，贯穿于这种阐释的原则却依旧可靠而明确：这种原则是这样的信念，即一种文明的本质特征在于物质生活资料的生产要件，在于直接来源于这些生产要件的经济组织；[1] 它也是这样的信念，即法律是社会上层建筑的一部分，而社会上层建筑则建立在经济组织的基础之上，并被经济组织的基础所决定；它还是这样的信念，即关于法律（任何特定的法律体系）本质的最终解释归根结底只在于法律跟法律所发源的基础之间的关系。法律的本质既不在于特定的法律本质原则，也不在于法律史，还不在于全面的文明史，而在于文明的本质基础；而且，一种法律理论就是法律跟这种语境的关系，而不是跟任何其他语境之间的关系。我认为显而易见的是，以这些预设为基础的法律本质阐释不同于所有其他类型的阐释（即不同于以其他预设为基础的阐释）。这种阐释必定自我呈现为唯一真实而全面的阐释。而且，由于这种阐释既不是内在荒谬，也不是模糊不清到使之无法区别于其他类型的阐释，所以，它在构成所谓法理学的各种法律理论中占有一席之地。

---

[1] 参照"所有人类历史的第一预设自然是活人个体的存在，这些个体使自身区别于动物的第一个历史性行为不是他们会思考，而是他们开始生产生活资料。"Otto Neurath, *Empirische Soziologie: der wissenschaftlidie gehalt der geschichte und nationalokonomie* (Vienna: J. Springer, 1931), p. 4.

我已经说过了，社会学法理学（sociological jurisprudence）[1]的特征是它的语境观念，这种语境跟法律必定息息相关，其目的是为了充分地解释法律。这种语境并不是纯粹的历史语境，亦即社会学法理学观察的不仅仅是过去。这种语境也不是纯粹的物质或经济语境，亦即社会学法理学不会把法律的社会语境归结为作为文明特征的生产条件。社会学法理学的特征是，它拒绝把法律的物质与社会语境中的任何因素都当作毫不相干的因素。最终，法律的含义在于法律的全部物质与社会环境。法律是文明的产物，是维系文明的手段，是促进文明的手段。而法理学即法律理论，它详细解释了法律本质的一般观念。而且，我认为，正是根据其预设，一种法律本质阐释才得以区别于所有其他法律本质阐释。当然，社会学法理学跟法律本质的历史阐释以及经济阐释具有某些共同要素，但是，它明确否定这两种阐释的本质预设，而这使它成为一种独立的理论。这样，社会学法理学就在现代法理学的混乱不堪局面中占有了一席之地。

我对法理学世界进行简要概述的目的是指出哲学法理学自身所处的世界。毫无疑问，除此之外，还有其他法律本质阐释。我们当然有各种哲学法理学观念，随后，我们还会对之加以考察。但是，不管我们对法理学世界进行全面考察是否会增加阐释的多样性（这些阐释互相竞争，以求得认可），也不管我们偏爱各种哲学法理学观念中的哪一种，这个法理学世界的显著特征确实依旧是它的混乱不堪。法理学命名的是具有尚未解决之多样性特征的法律本质解释；尚未解决之多样性就是混乱不堪。我认为，目前所有哲学法理学观念共有的第一个缺陷，也是最大的缺陷是，哲学法理学被视为各种法律本质解释中的一种，而其多样性却被认为甚至没有必要加以解决。充分的宽容允许这种多样性存在下去。但是，这种宽容却只是一种借口，用来开脱它未能认识到，尚未解决之多样性跟混乱不堪是一回事；也用来开脱它未能认识到，在这些不同种类的阐释之间建立起某种关联或各种关联之前，这种混乱不堪仍将存在。

---

[1] 在我的脑海中，作为这种法理学的一个例子是 Eugen Ehrlich, *Grundlegung der Soziologie des Rechts* (Munich and Leipzig: Ehincker and Humblot, 1913)。

目前，人们确实已经作出了一定的努力来缓解法理学世界中的这种状况。但是，由于所有这些努力都基于忽视了有待解决的多样性的根本特征，所以我们不能认为这些努力是令人满意的。其中两种也许值得注意。第一种观点是，这些阐释中的每一种对于法律的特定方面来说都是真实而有价值的。没有一种阐释可以说取代了任何其它阐释，比任何其他阐释更加全面，抑或对任何其他阐释提出了一种恰当的批评：各种解释的多样性只不过反映了法律各个方面无法化约的多样性。庞德（Pound）写道："如果我们没有注意到，具有共同经济利益的群体所凝聚的压力，是对法典上规定的许多事项的唯一解释，那么，我们就无法考察19世纪的立法。"[1] 这就是说，法律本质的经济阐释在某些方面是唯一真实且相关的阐释，尽管不是在所有方面；而在其他方面，对于法律的其他要素而言，我们可能会诉诸其他类型的阐释。因此，第二种观点是，法理学只限于一种法律解释，其他解释不被当作具有竞争性的解释类型，实际上根本不被当作解释类型，而是被当作必要时用来探究法律理论的研究方法。因此，例如，没有历史法理学，也没有社会学法理学；历史学与社会学只是为建构分析法理学提供某些素材的研究方法。而哲学法理学则被当作额外之物而加以抛弃——哲学法理学就是对分析法理学的各项结论进行哲学反思（不管它的意思是什么）。这些努力以及所有相似的努力，都试图缓解各种解释毫无关联的混乱不堪局面，但是，它们的根本缺陷是，它们都忽略了有待解决之多样性的实际特征。我们所面对的是各种解释，而每一种解释必定都宣称自己在原则上是最终的且完整的。这些解释之间的不同，不是强调重点的不同；它们的不同是原则上的不同。我们要处理的不是一系列具有互补性的研究方法，而是一系列互相排斥的解释类型。例如，如果法律的经济解释是真实的解释，亦即如果只有通过把法律跟一个文明的生产条件状况

---

[1] Roscoe Pound, *Interpretations of Legal History* (Cambridge: Cambridge University Press, 1923), p. 113.（着重号部分是我所标）相似观点请参见 James Bryce, *Studies in History of Jurisprudence*, 2 vols. (Oxford: Clarendon Press, 1901), ii. 184 中所写的关于法律的历史解释的内容："它解释了任何抽象理论都无法解释的许多观念、学说与规则，因为它们不是来自一般的人类理性与事物本质，而是来自文中所述的法律产生时，这个国家或人民的特殊状况。"

联系起来，才能令人满意地解释法律的本质，并且这就是对法律进行令人满意的解释所必需的全部，那么，分析法理学（根据法律的本质原则解释法律的本质）必定是不充分的，充其量是偏颇的解释，而正因为这是偏颇的解释，所以分析法理学是错误的。[①] 进而言之，法理学的基础是努力使法律现象变得有序而一致，而我引用的庞德的句子所隐含着的解释观念则完全摧毁了法理学的基础。如果我们可以为我们所观察到的每一种现象都临时提出一项新的解释原则，那么，我们的最后处境将会比我们的最初处境更加糟糕。

这样，我要得出的第一项结论是，这个通常呈现给我们的法理学世界的特征是混乱不堪与模糊不清。它所缺乏的是一种融贯的解释哲学，而在这种哲学被提出之前，这种混乱不堪将持续下去。哲学法理学只不过是各种毫无关联的法律本质阐释中的一种。尽管只是这样，但是，我们却必定无法确定其有效性，抑或确切地说，无法确定其特征。如果哲学法理学呈现给我们的是法律本质解释等级序列中的一分子，而这个等级序列根据有效性的单一标准陈列了所有解释类型，抑或，如果哲学法理学所呈现的是以某种其他方式跟其他解释关联起来的解释，那么，我们就没有理由为法理学的目前研究状况感到羞耻了。但是，实际上，哲学法理学要么被全然拒斥，要么被邀请加入各种解释毫无关联的混乱不堪局面之中。巴克兰（Buckland）教授差不多在50年前写道："英国人似乎假定法律哲学是一种事实，但是他们并没有煞费苦心地指出其本质。"而当前状况的唯一区别是，腐烂已经波及整个欧洲大陆了。

现在是时候去更加仔细地考察目前的研究状况所提供给我们的各种法律哲学观念了。我认为，在这个学科的现代文献中可以看到五种不同的观念。而这五种观念中的每一种都假定，法律的哲学阐释只是被当作其中一种阐释而被我们所追求（如果我们有这个倾向的话），被我们所接纳，或被看作无效的而无人理睬。但是，除了把法律哲学当作各种毫无关联的法律本质解释中的一种这个共识之外，具有这个特征的这五种观念都足够不

[①] 恩格斯言道："法理学家想象他操作的是先验命题，但是它们只是经济的反映而已。"

同，因而值得分别加以考察。

第一种观点是，法律哲学被认为是，将某些先前经过深思熟虑的哲学观念或一般哲学学说，应用于法律和公民社会的法律组织之中。他们假定，法律哲学的任务是，以这种方式来想象法律，从而使之看起来像是阐明某种哲学学说。法律哲学本身只不过是一般哲学理论的一个特殊案例，或一般哲学理论的应用。法律哲学只是例证了一般哲学理论。这种观念是给予我们的所有哲学法理学观念中最不充分的一种。这种观念以一种极端的方式表现了对哲学本质的无知。而我认为，这也是我们即将考察的其他四种观念在某种程度上所表现出来的。并且，这种观念把我们直接带到了互相矛盾的结论上去了，这个结论是法律哲学本身不是哲学。根据这种观点，法律哲学中唯一真正哲学的部分是，先于且独立于法律概念考察的那个部分，而法律哲学本身正是由这些法律概念所构成。哲学只是作为一种预设而跟法律哲学相关。而考察法律概念则被视为哲学法理学的实际任务，其本身从来不是一种哲学考察，它只是一种预设了某种哲学学说的考察。总而言之，哲学法理学只是在派生的意义上具有哲学性。如果哲学法理学本身要成为真正的哲学，那么，它将挫败自身的目标，它将回到它作为例证的一般哲学理论当中而不再跟法律有任何明显的关联。作为一种法律本质解释，哲学法理学显然尚有许多需要改进之处。

第二种值得注意的哲学法理学本质观点是，对于这种观点来说，法律哲学是运用"形而上学或先验研究方法"的结果。我不是说我完全理解这种表述的意图所在，而是说我从布莱斯（Bryce）的文章《法律科学的方法》[①]来考察这个观点。布莱斯声称他论述了康德与黑格尔等思想家在考察法律本质时所使用的方法。法律哲学似乎在于考察某些抽象观念，例如"跟一般意义上的道德、自由与人类意志"相关的权利、责任与义务，并且从这些抽象观念中演绎出一套融贯的法律体系与法律关系。据此，它被称为一种先验考察，而使之区别于所有其他研究类型的就是它的先验方法。目前，我尚不清楚，为什么或在什么意义上一种形而上学研究被认为

[①] *Studies in History of Jurisprudence*, ii. 172.

在方法上必定是先验的。我也不清楚，为什么试图设计一套完美的法律体系或法律关系应当被认为跟法律哲学有任何关联。让我们依次考察这些困难之处。我认为，这种研究方法被称为先验方法在这里所指的是，这种方法从一般原则出发，而不是从所观察到的事实出发。一般原则指的是这些抽象的权利、责任等观念，而事实指的是实际的法律规则与法律学说。如果任何法律本质研究被称为先验研究，而这种先验研究拒绝接受法律实体的本质阐释具有法律教科书上所显示的那种完整性、不容置疑性或不可更改性，那么，我就认为这种研究是先验研究。但是这样的话，所有其他具有丝毫启发性的研究也是如此。分析法理学与历史法理学都不接受法律最初呈现出来的特征。两者解释法律本质的方式是把最初呈现出来的法律跟某种一般原则联系起来，从而以这种方式转变我们的法律本质观念，并使我们的法律本质观念变得更加丰满。[1] 总而言之，这种试图把哲学法理学定义为一种"演绎的而非归纳的"法律本质研究，跟我们之前指出的试图把分析法理学定义为一种"归纳的而非演绎的"研究一样，都是错误的。如果先验在这里意味着"不是来自于经验"，那么，由于没有任何知识是或可能是先验的，所以这个术语就是毫无意义的口号。在这个意义上，一种先验方法不是一种可能的研究方法。绝对的先验离绝对的荒谬只有一步之遥。而如果先验意味着"来自某种经验，而不仅仅来自第一次肤浅的法律认识所直接得来的经验"，那么，先验这个表述就同样适用于所有深思熟虑的法律本质解释尝试，而且先验这个表述也无法把哲学解释跟另一种解释区分开来：在这个意义上，分析法理学与历史法理学都是先验的。第二个困难所提出的问题跟我选择考察的第三种哲学法理学本质观念息息相关，这些问题将会再次出现，因此我将对此暂缓讨论。但是，即便这可以令人满意，这种法律哲学本质观依旧模糊不清且定义不明，而且在我看来，这似乎无法用来明确描述（例如）黑格尔的作品。

现在我转向第三种法律哲学本质观，这种法律哲学本质观也许是最常

---

[1] 参见 Allen, op. cit., p. 16. "法律的本质原则不在表面上。只有穿透许多让人分散注意力的外表，这些原则才能够被发现。"

见的。据此，哲学法理学就是，从善恶的角度来考察法律规则与法律学说，并确定立法与执法过程中应当追求的目标。① 这种考察当然可能采取各种形式。法律的善恶可能意味着法律是否适于满足所谓的社会需要，抑或也可能意味着法律是否能够跟某种理想而绝对的正义标准保持一致。但是，这些差异是次要的。所有这些解释的共同之处是，它们试图从善恶的角度来判断法律本身，并且确定法律本身应该被设计来创造的目标所具有的一般本质。而这就被称为法律本质的伦理阐释或哲学阐释。事实问题（questions of fact）跟正当问题（questions of right）分开了，而哲学法理学被认为关注的是正当问题，它不是去界定"正当"的本质，而是去确定一个社会的法律安排是否正当；它不是去界定标准，而是去传递规范，去建构法律关系的理想体系。如今，在许多学者看来，这种法律哲学观念不会被立刻指责为本质上的非哲学。但是在我看来，这种观念本质上就是非哲学的。我认为，任何一种哲学的任务实际上就是确定目标的观念是错误的。法律哲学应该理所当然地承担起代表一个社会的法律安排的任务，此时它是实现某种目标的手段。法律哲学甚至也应该承担起分析手段和目标的一般概念的任务（尽管这应当被看作一种需要证实的特殊哲学学说，而不是法律哲学理论的普遍形式）。但是，这极其不同于从许多给定的目标中确定哪才是立法者与法律应当追求的目标。即便像边沁那样糊涂的哲学家，在其清醒的时刻也认识到，在他的立法理论中，"幸福"所代表的不是一种应当比任何其他自以为是备选的目标更可取的目标，而是一种对本身就是目标、本身就是可欲的事物所具有的本质进行的扼要分析。对道德标准的本质所进行的研究，是一项伦理与哲学研究。但是，确定一项法律的善恶涉及的是一项道德判断，而哲学家本身并不比任何其他社会成员更适于进行道德判断。总而言之，这种哲学法理学本质观并不令人满意，因为它把一种原本属于立法理论的特征归于法律理论，并且把一种本质上

---

① 参见"法律理论的任务不是定义，而是去发现某些明确的法律规则赖以运行的手段。如果人们认为法律理论与法律哲学之间毫无差别，那么，这就意味着去讨论规则系统应当达成的目标"。Ivor Jennings（ed.）, in *Modern Theories of Law*（Oxford: Oxford University Press, 1933）, p. 83.

非哲学的特征归于法律哲学。

企图从社会学的角度来阐释表现为法律哲学的法律本质理论,则提出了第四种关于其特征的观点。这种企图出现在庞德院长[①]及其他人的著作中。法律哲学就是,根据法律在文明生活或社会生活的特定阶段所具有的社会学用途来解释或阐释法律本质。哲学法理学的功能是提出一种适应于社会需求的法律本质观。因此,自然法理论被视为"一种适应于发展时期的哲学理论";解释自然法理论就是为了在一个快速变化的时期保持稳定。而自然权利理论则是一种适应于"探索、殖民与贸易时期"的法律哲学。如果这种观点对我们而言只是描述了一种功能,这种功能是基于其他理由而被称为法律哲学的理论所执行或期待被执行的,那么,我们就没有理由与之争论了。一个社会的法律组织处于快速发展时期,无疑会认为自然法哲学是有用的,并且会坚持并支持这种哲学。但是,这种观点不止于此,它似乎是一种法律哲学本质观念。从这个特征来看,它尚有许多需要改进之处。仅仅把一种哲学学说跟我们认为可以促进的某种社会目标联系起来,还远远不能界定哲学研究的本质。如果一种哲学学说仅仅被视为如此,那么,用来判断它是否足以成为一种法律本质阐释的唯一相关标准是它执行被认为是有用的社会目标的效率,而唯一相关的批判是证明它未能达成这个目标。每一种哲学在其自身的所在都是真实的,如果"真实"依然可以说还有任何意义的话。但是,如果"哲学的"这个形容词要有任何值得深思的意义,就必须具有相同的含义,不管这个形容词是附加在法律理论之上,还是附加在(例如)信仰理论之上。当"哲学的"这个形容词附加在法律理论之上时,它必定不是意味着"通过提供有用的神话而促进某种短暂的社会需求",除非我们准备普遍接受这种含义。而普遍接受这种含义则隐含着一种知识论(以及许多其它令人不安的理论),这种知识论拒绝以自身的标准来评判自身。而这种矛盾就出现在用知识社会学取代

[①] Roscoe Pound, *Introduction to the Philosophy of Law* (New Haven; London: Yale University Press; Humphrey Milford, 1922), pp. 15–83. *Interpretations of Legal History,* pp.30–32.(庞德时任哈佛法学院院长——译注)

知识哲学的任何地方（例如这里）。进而，为了确立这种观点，它就有必要指出，不同的法律"哲学"出现在不同的环境中，且只出现在适宜的环境中。而我认为，这是不可能的。关于法律本质的自然法理论与自然权利理论都是从古代世界传承到我们中间，并且都在现代世界一起繁荣昌盛，而作为法律哲学，两者都完全独立于法官、立法者或政治家赖以利用的任何用途。

最后，我们要讨论的是第五种观点：哲学法理学就是把所谓的"法理学结论"跟一般哲学原则联系起来。哲学法理学接受（例如）分析法理学的研究结果，并结合某种哲学学说来考察这些结果。我们被告知，这"就是伟大的'法律哲学'著作（例如康德与黑格尔的著作）真正追求的"。[1]而这表明，哲学法理学（philosophical jurisprudence）实际上就是"法理学哲学"（philosophy of jurisprudence）。我不打算详细考察这种哲学法理学观念。这种观念的模糊不清与错误百出就在表面上，因而本身就亟须加以拒绝。我们难以分辨这种哲学法理学观念就是对康德与黑格尔著作的描述，而且，这种描述也不同于我们在布莱斯的著作中所注意到的那种描述，而后者本身也同样难以分辨。但是，进一步而言，哲学的任务就是接受历史学、法理学、物理学等学科的特殊研究结论，并且使之丝毫不变地跟"一般哲学原则"联系起来的观念，尽管曾经风靡一时，但是如今大家都认为这种观念始终是胡说八道。对于哲学来说，这些"结论"从来不是，也永远不可能是等待被接受的纯粹数据。这样来看待这些结论，就误解了知识的本质、哲学研究的本质以及所谓的"结论"所具有的特征的本质。对"结果"所进行的任何真正的综合，都必定是一种再阐释。而在阐释中，给定的东西，不是在绝对的意义上被视为已经确立的东西而加以接受，而是在假设的意义上被视为一个有用的思考起点而加以接受。如果"一般哲学原则"随时都可以发挥作用，那么，它是在开始时，而不是结束时，是在考察这些"结论"所依据的预设时，而不是在对"结论"本身

---

[1] Allen, op. cit., p. 17.

进行一种无害且无效的综合时。关于这种对哲学法理学特征的看法，也许我们所能说得最多就是，我们根本找不到更巧妙的方法既明确宽容它又剥夺它的任何融贯的含义。

到目前为止，我已经考察了这个学科的现代文献给我们提供的关于哲学法理学特征的各种观点。这些观点似乎隐含着一种法律哲学。然而，在我看来，这种法律哲学的一般概念好像极其不融贯且缺乏说服力。根据这些观点，法律哲学实际上无异于自相矛盾。基于某种理由，法律哲学是一种不具有哲学性的哲学。然而，如果法律哲学真的具有哲学性，那么，法律哲学就不再跟法律有任何密切的关联。法律哲学被认为建立在一种哲学的基础之上，但是，一旦对之加以考察，法律哲学这个上层建筑本身就完全不具有哲学性了。法律哲学被认为隐含着一种哲学，然而哲学学说却从来没有隐含着法律理论。法律哲学所诉诸的是不具有哲学性的标准。法律哲学之所以被法理学世界所接纳，主要是因为法律哲学已经被去除了任何可以辨识的哲学特征。法理学世界屈尊俯就地接纳了法律哲学，而法理学世界本身却不过是各种法律本质解释毫无关联的混乱不堪世界。

目前，我并不认为，我所考察的这些观点是更广泛地研究法律理论文献所能提供的全部观点。我所考察的这些观点似乎能够满足现在的学者，并且也已经满足了他们相当长一段时间。这些观点的特征是混乱不堪与模糊不清。但是，我认为，如果我们不带偏见地重新回头去研究我们的文明所产生的某些伟大的法律哲学理论，那么混乱不堪与模糊不清在很大程度上就可以得到解决。阿奎那、霍布斯、黑格尔甚至格林，都没有犯过这些愚蠢的错误。无论他们建构法律哲学理论的努力多么不成功，他们都非常清楚什么是法律哲学，他们也明白法律哲学不是我们现在被告知的任何事物。这样，尽管任何一个试图重新思索哲学法理学观念的人在目前的研究状况中得不到什么帮助，但肯定不是得不到指引的。在伟大的法律哲学思想传统的帮助下，我现在打算尝试着建构一种哲学法理学观点，这种观点至少可以避免败坏当前各种观点名声的那些错误与困难。

二

我认为，无论哲学法理学还需要什么，哲学法理学至少必须具有哲学性；我已经考察过的各种哲学法理学概念的主要缺陷是，这些概念将非哲学性的特征归之于哲学法理学。而为了避免这种错误所造成的混乱，我们必须首先澄清哲学研究的特征与属性。

我所理解的哲学研究不是一种跟所有其他研究都不同的研究，哲学知识也不是一种来自于某种特殊信息来源的特殊知识。它有其独特性（differentia），但是，最重要的是从它在一般思想研究世界中的位置来审视它。哲学思想与哲学知识，就是毫无保留或没有预设（without reservation or presupposition）的思想与知识。哲学的目标是获得本身就是完整（complete）的概念。这些概念之所以本身就是完整的，是因为这些概念没有任何预设。哲学的目标就是全面而完整地定义概念和确定概念，因此没有任何东西还需要补充。定义是程度问题。所有思想都试图定义概念。一旦思想可以随心所欲、自由不羁，哲学就产生了。思想的特征体现在每一次思想理解的努力之中，而思想则完美地体现在哲学理解之中。因此，哲学学说不应该被理解为科学与实际生活的行为等事物最终所依赖的一种坚实基础；科学与实际生活本身没有哲学基础。哲学学说应该被视为最后产生的事物，在那个最后时分，科学、常识或实际生活的概念都因为跟普遍语境的关联而受到了革命性与毁灭性的批判。所以，任何思想完全遵循思想的要求，都具有倒向（overbalance）哲学思想的永恒趋势；因为在思想具有哲学性之前，必定还是相对不稳定。

现在，这一切都需要更加充分的解释。如果我们要对哲学概念进行哲学定义，那么以上段落中的每一个论述都必须加以考察，加以拓展并加以澄清。

哲学的起点不是只有哲学家才知道的某个遥远的经验领域，它不是始于自明的理念或公理，也不是始于特别研究出来的结论本身。哲学始于普通的日常知识概念，它在于对这些概念进行细致而全面的进一步解释，这种解释本身就是一种定义。例如，法律哲学不是始于已经定义过了的并且已经被接受了的抽象理念，例如权利、责任与义务的理念；法律哲学始于任何没有思考过这个问题的人都应该具有的法律理念；法律哲学始于无论受教育程度如何低下的人都可能碰巧在其脑中出现的任何法律观念。因此，在哲学中，从纯粹无知到完全有知的过渡是不存在的；这个过程总是一个更加充分且更加清楚地了解某种意义上已知的事物的过程。而且，哲学知识的纯粹增加也是不存在的；这个过程总是对所有已知事物进行彻底改造的过程。这不是拓展与解释一个概念的含义，而是确立一个崭新的且更加全面的含义。也就是说，哲学概念既包括又取代了哲学所研究的概念。

从某种角度来看，哲学研究过程可以被视为摆脱或消解要考察的任何概念所包含的预设与保留（reservations）的过程。这个过程有时也被当作一种奠定基础或探索基础的过程；但是，这样来思考这个过程却具有误导性。因为当这些预设被揭示出来时，更何况当这些预设被消解之后，原先提出的概念就已经被完全改变和取代了。而且，哲学研究的目标不仅仅是为了获得不带有未经考察或未经证明之预设的概念，还为了获得预设与结论之间的界限已经消失了的具体概念。预设与结论同样都是需要加以摆脱的抽象概念。而摆脱两者（不仅仅是否定两者）的唯一方式是确立这样一些概念，在其中，这两个要素并不同样众所周知，但却不仅能够一致地和谐相处，而且实际上还是统一的整体。哲学概念不是抽象概念的集合，例如它不是科学概念或常识概念加上其背后的预设。哲学概念本身就是一个具体的统一体。而它之所以如此，是因为一个得到充分定义的概念必定如此。

这样，哲学研究的任务就是定义，不是定义语词，而是定义概念。而定义就是进一步澄清在一定程度上已经得到理解，因而在一定程度上已经明确了的某种事物。定义实质上就是消除所提出的概念中的模糊不清之处，因此概念不只是模糊不清。定义就是使一定程度上已经得到定义的事物变得更加明确。在这个意义上，哲学定义是程度的问题：我们从来不是从我们完全无知的事物发展为完全的知识，而是从我们所知的事物，发展为我们所知更加充分并且理解得更加明确的事物；我们从来不是从已经被接受了的公理（一个固定且完成了的定义）发展为隐含在公理中的定理，而是从一个定义并不完善的概念发展为定义更加完善的概念。这就是说，我们在每一个步骤上都重新定义在某种程度上已经定义了的概念，而我们的目标是确定一个没有歧义和没有偏颇的具体概念。

现在我认为，定义是哲学研究的起点与过程，这点对于任何研究过哲学思想史的人来说都是清楚明白的。所谓的苏格拉底式方法就是我试图论述的那种过程的一个例子，尽管这不是一个完美的例子；康德与黑格尔所遵循的研究方法也是一个例子；经院哲学的典型方法也是一个例子，尽管这更加不明显。在我所说的以及将要说的关于哲学研究本质的内容中，我并不仅仅使用我自己的个人信念，我也论述了我从哲学史中学到的东西。但是，这种哲学研究本质观的真实性，不仅仅基于这种本质观隐含在著名哲学家著作中的事实，而且也基于没有其他起点和其他过程的事实。关于哲学研究所探讨的一切，我们都可以从托儿所中学到一些。即便是最欠缺反思性的人类，也能够在他们的头脑中找到真理与谬误的概念、正确或错误的概念、现实与表象的概念。如果哲学家真的要开始的话，那么他就必须从这些概念开始。哲学中毫无困难的一件事是，知道从哪里开始。而重新定义的过程是所有思想研究都会涉及的过程。知识总是去更加充分地获知某种已知的事物。哲学研究之所以是独特的，只是因为在追求重新定义的过程中，哲学研究被一种彻底的怀疑主义所主导，从而怀疑所建议的每一个终点；哲学研究怀疑限制其研究的每一个尝试。

因此，这就是哲学研究的起点与过程。但是，我必须说一句话来总结。到目前为止，我已经说过，哲学思想的目标就是通过持续不断的重新定义过程来获得具体的概念。而这需要进一步说明。我希望关注哲学概念的四种特征或属性。这四种特征或属性是：第一，新颖性；第二，绝对性（categorical）；第三，肯定性（affirmative）；第四，陈述性（indicative）。当然，这些特征并没有穷尽哲学概念的所有特征。

第一，新颖性。一个哲学概念实质上是对已经建构起来的概念的重新定义。哲学就是试图具体地重新定义其特定概念，这就是说它跟一种普遍语境相关，这种普遍语境就是整个经验语境。因而，一个哲学概念（例如法律概念）必定不同于作为哲学研究起点的特定概念。常识等概念与哲学概念必定是不一致的。而如今对于许多人来说，这就是绊脚石；对于他们来说，这就是跟哲学难舍难分的不现实与虚假的证据，或者至少是一种症状。但是，对我而言，所涉及的原则似乎是清晰而简单的。如果你所承担的工作是一种转换，那么，你必定不能因为结果不同于你所开始的起点而否定这种结果。当然，这个原则的重要意义是，哲学中的"证实"不能光靠"指称事实"。"事实"只是"我们看待事实的普通方式"，或者，只是"常识概念"。尽管这些事实是哲学研究的起点，但是，作为哲学研究结果的标准，这些事实必定与之毫不相关。根据假设，正义等哲学概念不可能跟常识概念一致（就两者是否相同而言）。因此，跟常识概念一致是判断哲学概念的标准这样的假设必定是错误的。哲学研究中的"证实"总是在前方，从来不是在后头，亦即，在将要形成的概念，而不在我们首次开始研究时的概念。尽管概念指称了这些所谓的"事实"可以证实哲学定义的假设是错误的，但是，哲学家有责任尽可能充分地指出，他的重新定义是如何跟他开始时不太全面的定义联系在一起的以及如何从中产生出来的。这就是说，他的定义必须呈现为一项来自连续论证的结论。一个哲学家只有通过详细说明定义的过程，并指出他的结论本身就是具体的，才能确立他的定义。

第二，绝对性。一个哲学概念必须始终以绝对判断的形式存在。对此，我的意思当然不是指哲学概念不具有试探性。我的意思是，哲学概念不具有假设性（hypothetical）。假设就是保留（reservations），就是预设；而哲学的全部工作就是消除保留与预设。但是，说一个哲学概念必须具有绝对性的意思不至于此；它还意味着，哲学研究中的定义旨在理解其对象的整体特征及其作为一个单一整体的特征。当然，一个概念的每一个方面都应该明确表现在一个哲学定义中，这既不可能，也不可欲。但是，如果定义要在哲学上令人满意，那就必须能够表明它如何间接地包含了或取代了所有其它观点。一个哲学概念是绝对的，因为它是完整的（complete）。而折中就是以"从这里拿一点，又从那里拿一点"的方式来定义概念，它在哲学研究中始终无法令人满意；因为折中就是定义缺乏完整性的标志，是临时凑合的标志。

第三，肯定性。一个哲学概念必须始终是一个肯定性概念，从来不只是一个否定性概念。否定性就是定义不完善的标志。在特定的概念是否定性的情况下，哲学研究的任务至少部分是把这种否定性转化为一种肯定性。这也许只是以另一种方式来说一个哲学概念必须具有绝对性；假设始终是一种否定性因素。而这种从否定性向肯定性的转化，是哲学研究过程中的一个典型案例，这个过程涉及考察特定概念的意义。否定性总是不可避免地隐含着肯定性，而在这种肯定性浮出水面之前，我们所拥有的必定只是局部的融贯性。以上所引用的萨尔蒙德的分析法理学定义，就是一种否定性概念要求被转化为某种肯定性概念的例子。[1]

第四，陈述性。这个特征也不是哲学概念的一个单独特征，而是其绝对性与肯定性特征所隐含的一个特征。陈述性的意思是，不管一种律令（imperative）出现在哪里，哲学都必须把这种律令转化为一种陈述（indicative）；不管"应然"（ought）出现在哪里，哲学的任务就是揭示隐含着的"实然"（is）。纯粹的律令是一种抽象，一种基于预设却跟预设分离了的结论。而哲学研究的存在是为了创造具体的概念，在这些概念中，预设与结论的分离和区分都不复存在。

让我们从一个崭新的角度来简要考察哲学研究的本质，然后把我们已经学到的关于哲学研究的知识汇集在一起吧！所有解释，所有阐释，都可以被视为决定并考察被解释对象的恰当背景，并在该背景中显示被解释对象的位置这样一种事务。假设有这样一个"文本"，这个文本的某些部分缺乏连贯性、含糊不清且构思不够缜密，那么，解释就是要努力发现文本所在的"语境"，并把文本跟语境勾连起来，从而使它们成为一个单一

---

[1] 参见本文第一部分，第156页。（页码为原文页码——译注）

的整体。但是，表面上看似恰当的每一种语境都需要解释，都属于一种背景，而且只要没有在那个背景中看到这种语境，这种语境就丧失了意义。因此，这个过程就是寻找一种不需要额外的背景而得以理解的语境，一种普遍而自足（self-complete）的语境。准确来说，哲学研究的任务就是发现并解释这种语境以及这种语境中的特殊研究对象。因为文本是什么取决于文本所在的语境；对于跟文本相关的每一种语境来说，文本都具有一种新鲜的含义；而且，只有在一种普遍而自足的语境中，文本才具有完整而全面的含义。这样，哲学研究的过程就有两个主要阶段；这两个阶段可以区分，但不可分离。第一个阶段是确认身份（identification），即只是确定研究对象的名称。如果我们要确定"法律"这个概念的含义，那么，我们必须首先知道如何使用"法律"这个词语。而只有通过批判性地考察这个词语的日常使用方式，我们才能学会如何使用它。但是，这种考察只给我们留下一个词语的定义，即只给我们留下一种事物的身份。我们面前确实有一样东西了，但是我们没有别的了；我们有文本，但是文本的全部含义仍有待寻找。接着，我们必须转向第二个阶段，即定义概念。这个阶段涉及的不仅仅是我们面前确实有一件事物（在哲学法理学这种情形下，这件事物就是"法律"），我们在这件事物每次出现时都能够认出它，而且，我们还了解它跟其他事物的关联，亦即，在一个各种事物互相关联的世界中了解它，在它的语境中了解它。我们的任务就变成了一种双重任务：第一重任务是发现一种自足的语境，第二重任务是根据这个语境解释我们的研究对象。许多语境会呈现出来，而每一种语境表面上看来都可以分离并且非常重要，每一种语境都主张是我们正在寻找的普遍语境。但是，就其无法维持这种主张而言，我们将会拒斥它，从而支持一种更加完整的语境。因此，从某种角度来说，每一种解释都是文本与语境之间的关系；而哲学解释原则上就是解释其对象跟我所谓的经验整体之间的关系，因为这个经验整体本身就是一种自足的语境，而批判并不能把这种语境转化为自身就需要语境的文本。

我希望没有人会把这些关于哲学研究本质的讨论，误解为我对这个主题的毫无遗漏的讨论。但是，当我把这些讨论跟我手头的事务（即哲学法理学概念）联系起来时，这些讨论给我们介绍了一种跟当前观点有些不同的观点，我认为这是显而易见的。这些讨论赋予哲学法理学的特征，跟其通常所具有的特征相比，并不那么模糊不清，也不那么矫揉造作。而且，当我们考察这种哲学观的意义时，我们会发现，它为我们提供的原则能够解决法理学世界中弥漫的混乱不堪问题。如果法理学一定要成为某种样子，那么法理学一定要成为各种法律解释互相关联的世界，而不是成为各种法律解释毫无关联的混乱不堪的世界。让我们更加充分地考虑这个问题。如果哲学研究就是我所指出的那样，那么，哲学法理学的特征将会是什么呢？

我没有必要把我的哲学本质观，详细应用于这项法律本质研究中。我已经给出了原则，如果读者在意的话，那么他们自己可以轻易地应用它。哲学法理学将从哪里开始，这点已经清楚了；关于法律本质的哲学研究将经历什么样的过程，这点已经清楚了；我们期待我们大体上能够从这项研究中获得什么结果，这点也已清楚了。但是，为了防止这些被人们所忽视，我将指出我所认为的哲学法理学最重要的两个特征。首先，哲学法理学不再是若干种毫无关联的法律解释中的一种，它将是解释等级序列中的一种法律本质解释。哲学法理学可以提供一种普遍的标准，用来确定所有解释的充分性（即相对完整性），从而享有创造这种等级序列的权威。而行使这种权威，就可以将法理学的混乱不堪局面转变为一个世界。其次，哲学法理学最终将在这个解释等级序列占有一定的地位。正是因为它在这个等级序列中的地位，哲学法理学才享有我所赋予的那种权威。总而言之，哲学法理学具有两个方面的特征：第一，哲学法理学是一种法律本质解释；第二，哲学法理学享有内在于其特征的权威来判断所有解释的相对完整性，从而使所有解释成为一个互相关联的整体或互相关联的世界。这是怎么可能的呢？

我已经指出，哲学研究的目的是具体定义其研究对象，它旨在把研究对象跟一种普遍语境关联起来，这种普遍语境就是我所谓的经验整体。而关于法律本质的哲学研究则试图通过把依法组织起来的社会中的各种现象跟经验整体关联起来，从而使各种现象变得有序而一致。但是，我们已经看到，哲学思想并非一种可以随意支配特殊信息来源的特殊思想类型；哲学思想就是可以以无限的自由（即毫无保留与没有预设的自由）随心所欲地思想。由此可见，只要哲学法理学达成其目标，那么它就既是最完整的法律本质解释类型（因为根据假设，跟法律关联的语境是完整的），又是决定并确定其它各种解释相对不完整的标准。不妨考虑一下关于法律本质的哲学研究是如何展开的。它也许可以从我们所谓的分析法理学所提供的法律概念的定义开始。分析法理学解释法律本质的途径，不是把法律跟自身之外的事物联系起来，而是研究被预设为法律体系的事物来推断法律的本质。在批评的压力下，这种法律概念将证明自身是抽象的，因为它所诉诸并依赖的语境将很快揭示其自身的狭隘与不完整。我们也许可以从处于法律体系之下的共同体政治中寻找并找到一个更加广泛而不那么不足的语境。但是，如果这种政治语境要使自己不被取代，那就应该有某种必然与之相关的背景。这样，这种研究就可能从政治转向历史，转向经济组织，转向社会结构，转向个体与社会心理学，转向道德观念，而所指出的每一个终点都相继证明自身是不可靠的。但是，这种追求会在某个点上停止，这不是一种人为的停止，也不是处于一种失衡的状态中，而是因为它已经到达了无法超越的某个点，这是由于再也没什么可超越的了。而对那个点所进行的详尽阐释，就是一种法律哲学。哲学研究在这种追求中没有必要经过这些阶段中的每一个阶段，此外，我还有其他方面没有提及。[①] 哲学研究可以采取不同的路径，它不是通过让这些阶段中的每一个都被证明为不足的过程来达到目的，而是通过批判性地考察比所提出的这些解释中所发现的更基本的法律概念来到达目的。但是，不管哲学研究采取什么样的路径，它都会保持其双重特征。而只要哲学研究取得了成功，那么，它就是一种完整的解释。据此，它将提供一种标准，而根据这种标准，我们可以确定所有其它解释的相对完整性，也可以创造一个解释的世界。

---

① 例如，所谓的"制度"法律理论（"institutional" theory of law）所隐含的法律语境。

但是，我们还有一件事情需要加以注意。我认为显而易见的是，关于法律本质的哲学研究很快就会意识到分析法理学所提出的法律本质解释是不完整的，并且它会尽量使自己变得不那么抽象。对于其它相对不完整的解释，其它相对不一致的法律概念，也同样如此。但是，这个判断并不是说"分析法理学、历史法理学或社会学法理学已经证明自身是一种不完整的法律本质解释；此后，不要让任何人从事这种解释"，而是说"这些解释是不完整的，而某些解释比其它解释更加不完整；此后，不要让从事这些解释的任何人以为这些解释不是如其所是的样子"。总而言之，其原则是，"只要你没有过度理解它，那么一切都是真的"。而其任务不是根据其自身的理据去满足每一种解释，也不是为每一种解释做它试图为自己做的事情，而是去考察每一种解释的理据，并且从其能够提供一种完整解释原则的角度对之加以考察。

这样，关于法律本质的哲学研究要面对的情况实际上就是，各种截然不同而又互相排斥的法律本质解释都要求成为那种解释（the explanation），即都要求提供一种包含并取代了所有其它解释的完整解释。因为每一种解释所隐含的主张都是它们都作出了解释，而解释必定意味着充分解释。哲学研究的首要任务就是考察这些主张。我们被告知，"只有根据某种法律体系的生长环境，我们才能最好地理解这种法律体系"[1]。并且，"在其著作《法律史解释》中，庞德院长通过分析以往的法律哲学指出，每一种法律哲学首先都试图以一般术语建构特定时期的法律理想与法律目的"[2]。如果这不是所谓的关于法律本质的社会学解释的首要性，那这里的主张又是什么呢？言下之意，这是一种最佳或最完整的解释。但是，这个主张的理据何在呢？要证明这个主张，就意味着要判定分析法理学与心理学法理学等具有极端的缺陷，即具有片面性。这就明确表明，这种社会学语境既是一种恰当的语境，也是一种自足（self-complete）的语境，通过它可以充分揭示法律的本质。这也暗示，所有其他语境所揭示的法律

---

[1] Wortley, in *Modern Theories of Law*, p. 141.
[2] Goodhart, in *Modern Theories of Law*, p. 1.

本质都是不充分的。这些解释类型中的每一种都同样如此，每一种解释都提出了类似的主张。哲学研究的第一要务就是仲裁这些主张。而只有通过批判性地考察这些主张的理据，哲学研究才能仲裁它们。总而言之，每一种法律本质解释都主张是我所谓的哲学解释，这种状况是不可避免的。在这种状况结束之前，法理学依旧处于各种主张互相冲突的混乱不堪局面之中。而只有建立各种解释之间的等级序列，这种状况才会结束。建立这个等级序列的原则是，"如果有待解释的法律所涉及的语境是一种更加完整的语境，那么，这种解释就优于另一种解释"。例如，如果法律的社会学解释要维持它所主张的首要性，那么必须表明的是，社会学语境是这样一种语境，即批评不能把这种语境转化为本身需要语境的文本。这正是庞德院长以及这种解释的其他支持者从未尝试过的。[①]

现在我们不难想象读者将会这样自言自语："我可以理解，在各种法律本质解释之间建立起某种关联之前，法理学必定处于各种法律本质解释毫无关联的混乱不堪局面中。而且，我也可以理解，任何事物缺乏一种恰当的普遍标准，都无法把这种混乱不堪的局面转变为一个世界。简言之，我可以理解，如果我们可以找到某种法律解释，其本质就内在固有某种有效批判所有解释的权威，那么，它将对法理学大有裨益。对于这种解释而言，哲学解释不是一个糟糕的名称。但是，除了这种批判上的裨益之外，哲学法理学的实际内容是什么呢？"这种怀疑主义肯定是存在的。但是，这种怀疑主义可以通过下列考察来加以解决。首先，除非某种法律本质解释是一种完整的解释，否则，没有哪种法律本质解释的特征内在固有这种批判性权威。如果在这个意义上没有哲学法理学，那么，也没有法理学世界或法理学整体；我们将会有的全部，我们能有的全部，就是各种解释毫无关联的混乱不堪局面。但是，我们不能有这种混乱不堪局面，因为

---

① 据我所知，一批代表性学者在 *Modern Theories of Law*（1933）一书中考察了某些当代法律理论，他们之间并没有对他们所讨论的各种法律理论所涉及的理论类型进行一种极端的批判。没有比这本书更能说明我所谓的现代法理学的混乱不堪了。应当记住的是，我所说的混乱不堪不是若干种不同理论存在的结果（这些理论一直都存在，而且由于它们互相批判，所以他们并非毫无关联），而是若干种不同的、互相排斥且毫无关联的理论类型存在的结果。

它跟解释的本质互相冲突。一种抽象而不完整的解释，只是一种不解释的解释的另一个名称，亦即一种没有使依法组织起来的社会中的各种现象变得有序而一致的理论，也就是一种不阐释的阐释。如果两种或两种以上互相冲突的解释产生了（正如我们在目前对它们所做之事的看法中所看到的那样），那么，让人无法容忍的一个假设是，这些解释都同样充分。某些解释或所有解释必定都是抽象而不完整的，因此必定无法作出解释。每一种解释可能都能达成一个特殊的目的，并且从事每一种解释都可以一直保持其有用性，但是如果把这些解释视为法律本质解释，那么它们不可能都同样完整。而如果这些解释不是同样完整的，那么在这种混乱不堪的局面背后就隐藏着一个世界的原则（the principle of a world）。一个世界的原则，是一种囊括所有其他解释并取代所有其他解释的解释。总而言之，如果哲学法理学没有实际内容，那么它就无法发挥法理学不可或缺的批判功能。其次，我所提出的这种哲学法理学并不是仅仅存在于我的想象中的事物，也不是我所捏造的事物，因为我们无法接受哲学法理学不应该存在这样的观点；哲学法理学活生生地存在于（例如）阿奎那、霍布斯以及黑格尔的著作中。例如关于公民社会的自然法理论，准确来说，它的任何形式都是具有这种特征的哲学法理学。只有无知的怀疑主义者，才会对这种理论具有肯定性（positive）内容产生怀疑。我并不是要指出，这种特殊的法律哲学理论垄断了真理；我只是要指出，这种法律哲学理论具有肯定性内容，无论好坏，它都可以行使属于哲学理论的那种批判性权威。

我所谓的目前研究状况所提供的一切，似乎已经取得了很大的进展。我已经竭尽所能地把它当作第一要务来做，亦即进一步澄清法理学这个名称之下弥漫的混乱不堪的本质与起因。而且，我也试图指出哲学法理学在原则上可以怎样建构起来；我试图指出这种法理学在法律本质研究中所发挥的那种作用。这是一项肯定性结论。而我所提出的哲学法理学概念，不管它是否完全令人满意，它确实避免了使当前关于这个问题的观点变得毫无道理的各种主要矛盾与模糊不清之处。进而言之，通过考察法律本质的哲学研究史中的伟大文本，我提出了这个概念。但是，我所担当的任务中的第二部分依旧有待考察。如果这个哲学法理学概念使我们有一个崭新的开端，而这个开端不被当前状况的荒诞性所累，那么我们就需要知道最能受益的研究取向，我们需要一个研究计划，我们需要一个议程（这是目前哲学法理学中特别缺乏的）。我将针对这个主题提出某些简要的评论，从而结束本文。

三

一个崭新而有益的从哲学角度研究法律本质的开端所遭遇的最大障碍，是对这项研究业已取得的成就所表现出来的普遍无知，以及从这种无知所产生的以为这项研究毫无建树的偏见。但是，我们已经看到，哲学法理学不必具有目前归之于它的混乱而反常的特征。而且，我已经指出，考察法律本质的哲学研究史，可以让我们确信这个结论。这样，我们议程上的第一个项目是重新全面考察法律哲学史，特别是法律哲学史中的伟大文本。其理由并不让人费解。法律本质的哲学研究并不是我们不必涉及过往，就可以在眼下重新开始，并从我们的头脑以及我们的当前经验中产生出来的事物。诚然，如果我们要建构一种法律哲学理论，那么这种理论必须绝对独立自主，不能建立在某种外在于自身的权威之上。但是，这并不意味着，它必须或可以跟过往无关。诗歌必定随之附有这样的直接信念，即诗歌是情绪的表达，但是，这并不意味着，诗歌必须或确实可以置身于写作语言的诗意传统之外。那么，如果我们要创造一个崭新的开端，这个开端必定要用深奥的知识来创造，其深奥程度就如我们从我所谓的西欧哲学法理学传统中所获得的那般。而且，我们对这个传统的一般特征进行简要的考察，并不显得格格不入。

每一种哲学学说，因而每一种法律哲学，都可以便利地视为由三个核心要素构成。第一，法律哲学旨在回答某种法律本质问题，即旨在把法律跟我所谓的经验整体关联起来。这就是说，一个人被恰当地称为哲学家，主要不是根据他所持有的特殊学说，而是根据他自己所顺从的那种特殊的好奇心。第二，哲学学说就是一个有序的系统，它回答的是哲学好奇心所产生的各种问题；哲学学说就是一系列观点，一系列得出的结论。第三，哲学学说就是用来得出各种结论的各种理由系统；它为每一种非决定性意见提供决定性理由。但是，注意到以下这点是至关重要的，即尽管出于某些目的这种分析是正当而有用的，但是这种分析却把哲学学说分割为各种要素，而实际上这些要素之间确实互相不可分割，而且如果我们要理解这种哲学，那么这些要素必须紧密地结合在一起。如果我们要理解一种哲学学说，那么我们不仅需要知道所考察的各种问题以及所给出的各种答案，而且还需要知道用来支撑这些答案的各种理由。并且，我们需要知道这些理由，不仅仅是为了能够判断各种结论是否站得住脚，而且也是为了知道这些结论本身是什么。在一种哲学学说中，是什么与为什么确实不可分割，而这是哲学的独特性之一。

就目前来说，哲学学说的特征是至关重要的，因为它决定了我所谓的哲学法理学传统的特征。而我更加愿意谈及哲学法理学传统，而不是哲学法理学史，是因为一般来说，（除了自然而然地关注是谁、在哪里以及何时这样的问题，并且关注各种理念与学说的特征之外）哲学法理学史关注的不是具体的哲学学说，而是跟问题及理由分离的结论或观点以及那些结论所谓的效果或影响。当然，有些历史学家并没有完全被这种缺陷所败坏，但是这样的历史学家少之又少。哲学史（以及哲学法理学史）所堕入的名誉扫地境地，可能要归因于它们对僵死而毫无意义的抽象观念的关注，而不是对实际而具体的学说的关注。哲学学说的一般分类法只承认哲学传统的非决定性意见，而忽略其决定性理由。接着，我认为，哲学法理学传统指的是以哲学的方式建构起来的哲学法理学史，它被视为一个活生生的临时整体，在其中，过去与现在相对来说都微不足道。追寻这个传统，不在于发现各种学说的来源或起源，也不在于试图区分新旧，而在于理解属于哲学法理学伟大文本的整个哲学思想世界，并根据这些文本的全部哲学内容去理解这些文本，根据这个全部哲学内容在研究传统中的地位去理解这个内容。我们表面上满足于考察并对比各种哲学法理学结论，而这扭曲了我们对这个传统的敏感性并剥夺了这个传统激发新思想的力量。

但是，人们会说，西欧哲学法理学史向我们展示的不是单一传统，而是多个传统。如果我们把注意力聚焦在各种学说上，那么这就是确切无疑的。而如果我们把注意力仅仅放在各种结论上，那么这甚至更加确切无疑了。但是，我所关注的传统，首先是哲学研究的传统。而我认为，这个传统就是单一传统，因为这个传统是哲学法理学史上每一个文本的普遍语境。诚然，许多哲学家没有意识到他们在这个传统中的位置，甚至也没有意识到这个传统的存在，但是，没有一个哲学家外在于这个传统。正如英国诗人（布莱克[Blake]也许就是这样的诗人）似乎站在英国诗歌传统的边缘，哲学家（例如霍布斯）似乎也渴望脱离哲学传统。但是，没有莎士比亚、弥尔顿以及许多他自己从未阅及的诗人，就没有布莱克。同样，没有亚里士多德、伊壁鸠鲁以及阿奎那，就没有霍布斯。不管一位哲学家的观点多么新颖，也不管他为了追求好奇心的满足而给这些问题的研究带来怎样新颖的转折，熟悉哲学传统的任何人都可以立刻从他的著作中看出某些似曾相识的内容。不管在这个传统中占有一席之地的各种学说包含了什么样的破坏性力量，这种统一性都会幸存下来。如果一个社会和一种语言的诗意传统被摧毁了，那么它就需要一场比我们所见证的任何革命都要彻底的社会革命；同样，如果西欧哲学法理学传统终结了，那么它就得找到不单纯是新学说的事物。现代法理学的混乱不堪局面，至少部分源自于我们已经丧失了这种传统意识的事实。

如果我们要有目前的研究状况所要求的崭新开端，那么我们的第一要务就是重新获得这种研究的传统意识。但是，我们需要知道我们要在这种传统中寻找什么，我们能用这种传统做什么，而当我们重新获得这种传统后，我们要如何使用这种敏感性。这些问题的答案都在传统自身的本质之中。传统并不是我们一味遵从的某种事物，也不是固定不变且停止不动的任何事物。相反，传统甚至在那些变动不居的因素中也具有稳定性与延续性。传统不是我们必须遵守的某种事物；传统是为崭新的研究提供起点与主动性的某种事物。从传统中寻找固定的结论、寻找固定问题的固定答案是毫无益处的，因为它不是各种结论的传统，甚至也不是各种问题的传统，而是研究的传统。传统无法给予我们固定的东西。传统给予我们的，也是我们不可或缺的，是我们更加坚定地意识到我们正试图去做什么。传统给予我们的不仅仅是一种过往研究的统一感，这种统一感就是，没有理解也许非常不同的 B 的问题与答案，A 的问题与 A 的答案就无法得到理解；传统给予我们的还有这样的知识，即没有理解他人的问题与答案，我们就无法理解我们自己的问题与答案。通过揭示那些我们从来没有深思熟虑过的问题，传统向我们指出我们必须采取的研究方向：例如，哲学法理学长期摆弄着这样一些思想，这些思想更加彻底地考察知识的本质以及意志的本质，而不是考察法律哲学家（至少英国法律哲学家）手中所获得的这些问题。但是，我认为，即使关于哲学法理学传统的更加全面的知识（即哲学知识）没有为我们具体指出研究方向，它也还是会让我们意识到我们正试图去做什么。而此时此刻，我们主要缺乏的就是这种意识。正是出于这个原因，我把重新研究这个传统放在这个研究计划的前面，而这个研究计划将指引我们从目前研究状况的混乱不堪与模糊不清中走出来。

法哲学是什么？[*]

约翰·菲尼斯[**] 著

王志勇[***] 译

法哲学并非独立于伦理学和政治哲学，反倒是依赖于后两者。法哲学不同于后两者的地方在于，其特别关注于（渊源、宪法、契约、既得权益等的）过去。出于法哲学所阐释的原因，这构成了法律思维的典型特征。唯有作为自然法理论中的一个命题或主题，实证主义方可融贯地持续发展。自然法理论适切地包含了实证主义，然而其仍旧与就这个时代而言持久且特定的伦理、政治问题以及挑战保持联系。鉴于法体系并非单单为规范的集合这样的事实，我提出法哲学在未来几年的任务，并以之作为本文结论。

一、法律哲学、政治哲学和道德哲学

与法哲学所直接依赖的伦理学和政治哲学这样的哲学领域一样，法哲学属于实践理性（practical reason）的哲学。实践理性以及实践理性之哲学

---

[*] 本文原载于《美国法理学杂志》(*The American Journal of Jurisprudence*, vol. 59, no. 2 [2014], pp. 133-142)。翻译已得到作者授权，对于菲尼斯教授慷慨授权和吴彦兄的推介以及范立波就论文中关键术语的指正，一并表示衷心感谢！当然，译责自负。
[**] 约翰·菲尼斯，牛津大学教授。
[***] 王志勇，河南财经政法大学法学院讲师。

寻求使得慎思（deliberations）和选择——人们（human persons）以此型塑其自由选择之行动并由此亦型塑自己及其社群（communities）——合理化（reasonable）。伦理学以如下形式思考上述问题，即上述问题无例外地横在每一个个体面前；伦理学在下选择困境中思考上述问题，即关于重大行为（作为或不作为）的选择，这些选择既型塑世界又将型塑他或她自身的品格。政治哲学——包含却没有吸收家政哲学（the philosophy of the household and family）——思考如下问题：作为社群的成员或者领导者（这些成员或者领导者做出的选择是为了社群的利益，就此社群而言，我们意图使自己的行动有助于其行动），只要我们需要与社群中其他成员在行动上保持协调，这些问题肯定会摆在我们每个人面前。法哲学或法律哲学（legal philosophy）正是通过思考如下问题从而拓展并且细化了政治哲学：当下为某个政治社群的未来所做出的选择，在多大程度上应该被过去以契约、遗嘱、宪法、立法性法令、习惯、司法裁决等形式所做出的选择和行动所决定或者型塑。

　　法哲学问题自身正是许多"被文明国家所承认的法的一般原则"[①]——也即那些直接进入所需的具体化决定（determination）之中的根本原则——的主题。法哲学识别如下作法的理据：接受上述原则为妥当（公正）且具有权威，以及判定上述不同类型的私人、公共的法律-创造（law-making）和权利-影响（right-affecting）行为（司法行为）为妥当且具有权威。正如伦理学着眼于所有基本形式的人类善（human good）之实现（fulfillment），只要选择和行动能够影响或者妨碍上述实现；正如政治哲学着眼于选择和行动对于如

[①]《国际法院规约》（Statute of the International Court of Justice）第38条第1款第4项。在 *Natural Law and Natural Rights*, 2d ed.（Oxford: Oxford University Press, 2011）[*NLNR*], 288, 我提出一个简洁的清单：

　　从支持人类事务中的连续性（continuity）的二阶准则（second-order maxims）——例如支持历时秩序（diachronic order）的善，这些善不同于关于未来目的状态的善——出发，我们能够追溯一系列相关次级原则（second-order principles），其包括稳定性原则，但越来越多地超越之从而包含新原则或价值。在每一情形中，这些都以一阶形式（first-order form）可及，从而指引立法者。在此，散文-形式（prose-form）要求线性表达（a linear exposition），这过于简单化并且掩盖了其内在联系：(i) 财产若被强制征用，利益受损方有要求依照实际损失（damnum emergens, actual losses）——如果不是预期利益的损失（*lucrum cessans*, loss of expected profits）——赔偿的权利；(ii) 对于没有过错的非故意伤害，行为人不承担责任；(iii) 无犯意（mens rea），无刑事责任；(iv) 禁止反言（nemo contra factum proprium venire potest）；(v) 不给予诉诸自己的错误来为自己辩解的人以司济（寻求公正之人

下事物之影响，即政治社群的共同善以及其所有成员的完善和人权。所以，法哲学探究如下作法的理据：接受法的根本原则在其对于共同善的特定影响方面的正义性，接受私人、公共司法之行为在其对于共同善的特定影响方面的权威性。共同善伴随着从过去到现在之间有意义的连续性而延伸：在过去，社群成员选择某些行为（作为合理和不合理的选项之对立项）；在现在，过去选择的那些行为意图有益地发挥决定作用，今天的成员能够（以恰当的方式）类似地决定关于同样历史性地被拓展的社群及其成员的未来之完善。

由此，法哲学的范围就是亚里士多德的立法学（nomothetikē）[①]和阿奎那的法律创制（legis positio）[②]的范围。其将之理解为超越哲学——"实践科学"（practical science）——而进行的拓展，该哲学真理（philosophical truth）使一个人适合参与宪法——制定和立法；其也将之理解为包括（从属于诸如上述制宪和立法性行为的）法官所需要的技艺和智慧；更不要提公民理解（civic understanding）、守法性（law-abidingness）和良善公民的批判性忠诚（critical allegiance）。[③]

必须自行公正之事）；（vi）不给予滥用权利之人以救济；（vii）欺诈使得一切都无效；（viii）不当得利须予以返还；（ix）契约必须被履行（pacta sunt servanda）；（x）相对自由地通过合意来改变现存法律关系模式；（xi）在评价所谓的法律中行为（acts-in-the-law）的法律效果时，弱者要被保护从而免受其缺陷之影响；（xii）纠纷不能在没有给予双方当事人申述的机会的情况下被解决；（xiii）任何人不得裁决他或她自己的事务。

这些"法的一般原则"确实是原则。也就是说，它们证立了（而非要求）特定规则和具体决定，并且它们在特定情形下的适用也被其他类似原则所限制。而且，其中的任何一个原则都可能被共同善（the common good）的其他重要部分，也即其他正义原则所超越和凌驾（这并非等同于被违反、修正或者废除）。也不要忘记：存在某些可能从来都不可能被凌驾或者超越的正义规范，它们与绝对人权相一致。

国内学者对"the common good"的译法不一。徐向东将之翻译为"公共善"，参见徐向东：《道德哲学与实践理性》，商务印书馆2006年版，第12页。吴彦将之翻译为"共同善"，参见菲尼斯：《自然法理论》，吴彦编译，商务印书馆2016年版，第57页。菲尼斯所提出的"the common good"更多包含"共享、休戚相关"的含义，所以翻译为"共同善"或许可能更能传达出此层含义。——译注

[①] *Nicomachean Ethics* [*NE*] X. 14: 1181b20.
[②] Aquinas, *In Eth*. X. 16 nn. 11–17; III *Sent*. d. 33 q. 3 a. 1 sol. 4c.
[③] Aquinas, III *Sent*. d. 33 q. 3 a. 4 sol. 6c:"正义之于法官那里就如同之于矫正者，之于他人就如同之于被矫正者。而且，在裁判中存在两个面向：（i）给其他人带来公平，这包括制定法律；和（ii）惩罚那些导致不平等的人，这是一个报应性正义（retributive justice）的问题"。（iustitia... est in iudice sicut in regulante, et est in aliis sicut in regulatis. Ad iudicem autem duo pertinent: unum est quod aequalitates in aliis faciat, et ad hoc est *legis positiva*; aliud est ut inaequalitatem facientes puniat, et ad hoc est vindicativa.)

为获悉对所有人而言共同的善——包括所有那些就人类完善（human fulfillment）而言可能在哲学上被构想的事物——的理解，法和法律规则（laws）[1]的哲学直接从伦理学中汲取营养。上述理解采取的形式正是实践理性的诸首要原则和特定道德原则。其中，前者指引我们每一个人趋向于所有基本人类善——每个都是人类兴盛（human flourishing）[2]的一个不可化约之面向。后者指引我们合理地选择和行动，好像我们面临的：不是一种善，而是多种善；不是一种实现每种善的方式，而是多种方式；不是一个在其身上这些善可被实现、尊重或者不尊重的人，而是许多人。为理解家庭的、市民社会的其他团体和国家的共同善，法哲学直接从政治哲学中汲取营养。上述理解包含那些基于广泛的人类经验从而可以在一般意义上谈论的如下内容：在政治生活和集体行动中共存和协作的事实性条件，这些条件是治国方略（statecraft）和法律-创制需认真考虑的东西，由此成为政治哲学和法哲学的构成部分。此类条件的一个简单例子是如下事实：关于特定形式的集体生活和行动的一致同意（unanimity）——作为政治社群中生活的协作之来源——在实践上是不可获得或不可及的。这在实践上使得关于权威的概念和制度成为必要并为之进行了证立，而且权威又被用来——尽管是推定和可废止性地（presumptively and defeasibly）——证立服从权威性指令（立法、司法或行政的等）的义务。[3]或者再次，

---

[1] 在英文世界中，通常会区分"law""laws"和"the law of a case"，其中，"law"指法律体系意义上的法，"laws"指个体的成文法或普通法规则，"the law of a case"指决定特定个案裁决结果的特称法律命题，然而，"law"通常也可指称广泛意义上的法律。参见 H. L. A. Hart, "Positivism and Separation of Law and Morals", *Harvard Law Review*, vol. 71, no. 4, 1958, pp. 600–601; Michael S. Moore, "Law as a Functional Kind", in his *Educating Oneself in Public: Critical Essays in Jurisprudence*, Oxford: Oxford University Press, 2000, p. 299。——译注

[2] 亦有将"flourishing"翻译为"繁盛"的作法，参见罗志良："方法论的自然法：Finnis 之'修辞学转向'"，"国立"台北大学法学系 2006 年硕士论文，第 45 页，指导老师为庄世同博士。朱振亦采用该译法，参见约翰·菲尼斯：《自然法：古典传统》，载张文显、杜宴林主编：《法理学论丛》（第 6 卷），法律出版社 2006 年版，第 196 页。尽管"兴盛"与"繁盛"差别不大，但"兴盛"更能传达出"兴旺发达"的意蕴，故本译文采用之。——译注

[3] See "Positivism and 'Authority'", essay 4 in *The Collected Essays of John Finnis* (Oxford: Oxford University Press 2011), vol. IV [*CEJF* IV]; *NLNR* ch. IX. 关于权威（及其相应的义务）的理据之更广博和辩证的探讨，See now Finnis, "Freedom, Benefit and Understanding: Reflections on Laurence Claus's Critique of Authority", *San Diego Law Review* (2014) 51 (forthcoming)。摘

人类在预见能力方面的局限这样的简单事实证立了我们称之为衡平（equity）的制度或实践（为了更深层次的目的和正义而偏离制定法的字面含义）。

基于这些根据，法哲学将伦理学和政治哲学拓展到法律这个特定领域。如上所述，法律这个领域的典型特征在于：将关于未来事项的当下决定之理据植根于过去的事实。上述事实是法律的实证渊源（positive sources of law），不管是以明确的立法形式，还是以司法或其他实践和习惯形式，抑或以在公共场合可及的法学理论家的学说形式。上述渊源被解读为产生了一套（关于权利和义务的）规范性命题，这依次又被解读，从而使得与仅仅避免——在其作为选择和行动规范的充分特定化情形中

录如下：拥有权威就是处于如下地位，即其导致他人负担如下义务：正是如此，要不是因为权威的行使，他们本不负有此义务。正如我之前所言，该义务不应被这样理解，即要求被服从的权利是其适当对应物。相反，如果该义务要归于任何人的话，则它要归于如下这些人：为了他们的利益（和其幸福），权威才被赋予或者被（和要被）承认。这就是为何如下行为是一种思想和公共生活的严重堕落：政治家视自己——或者被记者自动地假定为——在博取或者操纵权力。

出于为共同善之外的缘由而给某人赋予权威——或者接受和行使之——推定地是不公正和卑鄙无耻的。（所涉及的共同善可能是一个家庭或其他受限的私人团体 [private grouping] 的，就像遗嘱执行者的权威；或者其可能是大学——或者院系——或者其他社团的；或者其可能是一个军事部队的；或者其可能是我们称之为国家的政治社群类型的；或者其可能是为了甚至更为广泛面向的人类幸福而被建立之机构的。）当然，权威的任何行使都将是无益的，除非那些权威标榜要改变其义务和权力的人，事实上确实大体相应地行动或者使自己倾向于相应地行动……权威是空洞的，除非其行使能够被预知去如此改变行为（和倾向）：使之与关于权威行使——制定的规则或作出的法院指令（court-order）等——的命题性内容（the propositional content）一致。但这并不意味着：命题性内容自身具有预知性，或者，如果其具有预知性，则将更为（或者甚至一样）有益。甚至，将之转化为预测，就是以如下事物代替其要旨和实质（*point and substance*）：就其功效而言的仅仅一个（不可或缺的）前提条件（其他手段之外的一个手段）和／或仅仅（尽管不可避免的）副作用。

法律的要旨在于改变其所属的社群中的事物向更好的方向发展。法律的实质在于规定某些行为模式为受制于法律的人所要选择的东西。（前句中的"要 [to be]"这个词语并非预测性的而是规定性的 [prescriptive]，如同医生开给药剂师的处方）。法律是一种为了共同利益而进行协调的形式。一旦超越最低限度的复杂性（具有简单目标的大体上的两个人），则在没有对权威的行使和承认两者都是在为了共同利益的良好信念之下做出的情形下，对共同利益而言不可或缺的协调不可能被达致。法律权威以及法律是这样一种权威，即其依据关于其部署（deployment）的规则被部署，其具有关于如下内容的规则：规则的制定、适用以及不遵守规则的后果。可预测的功效（至少，一个相对低层次意义的不服从）是一个前提条件并且在此意义上是一个必要手段。然而，一个更为内在的必要的手段是这样的：在一个相对强的意义上被理解和接受为具有规定性（即使规则的表述在语法上是陈述性的）的法律和其规则，以至于规定被其（许多）对象视为推定地排除某些要不可能有吸引力的一个或多个选项。

的——直接冲突相比，其在一种更丰富、苛刻的意义上融贯。每套此类命题——"法律体系""某块土地之上的法律"和"我们的法律"等——都被视为在原则上以整体的方式适用于管辖范围内的每个人和每件事实。法律体系中的每个法律命题的效力，都被视为由该体系中的其他命题所控制，也被视为是得以适用于特定个人和事实的前提条件。

就其基本内容而言，诸如管辖权和效力等概念对于政治哲学而言并非陌生，它们已然隐含在亚里士多德对法治（Rechtsstaat，Rule of law）的可欲性之探讨中。[1] 然而，它们仍旧相当隐晦且未被阐明，直到法哲学将之从法律话语（legal discourse）中拎出来。之所以这样做，正是因为要解释：为何每个法律体系都相应地发展出这些（和其他）概念作为技术性设置从而来确保，法律体系的规则和制度能够相对经常地做那些诸如此类的哲学推理和政治慎思（deliberation）通常不能够做的事情，即就某些相对特定的——关于在特定的、事实上（在最终适用中）特殊的情形下何为正确选择和行动的——问题给出一个清晰明确的答案。实在法——我们的法律体系中的一整套法律命题——给出此类明确答案的能力（capacity）是如下活动的主要方式：其由此将社群的过去、现在和将来联系在一起；其使得正当期望（legitimate expectation）或者至少依法获得的权利——包括财产权、合同和准合同权利、信托、获得赔偿（compensation）和损害赔偿（restitution）的权利等——生效；并且由此使得经济、文化生活能够巨大扩张，使得家庭、个体的行动和职业选择得以能够相对地稳定和自治。以上所有内容都是政治哲学、政治技艺（political art）的一部分，因为此部分被如上那般地拓展和特定化，所以其值得获得独特（而非不相关的！）的地位和名称：法哲学。

二、法理学抑或法哲学？

在完全等同于市民法（lex civilis）和自然法（lex naturalis）的

---

[1] See especially *Politics* 3. 16. 1287a.

意义上，圣·托马斯相应地使用了市民法（ius civile）或自然法（ius naturale）这两个词语。如果我们遵循阿奎那的清晰、有益的例子，那么当权利（ius）意指例如市民法（ius civile）或自然法（ius naturale）时，我们将不区分法律（lex）和权利（ius）[①]。因此，正如通常在英语的国家那样，"法理学"和"法哲学"可以在完全等同的意义上被妥当地使用。当然，词语"法理学"（jurisprudence）中的两个词源成分具有某种（远非不可抵抗的）引力，这将该词的用法引向相对更为特定化的、更不具有普遍化并由此更少具有哲学性的层面。[②] 然而，正如阿奎那视法律创制不仅仅是关于创制法律的高度特定化事项的名字，而且也是关于政治学（politica），也即政治哲学/理论的最高层面的名字，并且视政治学为与道德哲学（philosophia moralis）处于同一层面的哲学——实际上，作为道德哲学的一个超级尊贵的分支或类型；[③] 所以，我们也能够正确地视法理学和法哲学的范围一样的，即从对特定司法技术（juridical techniques）的考察（基于人类兴盛和道德权利，批判性地考察这些技术的理性基础），一直延伸到道德和政治理论的最高、最广泛的原则以及其他考量因素。

[①] 大部分印欧语系中的语言对于"法律"的抽象和具体含义，一般都有两套不同的词汇。如拉丁语用"lex"表示具体含义，用"ius"表示抽象含义；意大利语则是"legge"和"diritto"；法语是"loi"和"droit"；西班牙语则是"ley"和"derecho"；德语中则是"Grsetz"和"Recht"。英语中没有这样的区分，一般用"a law"表示较为具体、特指的含义，用"the law"表示较为抽象、宽泛的含义。参见《元照英美法词典》（缩印版），薛波主编，潘汉典总审定，北京大学出版社 2013 年版，第 786 页。本文对"ius"一词的翻译，同时还参考了徐向东的译法，参见徐向东：《道德哲学与实践理性》，商务印书馆 2006 年版，第 10—11 页。——译注。See Finnis, *Aquinas: Moral, Political and Legal Theory* (Oxford: Oxford University Press, 1998) [*Aquinas*], 135.

[②] 但其并非不可抵抗的，正如我们可以从查斯丁尼的《法学阶梯》（*Institutes*）的篇首语（源自乌尔比安）中看到的那样，这些句子于今而言仍旧合理："Iustitia est constans et perpetua voluntas iussuum cuique tribuere. Iurisprudentia est divinarum atque humanarum rerum notitia, iusti atqueiniusti scientia."（"正义是给予每个人他或她应得到的部分的这种坚定而恒久的愿望。法学是关于神和人的事物的知识，是关于正义和非正义的科学。"）此处的翻译，参考了张企泰的译文并进行了适当调整，参见查士丁尼：《法学阶梯》，张企泰译，商务印书馆 1989 年版，第 5 页。——译注

[③] In *Eth.* prol. (I.1 n. 6) and I. 2 nn. 1–12, 称其他分支为伦理学（*monostica*）和家政哲学（*oeconomica*）；*Aquinas*, 114–5.

三、自然法理论和实证主义

在当前语境下，由于"自然法"与"伦理学和政治学的规范性原则和标准"（或者"规范性政治哲学"）具有同样的指称，所以到目前为止，本文所讲的一切内容仅仅是自然法理论的一部分而已。作为其内在构成的一个部分，此理论自动产生了这样一个命题即人类社会需要实在法，也产生一个关于法、法律体系和法治的众多所需特征的阐述。在此语境下，自然法理论正是法哲学的另一个名称。恰当地探究自然法理论，就会产生一个关于实在法、法治的概念以及其典型制度、渊源的充分详尽之阐述，如果我们以此来意指实证主义论者，那么自然法理论是完全实证主义论者的。在自然法理论之外，实证主义无妥适的立足之地。[1]

那些自视在某种程度上反对自然法理论的（法）实证主义，是（单单就其既坚持上述自我标示，又包含那些不同于上述自然法理论的命题而言）[2]一

---

[1] See further *CEJF* IV essays 1, 5 and 7; and Finnis, "Natural Law Theory: Its Past and Its Present", in *Routledge Companion to the Philosophy of Law*, ed. Andrei Marmor (New York: Routledge, 2012). 当然，就特定法律体系而进行的精确历史性和严格描述性的学说阐述，仍具有一席之地。但这并不具有理论或者哲学的品性。See now also Finnis, "Law as Fact and as Reason for Action: A Response to Robert Alexy on Law's 'Ideal Dimension'", *American Journal of Jurisprudence* 59 (2014): 96-100.

[2] 注意，上述两个特征多大程度上在诸如约翰·加德纳（John Gardner）、莱斯利·格林（Leslie Green）甚或（至少多数情形中）约瑟夫·拉兹（Joseph Raz）的理论或理论立场中被发现，这个问题并不清楚。这些理论家都以自己的方式接受，法哲学正当地（legitimately）包含——或许许多——如下命题：其一，不能被称为实证主义者的命题；其二，关于道德和/或道德哲学的命题。这些理论家都视法律实证主义者单单持有如下狭隘的命题，即仅仅参考社会-事实来源来识别实在法。上述命题明显兼容于如下这样一种立场，即法官可以正当地（legitimately）并且通常应当"根据法律"（according to law）而进行推理。（拉兹所言的）"法律推理"的此种法则（a law）和形式也包括（除了可由社会-事实来源所识别的实在法）道德原则（即使，依照拉兹的说法，不存在甚至默示地授权法官诉诸于道德原则的实在法）。参见《菲尼斯文集》第4卷第9页和188页中所引拉兹和加德纳的段落，以及《菲尼斯文集》第4卷第247页中所引格林的段落，格林的论文以阐述和捍卫法律实证主义而结束：

> 当然，在更为一般的层面上，评价性论证（Evaluative argument）对于法哲学而言是至关重要的。没有任何法律哲学家能够仅仅作为一名法律实证主义者。一个完整的法理论也要求关于如下内容的阐述：其一，何种类型的事物可能算作法律的价值（merits）（除了公正，法律还必然要具有效率或者典雅简练吗？）；其二，法律在裁决案件中应该发挥什么作用（有效的法律通常应该被适用吗？）；其三，针对我们的服从，

套或多或少令人困惑且被恣意裁剪的理论。在某些情形下，这是基于对传统自然法理论及其某些原理（theorems）的严重误解[1]而持有的立场。在其他情形下，这就是作为道德怀疑论（拒绝承认存在关于人类善和道德权利的任何真命题）的表达而持有的立场。再次，在某些情形下，诸如凯尔森那里，这是基于上述两个根据而持有的立场。上述两个根据都是不可捍卫的。通过更为仔细地考察经典理论文本，上述误解应当被抛弃。初看起来，关于实践真理（practical truth）的怀疑论似乎是法律实证主义更值得相信的根基。然而，即使不考虑伦理学（或"元-伦理学"）中针对怀疑论的命题和论据可以正确地做出的回应[2]，我们也应该承认，如果怀疑论正确，那么就不存在法哲学。至多可能存在关于如下内容的历史性阐述（追踪记录适格法律实践者的阐述）：其一，特定社群中那些被接受或者附加的规范性体系，其被自我解读为法律；其二，类似上述事物的体系。通过某种类型的关于重复发生率或"典型性"的统计，历史或一系列历史事件可能得以被维持。然而，如果就人类善而言没有任何为真的事物可讲，那么也就不存在任何哲学意义可以用来思考和谈论规范性、权威、义务和效力以及类似概念，因为所有这些概念的意义源自如下假定：实践理性可以区分真与假、好的理由（good reason）和理由的缺乏（lack of reason）等。

实证主义者认为对事实的重视是其方法论上的优点，但这在任何妥当的法哲学（自然法理论）中都完全存在和发挥作用。因为实践理性在慎思中达致抉择（不管具体地还是更为普遍化和抽象地、"哲学化地"）。它不仅仅通过利用关于善和权利的规范性前提而完成上述行为；而且它也必须通过利用关于如下内容的事实性前提而完成上述行为：善能够被获致或

法律具有什么主张（存在服从的义务吗？）；其四，至关重要的问题还在于，我们应该拥有什么样的法律和我们是否在根本上应该拥有法律。尽管法律实证主义的主张——法的存在和内容仅仅依赖于社会事实——确实型塑了上述问题，但其并不期望回应之。

参见 Green, "Legal Positivism", *The Stanford Encyclopedia of Philosophy* (Spring 2003 edn); <http://plato.Stanford.edu/archives/spr2003/entries/legal-positivism> (last accessed October 28, 2014).

[1] See e.g., *CEJF* IV: 7–8, 105, 182–6（最后提及的数页是论文《法律实证主义中的真理》的主要部分）；*NLNR*, 363–6.
[2] See e.g., Finnis, *Fundamentals of Ethics* (Washington, DC: Georgetown University Press, 1983), ch. II; *CEJF* I, essays 1 to 6.

者将被损害的条件。上述前提的真值必须通过对如下内容的密切关注而被获致：既定事实，以往经验，典型事件，可能状况，物理上、生物学上、心理上的可能性等。

总之，最好在不依赖于诸如"实证主义者"（或者"非实证主义者"）这样含糊不清的标签的基础上进行法哲学研究。那么，我们也应该摒弃"自然法理论"这个标签吗？任何合理的法哲学或理论都将需要关注如下两种广泛类型的原则、规范和标准：其一，仅仅由于其是经由社群过去的决定而被选择或要不然以其它方式事实上被创设的标准，从而可被具有实践合理性（practical reasonableness）之人适用的原则、规范和标准；其二，不管其是否经由以上方式被选择或批准，那些都可被实践合理性（practical reasonableness）之人适用的原则、规范和标准。针对后者，我们的文明在历史中已然采用"自然法"这个名称来指称它。此种作法可以追溯到柏拉图（Plato）与诡辩家（Sophist）的理论论争；后者主张，在人类慎思（human deliberation）中，或多或少自私自利的力量和诡诈占据支配地位，这是自然地，并由此可以说是"正当地"（by right）和合理地。柏拉图从诡辩家式的错误中绝妙地重新夺回"自然正当"（right by nature）①，这对于我们的词汇而言一直是非常关键的，其影响贯穿于亚里士多德（Aristotle）、斯多葛学派（The stoics）、西塞罗（Cicero）、圣·保罗（St Paul）、盖尤斯（Gaius）、阿奎那（Aquinas）和其继承者，直到《联合国宪章》（The United Nations Charter）②和今日。在"实证主义"和"自然法理论"的标签之间，并不存在对称的无用性（unserviceability）；尽管毫无疑问，但后者受困于如同诡辩者遭受的那样严重的误解，并且它进一步被涉及如下内容的久远文明进程搅成一团乱麻：逆转（reversions）、添加（acretions）和准-哲学化无价值杂物（quasi-philosophical flotsam and jetsam）。

---

① See Finnis, "Natural Law Theory."
② 第 51 条："本宪章任何规定均不构成对正当防卫之自然权利的妨害……（法语：Aucune disposition de la présente Charte ne porte atteinte au *droit naturel* de 1égitime defense…）"；第 111 条："本宪章的中文、法文、俄文、英文及西文各版本同一作准，均真实可靠……"

四、异于道德规范性的法律规范性

之所以想要引入实在法和法治,一个主要原因在于要解决发生在政治社群中的如下争议:什么是道德(尤其是正义)所要求、建议或允许的内容。由此,存在好的理由引入一种思维方式——本文称之为法律思维(legal thinking)——其中(在未被定义但重要的限定之内),单单如下这样一种事实就被视为是肯认(affirming)某个决定(*determinatio*)的法律效力和其命题性产物(propositional product)(规则、裁决等)的充足根据:一个法律上("宪法上")被授权的人或由众多人组成的机构,宣布了一个关于某些有争议或者可能具有争议的问题的具体决定。① 在此思维方式之下,一旦某个个体决定被做出,则其正义与否的问题就被推到了法律领域的边缘。唯有当道德上的极端情况发生时,正义和道德的问题才再次变得相关。由此,关于"效力"的谈论可能或多或少完整且干脆利落地被保留在内在于-体系中的法律(实证-法)话语(intra-systemic legal [positive-law] discourse)之内,并且不被视为意味着道德的,而是意味着法律的义务性(legal obligatoriness)(这样的义务不可以被化约般地理解为仅仅是罚金或惩罚的责任)。②

自然法理论并不质疑如下事物之间的区分或分野:内在于-体系中的(法律)效力(和义务性)和道德意义上的法律效力(和义务性);事实上,自然法理论促进了上述区分或分野。③ 事实上,如下看法并非不合理:上述区分在"恶法非法"(An unjust law is not a law)这个众所周知的口号性标签中发挥着作用。类似"恶法非法"这样的表达方式并非自我矛盾、

---

① See *NLNR*, 284-6, 294-5, 380; *CEJF* IV: 2, 12, 123, 128, 131-2, 149, 161, 179-83, and essay 13.
② 在此话语语境下,一个人可能选择使用"正当性"(legitimacy)来意指道德相关性,这提供了道德上的义务性之理解。但"正当性"亦未免于模糊性,因为当代法理论中的某些学者似乎将其与(纯粹的法律)效力等同视之。关于法律和道德效力,参见我对玛丽斯·卡佩克·汀楚(Maris Köpcke Tinturé)的回应,"Reflections and Responses," in *Reason, Morality and Law: The Philosophy of John Finnis*, ed. John Keown and Robert P. George(Oxford: Oxford University Press, 2013), 553-6。
③ *NLNR*, 314-20.

悖谬甚或值得大惊小怪："不真诚的朋友不是朋友""逻辑上无效的论证不是论证""假药非药"，等等。所以，同样，在上述所周知的标签或定理中："恶法"（*lex iniusta*）在此意指，在内在于-体系的意义上有效的法律规则或秩序（order）；[①] 而"非法"（*non lex*）表示，超过道德上的限度之后，上述法律缺乏道德意义上（作为法律）的效力（例如正当性），并由此，就其本身而论[②]，缺乏道德义务性。

亚里士多德曾详尽地研究过此种类型的意义转换，与之相关，他还阐述了含糊话语（equivocation）、同音或同形异义（homonymy）的类型以及我们现在称之为类比谓项（analogous predication）的东西。当一个词语的含义根据语境而或多或少地有条理地转换时，则我们可以说，这个词语是类比的。在人类事务的语境下，最为相关的类比类型是亚里士多德称为同音或同形异义（*proshen* homonymy）的东西。在此，词语的多种多样的相关含义都可关联于核心（focal）含义或意义或用法，此种核心含义是从所涉及的实体（reality）或主题-事项（subject-matter）的类型中挑选出来的首要或中心（central）情形——其中，核心和中心是在某种话语（discourse）或研究（inquiry）的语境之下来讲的。非-核心和非-中心的情形可以被认为是第二位的，因为至少当从某个恰当的视角或者出于某个恰当的理论或实践目的来看，它们可被视为是关于实在的不成熟的或异常的或在其他某种层度上打折扣的（watered-down）事例或类型。那些自我认同为实证主义者，即反对其所认为的自然法理论的法理论家们，很少关注我们语言中的此面向及其与实在和完善（fulfillment）的关联。所以，凯尔森的整个法律科学奠基于关于如下内容的未经审察且简单化的假定之上：其一，"法"的单义性，其二，假定对单个规范样式的需求，从而逐一符合——作为通过制裁的威胁而控制行为的社会

[①] 当然，言说者可能不断变换地试图阐明（predicate）特定信念和实践——其作为针对特定行为的承认之社会事实和作为法律之事实是可被观察的——的不正义；与此同时，他却并不试图评价甚至技术上的、受限的和非道德（amoral）意义上的法律效力。

[②] 鉴于（公开的）不服从所导致的不公正的副作用，在某种程度上，对此种法律的服从仍旧是道德上的义务：*NLNR*, 361。关于这些问题，See now Finnis, "Law as Fact and as Reason for Action", 100-109。

秩序的——法的单一特征之定义。[①] 自我-认同为实证主义者之人会产生对恶法非法（*lex iniusta non lex*）命题（theorem）近乎-普遍的敌视，这忽视了诸如"法律""效力"等词语的多义性。在某个语境下或相对于某一组目的而言，某物处于核心位置；但在另外一个语境或相对于其他目的而言，该物又处于第二位。由此，就法律效力和法律的道德正当性（moral legitimacy）之间的关系而言，就内在于-体系中的意义上的和道德意义上的法律义务性之间的关系而言，其复杂性自我展现于如下双极核心：技术-法律的（the technical-legal）和道德良知的（the morally conscientious）。然而，由于法律-创制和法律-运行（maintaining）的不道德（immoral）和非道德（amoral）事业依赖于关于道德上公正之法的更充分之合理性（reasonableness）；所以，道德良知这一极具有哲学上的首要性（philosophical primacy），一如在立法改革者的良知（conscience）中所具有的首要性，和（具有某些涉及责任的额外复杂性的）在真正的（中心-情形）法官的良知中所具有的首要性。

五、法哲学与新的伦理和政治挑战

尽管如前所述，法律和法哲学具有准独特的领域和技术化的品格；然而，恰恰是法律的观念（概念）（无此观念，则没有任何法律被创制或维持运行）如此依赖于更为广泛的道德、政治的思想和哲学之原则，以至于没有法律或者其哲学可以避免与该时代的伦理、政治问题和挑战之间的关联。我们的法律内容的特定面向（包括其程序性规则和制度）能够促进，或者在其他情形下损害，我们社群的共同善。法律工具主义（*instrumentarium*）可能——并非不频繁地——提供一扇通向有害社会

[①] See Hans Kelsen, *General Theory of Law and State*, trans. Anders Wedberg（Cambridge, MA: Harvard University Press, 1945）, 19, 45. "如果在此所定义的意义上的'胁迫'是法律的一个本质要素，那么，那些构成法秩序的规范必然是规定胁迫性行为的规范，例如制裁。"正如哈特在《法律的概念》（Oxford: Clarendon Press, 1961）中所阐明的那样，此处的"必然"是不合逻辑的推理（*non sequitur*）。

变动的方便之门，正如同人权诉讼的设置（the apparatus of human rights litigation）在许多地方已经提供了一扇通向如下事物的方便之门：其一，包含或涉及堕胎、安乐死、诈欺性或偷渡以及同性"婚姻"的不正义；其二，对关于上述内容的批评者之压制；其三，其他有害的邪恶。然而，在不过多诉诸于上述工具主义甚或违反它的情况下，社会精英所欲求的事物通常能够实现。

在我看来，当下法哲学的任务具有双重性。法哲学必须澄清其与道德和政治哲学的所有真理之间的内在关系和对它们的依赖性，尤其是通过如下手段达致上述任务：不断地批评每一种拒绝或者歪曲上述关系的法哲学形式。通过其对法律的技术性工具主义的掌握和从根本上进行的说明性理解，法哲学必然处于这样一种地位：带着要转变之的希望，其批评和揭露那些出于有害于共同善的目的而对上述工具的每一次操纵行为，上述善包括但并没有被对司法上承认的权利之维持所穷尽。

在未来数十年内，尤为重要的是法哲学家们将重新意识到，法律的典范形式——复杂的国内法律体系或者市民法（ius civile）——是人民（民族）的法律（the law of a people）[①]，此法律由——关于其作为一个民族的自决（self-determination）的——选举性行为（或者宪法习惯）和持续进行的立法性行为所设立，上述行为能够也应该与如下内容一致：第一，他们所承担的去创设（to do）和尊重权利——人权，如那些包含在自然法（ius naturale）中的东西——的义务；第二，他们对于其他民族和其他民族的自决、权利和需求所负的责任。19 世纪和 20 世纪不计其数的思想家们草率地（casually）假定，一个不存在私人财产的共产主义观念的正义性。然而，该共产主义观念没有妥适地注意到一个由自由人所构成的可持续、繁荣且公正的社会得以维持的长期条件，由此导致数以百万之不可尽数的人或多或少直接遭受到将上述关于实践性思想（practical thought）的谬误适用于其政治体中所带来的灾难。正如上述思想家们的做法一样，许

[①] See *CEJF* IV.21, sec. V (pp. 430–4) and n. 25 below（即本书第 134 页注释②——编者注）.

多当今的思想家也草率地假定（明确地或隐含地），一个没有界限的人类（humanity）之准共产主义观念的正义性。然而，该观念不兼容于关于如下事物得以维持的长期条件：一个可持续公正、公民（civilly）自由的政治秩序和法治。即使就短期来看，此种关于实践性思想的谬误类型导致了那种越来越常见的政治社群类型，其民族关于终极忠诚（ultimate allegiances）的多重-文化的内在多样性既被如下事物促进也被其抵制：其一，逐渐增长的安全和监视设备（有充分理由惧怕国内战争或严重混乱）；其二，政治和思想论域（political and intellectual discourse）中自由的严重滑坡；其三，法律-创制和管制型官僚的激增，这些官僚对拥有如下这样的社会的益处持冷漠态度，即在此种社会中，自决在很大程度上采取分享期望——这被乌尔比安（Ulpian）和阿奎那（Aquinas）[①]称为共同习惯（common custom）——之形式。

　　法哲学的实践者们可能尤其易于犯下此类错误，在一定程度上，他们将法律体系单单设想为规范的集合，而非被某个——在时空界限中拓展，并且以或多或少妥适之方式履行其要如此行动的道德责任的——民族所采纳的原则、规范和制度。[②]

[①] See *Summa Theologiae* I–I q. 97 a. 2.（当有机会就人法进行改善时，人法通常就应该被改变吗？不）
[②] See *CEJF* IV: 16; *CEJF* II, essays 6（"Law, Universality and Social Identity"）and 7（"Cosmopolis, Nation States, and Families"）, and n. 23 above（即本书第 133 页注释①——编者注）.

笔谈:"经典阅读"在法学教育和法学研究中的意义

经典阅读的限度及其可能性

丁 轶[*]

相比于法学内部的其他兄弟学科,法理学可谓是一个格外容易出新闻、吸引人眼球的学科。从十多年前追问中国法学向何处去,到最近几年分外引人关注的法教义学与社科法学之争、法律人思维之争乃至于近期有关中国法理学是否真的死亡了所展开的一系列讨论,层出不穷的新观点、新概念、新提法、新思路、新成果,可谓五彩斑斓、五光十色,令人眼花缭乱、目不暇接。

然而,在看似热闹的背后,实则隐藏着某种自卑心理。20 世纪 80 年代,某位著名历史学家不经意间所道出的那句"法学幼稚"的玩笑话深深地刺痛了法学界,尽管这句话不是主要原因,但毫无疑问,寻求法学教育与法学研究的自我认同,无疑早已成为了自 90 年代以来法学界所热衷于从事的一项重要工作。进而,这种自我认同工作进展到了今天,至少在中国法理学界,已经形成了一系列基本共识:首先,从法学教育的层面来看,塑造出一个自治的"法律人共同体"[①]已经成为了法学教育的当务之急,而"法律人思维"[②]的培养据说又成为了其中的重中之重;其次,在

---

[*] 丁轶,东北财经大学法学院讲师,政治学博士。本文系国家社科青年基金"社群主义政治义务理论后期进展跟踪研究"(16CZX061)的阶段性成果。
[①] 参见强世功:《法律共同体宣言》,《中外法学》2001 年第 3 期。
[②] 有关"法律人思维"的文献十分庞杂,这里仅举一些代表性论文,例如郑成良:《论法治理念与法律思维》,《吉林大学社会科学学报》2000 年第 4 期;陈金钊:《法律思维及其对法治的意义》,《法商研究》2003 年第 6 期;石旭斋:《法律思维是法律人应有的基本品格》,

法学研究层面，以法律规范为导向、渊源于欧洲大陆尤其是德国的法教义学研究成为了很多学者的首选，将其视为法学研究的根本套路和本职工作，进而认为"研究一般性的法教义学原理与技术，为各部门法提供知识支持，应当成为中国法理学研究的任务"；[①] 第三，跨学科、多学科的研究发展迅猛，这主要体现为渊源于美国的社科法学流派的兴起，这种以事实为导向、以法律外部因素为主要研究对象的研究进路，在很大程度上动摇了法教义学的一枝独大地位，事实上形成了某种双峰对峙、相互竞争而又互相促进的二元研究格局，亦有力地促进了法教义学自身理论体系的再完善；[②] 第四，系统性的反思性研究成果开始出现，这主要体现在对于法律移植、法制现代化过程中必然出现的"西方法律理想图景"[③]的警惕和质疑，试图在不拥抱西方现代化道路的前提下，通过主体性思维的重建从而寻求另类现代性出路，并贡献出中国人自己的思想和理论。

那么，在这样一个学科发展的大背景下，重提"经典阅读在法学教育和法学研究中的意义"，这一问题我们又该如何面对并给出回答呢？这里，我们首先需要明确"经典阅读"的含义：首先，"阅读"意味着主体需以文本为对象，旨在寻求的是一种"哲学智慧"而非"实践智慧"，二者间最大的差别在于，前者旨在关注普遍的真理，旨在反思自己所在的世界及其生活环境，而后者则试图在纷繁复杂的世界中寻求解决某一具体问题的行动之道和决策方法。其次，"经典"意味着可供阅读的文本数量相对有限，且质量有保证，它往往指涉那些经过了时代的考验和阅读者的反复筛选之后所留存下来的少数文本。进而，按照这两条界定标准，经典阅

《政法论坛》2007年第4期；刘治斌：《法律思维：一种职业主义的视角》，《法律科学》2007年第5期；陈瑞华：《法律人的思维方式》，法律出版社2007年版；董玉庭、于逸生：《司法语境下的法律人思维》，《中国社会科学》2008年第5期；陈金钊：《法律人思维中的规范隐退》，《中国法学》2012年第1期。一个近期的热门讨论，参见苏力：《法律人思维？》，《北大法律评论》2013年第14卷第2辑；孙笑侠：《法律人思维的二元论》，《中外法学》2013年第6期。

① 白斌：《论法教义学：源流、特征及其功能》，《环球法律评论》2010年第3期。
② 参见侯猛：《社科法学的传统与挑战》，《法商研究》2014年第5期；陈柏峰：《社科法学及其功用》，《法商研究》2014年第5期。
③ 参见邓正来：《中国法学向何处去》，商务印书馆2006年版。

读在不同学科及其研究路径之下，就会呈现出不同程度的重要性和相关性，自然，由此所产生的意义也会极为多样化。

一、经典阅读与法学教育

必须承认，对于如下这一点目前大家已经形成了共识，即当前的法学教育已经越来越具有技术化、专业化乃至于工匠化的特征，说得严重一些，它的根本目标其实就在于为社会培养类似于厨师、电焊工、维修工一类的专业技术人才，以便于满足社会日趋扩大的法律人才需求，实现高等教育与社会需要的"专业对口"。这种趋势可以从近几年来高校法学专业的课程设置和调整（比如增加了大量的法律文书写作、律师实务等实用课程），以及不断加强的法律实践社会教学（比如多种多样的模拟法庭教学或者与法院、律所合作的联合授课）中得以部分窥见。

针对此种法学教育现状，一个常见的批评是，这种教育模式极易忽视法科学生的人文素质培养，导致该模式培养出来的学生容易蜕变成斤斤计较、不近人情的势利小人。必须承认，这种批评确实有合理性，现有的法学教育模式也确实需要加以改进，但应具体问题具体分析。

对于直接面向法律实务和法律实践的法学教育而言，经典阅读所能够起到的作用其实并不大。这是因为，无论是作为法官、检察官还是律师，由其职业特点所决定，这一类法律人在日常工作中其实更多地受到了制度角色（比如法官和检察官）的限制或者委托-代理结构下的合同关系（比如律师）的限制，不可能完全按照自己的主观理解和价值诉求来适用和执行法律，甚至在某些情况下，利益考量都会在法律推理中占据着主导地位，他们必须在法律规范、制度角色、合同关系、利益考量等多重因素的共同制约下来做出合适的判断和决策。而为了保证能够培养出这种必要的判断和决策能力，对应的法学教育也只能以培养出学生的规则感、实践感为第一要务，尤其是考虑到绝大多数的法律人只能享受四年大学时光，这种以实务和实践为己任的法学教育就显得尤为必要了，至少在本科教育中必然如此；而对照现有的法学教育现状，这种以实战为中心的法学教育模式其实建设得还远不够，可能在未来的日子里，诸如案例教学法之类的法学教育方式会被大量引进，用来保证"法学院新生不要只是从书本了解法律，只知道抠字眼和法条主义，而要走进法律实践，了解真实世界，比普通人更精细更敏感地了解可能的社会后果，并在这种种可能的选项中来仔细选择和界定法条和关键词的实践边界"。[1] 即便有哪些书值得这类法律人读，我也看不出来诸如霍姆斯、卡多佐等人的经典著作会对他们的法律工作有什么帮助（当然，纯粹的修身养性另当别论），有时，可能一本法条汇编、司法解释大全或者德肖维茨的《最好的辩护》，甚至是一本《人民的名义》的小说，都比前面提到的那些书有用很多倍，这其实不能怪这些法律人太功利，因为人的精力和注意力毕竟有限，而职业结构及其背后的制度环境却又无法改变，理性人只能如此！

不过，也不全然如此。前面我说过，对于日趋技术化的法学教育模式的批评，我还是部分赞同的。为什么呢？这需要从一个对比说起。当我们说一个人的工作是厨师、电焊工或者维修工的时候，我们不会觉得人文素养或者经典阅读同这些人会有多大关系；然而，当我们提到诸如法官、检察官或者律师这样的职业时，却又觉得如果他们完全是一个"工匠"或者"技术人才"，无论如何都有点说不过去。为什么会形成这种反差如此之大的感觉？在我看来，这其实和法律人的政治定位有关。在一个法治国家或者至少在一个走向法治的国家中，法律人是一个极其重要的社会群体，因为其中的某些精英分子有可能会走向官场，开始其政治生涯，开始为纳税人、选民（西方意义上的）或者人民群众（中国意义上的）服务，以公共福祉为目的，来做出某些事关所有人或者至少是多数人之利益的公共决策和权力分配。显然，一旦制度角色成功转换成政治家，原先那种极具技术化特色的专业教育模式就显出其局限性来了，因为政治家不同于纯粹的法律人，他所考虑的主要问题其实并非全然是合法与非法间的二元符码问题

---

[1] 苏力：《法律人思维？》，《北大法律评论》2013年第14卷第2辑。

(当然,即便是法律人,其在确定合法与非法的边界问题时也存在着诸多变数),而是一种建立在利弊权衡基础上的权力决策,换言之,"政治所遵循的是诗意的法则,而非物质的法则:一项计划也好,一项政策也好,或者一次演讲也好,不同于物理的客体,它们是可以既此既彼的"[1]。若是如此,那么,这种法律人出身的政治家便成为了克罗曼意义上的"法律人政治家",对于这样的人而言,具有良好的判断力和实践智慧才是关键所在,而不是专业知识在起着决定性作用,"技术素养……终究顶多也只能是政治才能中必备条件"[2],而不是充分条件,更不是充要条件。

那么,如何培养出这种判断力和实践智慧呢?显然,过分技术化的法学教育模式并没有提供这样一个环境和氛围,相形之下,大学本科阶段的通识教育和研究生阶段的法学教育就体现出了一定的重要性。其实,经典阅读在法学教育中并不是一个简单的有抑或无、提倡还是不提倡的问题,相反,我们必须要考虑到中国法学教育的特殊国情,只能在这个因素的约束之下才谈得上经典阅读的提倡和人文素质的培养。现实的国情是,这个国家即便到目前为止仍然大量缺乏训练有素的法律专业人才,这在中西部地区尤为明显,而且也不可能指望此问题在短期内就得到彻底解决。因此,不像很多西方国家,专业人才匮乏的现状使得在当代中国,不可能将法学教育延迟到研究生阶段以后,而必须在本科阶段就设置相应的专业和课程体系。同时,由于这批学生在步入"法律之门"时,既没有丰富的人文学科和社会科学知识做基础,又不具备相应的社会经验和阅历,这就使得中国大学本科阶段的法学教育任务显得格外艰巨——它既需要保证学生能够在短时间内迅速掌握必要的法条和书本知识,又需要在此基础上帮助他们精通法律实务、法律实践等方面的知识。但如此一来,又能给经典阅读留下多大的空间呢?对此,一个勉为其难的解决办法是,在适当借鉴西方国家知名高校之先进经验的基础上,通过公共必修课或者选修课的方

---

[1] 德波拉·斯通:《政策悖论:政治决策中的艺术》(修订版),顾建光译,中国人民大学出版社 2009 年版,第 168—169 页。
[2] 安东尼·克罗曼:《迷失的律师:法律职业理想的衰落》,田凤常译,法律出版社 2010 年版,第 55—56 页。

式，加大本科生的通识教育力度[1]，力图在通识课上引入经典阅读。又或者在研究生阶段的法学教育中，适当加大理论教学和学术教育的比例，而经典阅读就可以部分包含在上述教育与教学的内容中。当然，即便是在本科阶段的法学教育中，经典阅读也并非毫无可能，只是要考虑到不同院校的师资水平和可操作度，换言之，可以首先在一些国内高水平的大学和院系中开展起来，因为这部分学校和院系的毕业生，由其自身素质、受教育平台和社会认可度所决定，往往更有能力、意愿和社会关系来"转行"，从而在未来进入到"法律人政治家"的行列中。

二、经典阅读与法学研究

不同于法学教育，看上去在法学研究这部分，提倡经典阅读的可能性及其可操作度都显得更大一些，不过，接下来的分析也将表明，经典阅读实际上也是因研究流派和研究进路而异的，不可强求一致，同样需要具体问题具体分析。

（一）经典阅读与社科法学

首先，在社科法学的研究中，经典阅读的意义和重要性其实非常有限。总体上来说，社科法学关注的对象是事实，当然，这里的事实因素多种多样，包括法学领域内的相关知识、相关制度机构的权限、历届政府的政策导向、当下和长期的效果、社会福利，甚至是影响本领域的最新技术或最新科研发现、突发事件等[2]，但无论如何，社科法学关注的主要对象不是文本，这在根本上决定了社科法学的相关研究不可能以经典作品的阅读及其注解为中心。当然，如果谨以此为借口来批判社科法学的研究取向，则有失偏颇。社会科学研究的存在有其自身独立的意义和重要性，也

---

[1] 当然，可供借鉴的范本很多，比如在美国大学的通识教育中，就存在着哥伦比亚模式、芝加哥模式、斯坦福模式和哈佛模式等多种选择，限于本文主旨和篇幅，无法具体展开，具体可参见甘阳：《通三统》，生活·读书·新知三联书店2007年版，第107—134页。
[2] 参见苏力：《中国法学研究格局的流变》，《法商研究》2014年第5期。

有其独特的优势和相应的局限性——它的优势和重要性在于，社会科学研究可以通过相对简洁、简约的描述和分析框架来帮助我们有效认识世界，澄清和去除那些或多或少地存在于我们每个人脑中的毫无根据的、一厢情愿的主观臆断和价值偏见，更好地呈现出事物之间的真实关系和状态；不过，另一方面，社会科学的研究也有其内在的局限性，它在帮助我们更好地理解了这个世界的同时，却又无法告诉我们具体该怎么办，我们应该抱持一种什么样的价值观，我们应该走向何方。但我以为，对于社会科学研究的上述局限性，我们应该持一种相对"宽容"和"厚道"的心态，因为任何一种研究进路都不是包治百病的——如果它有助于我们理解现实、看清真实的世界，这就足够了，我们不能指望它同样可以解决诸如价值之争这类的重大问题。具体到社科法学上，由于其具有强烈的社会科学研究色彩，我们就不能指望它会将主要精力集中到经典文本上。不错，社科法学也会关注前人的研究成果，尤其是经典研究成果，会在前人研究成果的基础上实现某个问题研究上的创新和"知识增量"，但这与经典阅读又是两码事。可能韦伯、涂尔干、帕森斯、米尔斯、戈夫曼、吉登斯、科斯、诺思、波斯纳、奥尔森这些人的著作他们也会格外关注，但这种关注仅仅局限在"文献综述"部分，无论是韦伯的《新教伦理与资本主义精神》还是涂尔干的《自杀论》，哪怕这部著作再博大精深、回味无穷，在文献综述中提及到此书时也就是几句话带过，告诉我们作者大体上的观点是什么也就足够了。社会科学的研究不会关注诸如为什么维特根斯坦的前后期思想会反差得那么大，或者德沃金到底是不是一个自然法学家这种类型的问题，尽管这类研究有意义，但与社会科学研究无关。相反，社会科学研究会在综合不同时期不同作者之相关研究成果的基础上，对某一问题进行创新性研究，要么是研究思路、要么是研究方法、要么是研究结论。若是完全关注于文本本身的丰富内涵，就会使得社会科学的研究框架失去其简洁性，负载太多不必要的内容和信息，看似能解释一切，实则什么也解释不了。当然，我也不否认，在社科法学的内部，其实还是存在着经典阅读的一定空间，比如，根据通常的划分，社会科学研究中往往存在着"解读传统"（interpretation tradition）和"解释传统"（explanation tradition）两种进路，前者的目的"不在于寻找事物内在的逻辑关系，而在于理解和厘清特定人类活动在特定文化条件下的内在含义或意义"。相比之下，后者的目的"则是寻找具体事物或事件的内在机制以及与之相应的因果、辩证、对话型或历史性关系"[1]。很显然，相比于解释传统，在解读传统中就蕴含着经典阅读的一定空间，因为这种传统符合自韦伯以来的社会科学理解思路，试图将研究对象的丰富性尽可能呈现出来，而做到这一点的手段和方法，无外乎是研究者对于事实的敏感把握或者研究者对于经典文本的娴熟了解，甚至不排除在这种研究中，某一经典文本会成为后来研究者的核心对话对象，后者要么试图确证前者的观点，要么试图证伪它，从而在研究中实现了文本与事实间的双向互动，不过，介于社会科学研究的主要对象还是社会事实，我们自然也不能指望文本在这种研究中起到了支配性地位和主导作用。

（二）经典阅读与法教义学

与社科法学不同，法教义学的关注对象是规范，具体来说，它关注的是"实定法的规范效力、规范的意义内容，以及法院判决中包含的裁判准则"[2]，它包括了"从制定法中以及相关判例中得出的关于现行法的所有理论、基本规则与原则"[3]。而在价值立场上，法教义学坚定主张要以"对一国现行实在法秩序保持确定的信奉为基本前提"[4]或者"将现行实在法秩序作为坚定信奉而不加怀疑的前提"[5]。很显然，法教义学是拥有自己特定的价值立场和关注对象的，那么，由法教义学的上述特点所决定，它会

---

[1] 赵鼎新：《社会与政治运动讲义》，社会科学文献出版社 2006 年版，第 7 页。
[2] 拉伦茨：《法学方法论》，陈爱娥译，商务印书馆 2003 年版，第 77 页。
[3] 卜元石：《法教义学：建立司法、学术与法学教育良性互动的途径》，《中德私法研究》2010 年总第 6 卷。
[4] 诺依曼：《法律教义学在德国法文化中的意义》，郑永流译，载《法哲学与法社会论丛》（第 5 辑），中国政法大学出版社 2002 年版，第 17 页。
[5] 王泽鉴：《人格权法——法释义学、比较法、案例研究》，北京大学出版社 2013 年版，第 11 页。

在研究中对经典阅读给予足够的关注吗？对于这个问题，我们应该分两个层面来看。

首先，规范毕竟比事实稳定，而且，规范的含义又是由主体所赋予的，这就决定了围绕着规范的一系列理解构成了法教义学研究中的一大重要课题，进而，如果这些理解得以通过系统化、体系化的方式（即以文本为形式的作品）呈现出来，并且得到了后来研究者的充分肯定和尊重，那么，经典阅读必然就构成了法教义学研究中不可或缺的一大工作。不过，相比于一般意义上的经典阅读，法教义学的经典阅读又有其特殊性，即这种阅读和前述法律人的法律实务其实没多大关联。看上去，法教义学的经典阅读竟然与现实中的法律实践无涉，这似乎不可思议，因为这种研究进路本来就以研究实定法规范及其应用为己任。不过，一旦细想起来，其实也不难理解：一如前述，现实中的法官、检察官和律师在做出具体判断和决策时会受到多种多样因素的影响和制约，除了法律规范以外，制度角色、舆论导向、政治敏感性、社会风俗、社会影响甚至是法律人自身的利益考量都会进入到他的具体思考中，尽管最终的裁判结果是以法律形式被包装出来，给出了法律论证，但在疑难案件中，始终存在着多种多样的裁判思路和判决结果。这就决定了法学研究者永远不同于身处第一线的法律人，除了法律规范以外，前者基本上不会受到上述其他因素的影响和左右，自然，前者所给出的裁判思路、裁判依据和裁判结果就仅仅是后者诸多选项中的一个，而不可能构成全部。正是在这个意义上，通过经典阅读所给出的教义式体系，尽管有助于法教义学研究者理解实在法规范及其应用，但它"本身永远不能在一件实质性的纠纷中产生一个确定的结果"，"永远不能为如何作出决定提供确定性"[1]。

其次，法教义学研究中的经典阅读还具有选择性。既然法教义学关注的是"实在法规范"尤其是"一国现行实在法秩序"，这就决定了法教义学关注的对象是一种"偶然之物"，比如那些变动不居的"法"（比如自

---

[1] 扬·斯密茨：《法学的观念与方法》，魏磊杰、吴雅婷译，法律出版社2017年版，第70页。

然法）及其著作就不会成为法教义学者的主要关注对象，因为它们连"实在法"的门槛都没有达到；又比如那些纯粹的国际法著作，可能也不会引起法教义学者的过多关注，因为法教义学的关注对象是"一国"内部的实在法秩序；再比如随着法律的修改和修订，之前有关相关法律的研究著作便会失去阅读的价值，因为它们不符合一国"现行"的实在法秩序，换言之，"立法者更改三个词，就可使图书馆的全部藏书成为一堆废纸"（冯·基尔希曼语）。[1] 与此同时，由于法教义学的价值立场在于"对一国现行实在法秩序保持确定的信奉为基本前提"或者"将现行实在法秩序作为坚定信奉而不加怀疑的前提"，这就决定了法教义学领域内的经典阅读基本上不可能跳出法学的框架而从政治哲学的视角出发来看问题，因为后者领域中的很多经典著作，在很多时候实际上是在反思、追问、质疑甚至是挑战"一国现行实在法秩序"背后的政治合法性[2]，自然，对于法教义学者的经典阅读来讲，政治哲学的著作可能有一定价值，但由于与他们的理论预设直接相悖，因此在总体上可能无法提供出足够的智识资源。

（三）经典阅读与价值法学

实际上，在我看来，经典阅读的意义和重要性在更大程度上应该到我所谓的"价值法学"的研究中去寻找。何谓"价值法学"？简单来说，这种研究路径试图解决的是法教义学和社科法学研究所空缺下来的价值真空问题。一方面，由于法教义学预设了对于一国现行实在法秩序加以坚定信奉而不加怀疑的价值立场，这就使得对于法律体系和法律秩序的外部评判变得不可能，换言之，法教义学的具体研究对于那些凌驾于法律秩序之上

---

[1] 转引自扬·斯密茨：《法学的观念与方法》，魏磊杰、吴雅婷译，法律出版社2017年版，第3页。
[2] 在很多政治哲学家看来，有关政治合法性、政治权威方面的问题构成了政治哲学的核心问题，比如米勒就认为："政治哲学面临的一个中心问题就是我们为什么首先要有一个国家，或者更笼统地说，为什么需要政治权威。"参见大卫·米勒：《政治哲学与幸福根基》，李里峰译，译林出版社2008年版，第5页。而作为哲学无政府主义者的沃尔夫也有同样的论断："对合法权威（即统治的权利）的原则与形式的发现、分析与证明工作就被称为政治哲学。"参见罗伯特·沃尔夫：《为无政府主义申辩》，毛兴贵译，江苏人民出版社2006年版，第3页。

的诸如正义、平等、自由一类的抽象价值是不太关心的;另一方面,社科法学限于其研究取向和方法,仅仅能够对社会事实间的真实关系及其运行机制加以合理的揭示和解释,给出因果分析,却无法对事实或者现象本身的好与坏、正当与否给出价值上的评判。相比上述两种路径,价值法学的独特之处在于,它试图直面价值本身,从法哲学乃至于政治哲学的视角出发对现实世界的现状加以价值评判,并同时勾勒出一幅可欲的政治生活图景,来保证人类社会不至于在价值多元主义的纷争中陷入到价值虚无主义的泥潭里。进而,若是如此来界定和理解价值法学,那么,经典阅读便可以在价值法学中大展宏图。

首先,对于中国法律理想图景的探寻需要经典阅读的助力。中国法律理想图景是中国人自己对于法制建设和法学研究应该走向何方、应该期待一种什么样的理想政治秩序观这类的目的问题所采取的一种想象方式。对于这个问题,无论是法教义学还是社科法学,囿于其研究主旨、思路和方法,均无法加以处理并给出回答。相比之下,价值法学以其法哲学、政治哲学的知识作为支撑,完全可以回答这个问题,并给出合理的想象和细致的论证。诚如施特劳斯所言,政治哲学的主题必须与目的、与政治行动的最终目的相同,它关心的是人类的各种伟大目标,旨在真正了解政治事物的本性以及正当的或好的政治秩序。[①] 若是按照这种理解,那么,对于中国法律理想图景的探寻就远非是法哲学所能够独立完成的,它还需要政治哲学给予强大的智力支持,也正是在这个意义上,经典阅读发挥出了重要作用。其实,纵观中西方政治哲学方面的经典著作,无论是柏拉图、亚里士多德、阿奎那、马基雅维利、霍布斯、洛克、卢梭、康德还是孔子、孟子、老子、庄子等人,他们对于何谓理想的政治秩序、政治生活的根本目的是什么这类问题都有自己的独特想象和论证,尽管这些想象在不同作者间存在着差异甚至是对立,但对于时下的中国法理学界而言,无疑提供了大量可资借鉴和参考的答案和思路,继而就可以帮助价值法学在有效融合古今

---

① 参见施特劳斯:《什么是政治哲学》,李世祥等译,华夏出版社2011年版,第2—3页。

中心之思想资源的基础上，贡献出中国人自己的对于这个世界的独特想象。

其次，在中国法理学流派的建设上需要经典阅读的助力。去年在某些学者抛出"中国法理学是否死亡了"这个问题时，其实就已经有其他论者指出这个问题并不存在，因为只有法理学在中国，而没有中国的法理学，换言之，我们没有贡献出自己独特的法理学理论，我们只是亦步亦趋地引进、介绍、传播和膜拜西方的法理学思想，而缺乏对于中国现状的认真反思和对于中国可能蕴含的真问题的发现、认识和加工。如果现实真是如此，那么，如何建设中国人自己的法理学流派呢？在这个问题上，我认为价值法学大有可为，相比于法教义学和社科法学这两种要么主要从德国要么主要从美国舶来的研究流派，价值法学的血统不纯，它既可以有外国血统（比如自然法理论），又可以有中国血统（比如儒家哲学），这反倒构成了它的优势所在，因为它可以在细致审读中国传统经典的同时，又来反身对照西方经典，从而"在相似中寻找差异，在差异中寻找相似；尤其需要关注的是差异"[1]的过程中，在反复比较、慎思明辨的基础上，实现对于中国传统思想在当代的"创造性转化"，而具体到法理学研究中，就可以实现中国法理学流派的真正创建。当然，尽管经典阅读在这个过程中作用甚大，但也有一个问题需要加以警醒，即不能把经典阅读变成了经典注释，这就和法教义学的套路没什么区别了。为什么施特劳斯在中国会这么火？为什么前段时间斯金纳来华讲学关注的人会那么多？原因肯定很多，但其中的一个原因不可不察——中国的历代文人都有注经的传统，容易把经典一而再再而三地注解，而施特劳斯学派的研究取向恰恰迎合了中国文人的这种传统。然而，若是在当今世界想有中国人自己的思想贡献和学术流派，单纯注经恐怕不够，还需要从经典中跳出来，从哲人的世界中醒过来，反观现实，看到中国现实的真问题有哪些，是否有加以理论关照的可能性。从而在充分理解真实世界的基础上，才能真正实现经典文本与现实问题间的双向互动，真正实现规范、事实与价值间的有机融合。

---

[1] 布鲁姆：《巨人与侏儒》，张辉选编，华夏出版社2007年版，第348页。

阅读经典与开放的理论生活

——当下法学理论发展之反思

黄 涛[*]

对于人文学科来说，经典的意义自不待言，在文学、历史和哲学中，谁能否定经典作品的意义？一个优秀的文学研究者不可能不去读《诗经》《楚辞》《红楼梦》，不可能不去读《荷马史诗》、不去读莎士比亚；一个从事哲学研究的人，也不能不去读柏拉图、亚里士多德、康德、黑格尔、维特根斯坦；学习历史的人，则不能不去读《史记》《伯罗奔尼撒战争史》，不能不去读爱德华·吉本的著作……人类历史经历千年，我们将那些在历史长河中留下来的、历代学人孜孜不倦地阅读的著作称之为经典。其实，对于何谓经典这个问题，但凡有过阅读经历的人都会有所了解，尽管并非每一部都认真读过，甚至哪怕一本都没有翻阅过。但凡有一点学习经历的人，不论有无学历和学位，总会知道人类历史上的几部经典。经典就是那些在众人口中经常出现的著作，有时甚至我们记不清是什么著作，但却能够说出一两个经典作家的名字。对于一名合格的研究者来说，如果他竟然没有阅读过一两部经典，我们就会怀疑他的所学，为什么是这样呢？

在知识和思想的传统中，我们对于经典有一种敬畏之心，在知识人群体中，会将经典视为是具有神圣意义的东西，大多数知识人都知道，经

---

[*] 黄涛，华东政法大学政治学与公共管理学院副研究员。

典有无穷的魅力，是可以几次三番、字斟句酌的文本，经典是知识人的圣经，对于经典著作和经典作家，知识人应该如同信徒对待教义一样对待它们。如今我们回头来看我们的法学知识传统，会发现，这个知识传统在很大程度上是由经典著作确立的，在每一次思想转型的时代，在一种新的思想确立的时期，都能够找到一系列的经典著作。而且，我们的思想史的写作大多是由经典著作勾连起来的，我们的思想史说到底是经典著作的历史。人类知识发展史上的核心概念和命题，没有一种不是出自经典。尽管我们还不能说是经典塑造了人类，但人类最为璀璨的思想文明却是通过这些经典文本保存下来的。

实际上，没有人会拒绝经典文本的意义，也没有人否定有必要去阅读经典，但在眼下中国法学，尤其是在法学基础理论的研究中，却存在一种轻视经典作品研究的现象。在法学的知识人群体中，流行着这样一种看法，这就是经典作品中的那些问题脱离了现实生活，无法为我们的现实问题提供解决问题的指南，甚至有一种比较广泛的看法认为，这些作品已经研究得很多了，没有必要耗费那么多的时间在文本上下功夫。相对于阅读一两本经典来说，还不如耗费心力研究现实的社会问题，法学是实践之学，这类书本的研究脱离了法学的本质，因此，在目前的法学研究和法学发表中，有一种漠视经典研究的风气。

在当下法学的理论研究中，存在着一种怪现象：一方面还在使用着一些基本的概念和术语，表达着某种知识性的关注，想要提供对于特定社会现象的理论和思考，但在另一方面，对于这些基础的概念和术语本身，却不再进行深入的研究和思考。一种脱离了对于基本概念研究的思考的法学学问，还是可靠的法学学问吗？对于像权利、法治等这些在20世纪80年代还引发了巨大争议的概念，如今不再对其做进一步的研究和追问，但另一方面，我们所谓的面向现实的法学研究，却还在使用着这类概念，使用这些概念所确定的基本框架。这种所谓的面向经验的和现实的研究真的能够带给我们新的观点和视角吗？

在当下的法学研究中，十分欠缺对于基本概念和术语以及在此基础上形成的思维方式的反思，这些概念和术语，这些思考问题的基本模式究竟是如何形成的？我们是如何建构像权利、法治、自由、平等这些基本概念的？这些在30年前还一无所知、甚至给予强烈攻击的概念，如何在30年之间就成为了一个内涵确定、无人质疑的概念？我们有关现代法治的一切观念在过去的30年间真的就建立起来了吗？我们对于现代法治的思维和看法真的就如此确定，毫无质疑与反思的必要吗？我们从何处获取这种质疑和反思的源泉？我们如何表达我们的质疑和反思？这些质疑和反思真的能够仅仅凭靠田野调查研究获得吗？我们如何在基于田野调查的质疑和反思的同时，保证法学学科的思想性和学术性？

  面向实证分析的法学研究在过去的30年之间的确获得了巨大发展，它们甚至可以说初步地建构了当代中国法学的基本框架，但在30年后的今天，我们却不再对于构建这一基本框架的概念和思维方式进行反思。于是，我们甚至产生了这样一种感觉，对于现代法学的一些基本问题的了解如今不是清晰了，反而变得更模糊。当初这些基本问题正是从经典作品中找到的，经典作品在20世纪80年代的确成为了中国法学界的知识人审视时代的基本理论资源。80年代的知识分子们，有一种建构理论的热情、有一种面对经典的敬畏，在那个文化热的时代，知识分子们凭靠阅读经典的热情回应着那个改革的时代。

  与80年代的知识分子形成鲜明对照的是，当我们基本的理论模型建立之后，知识人便一头扎进90年代现实问题的洪流中，想要凭靠自己的理论热情为这个转型时代贡献自己的绵薄之力。然而，现实生活却不像我们的理论家们设想的那般，他们提出的解决问题的办法尽管有一些被采纳了，但现实生活并未完全按照理论家设想的那样运转，这些热情地参与社会生活的理论家们必定会在现实生活中的潮流中感到失望，他们想要通过理论来改造现实的想法，在现实生活面前遭到了沉重的打击。他们没有保持与现实生活的距离，于是在他们自我感觉贴近现实生活的时候，反倒离现实生活越来越远。如今，在理论研究中弥漫着一种无奈的情绪，这种无奈在很大程度上是由无力对于现实做出解释，甚至是无力从理论上给我们一个乐观的未来带来的。但也有一些坚定地想要参与现实的生活的知识分子，他们的身上并没有无奈，他们认定这是理论的问题，是理论脱离现实生活的反应，然而奇怪的是，即便是这群知识人，他们仍然将自己的精力投入到对于现实的研究中，拒绝反思理论本身的不足，仿佛对于现实生活的研究中可以生长出理论。他们以满足于解决一个又一个具体问题为己任，认定抽象的理论建构乃是学者的空想，是法学学问的歧路。

今天的理论法学研究有一种强烈的参与法律现实的热情，法学知识人投入到具体的司法问题的研究中，对于司法过程进行细致分析，更重要的是，他们以此作为一种正确的方向，拒绝有关面向经典的思考，他们认为仅仅阅读经典是不够的，但他们并未在面向经典的研究中做出努力，对经典法律思想的这种排斥，使当下的法学理论的研究变得毫无活力，单纯面向具体问题的分析，似乎阻碍了而不是增强了我们对基本法学命题的洞察力，甚至，我们已经无法敏感地意识到当下法律生活所面对的问题。离开了经典著作的引领，一些现实问题的表达就如同新闻报道，我们无法从中看到法学知识人的深度思考，无法从现实问题中抽身而出，因此，当下的法学理论研究，也就在法学知识分子对具体现实问题的积极而热情的把脉中丢失了对于普遍性问题的关注。

这种研究当然无法满足青年一代对于法学知识的内在追求。在今天的法学知识领域，弥漫着一种轻视理论的情绪，对于理论工作者来说，只对于当下存在的东西才有热情，而将一切眼下看不见的东西视为虚无，只觉得有用的东西才有价值，甚至觉得价值都是个体性的，因人而异，因群体而异，否认存在着一种普适性的价值，也不去探究是否存在一种普遍价值。我们的理论世界到处充满了一种理论正确，忽视了理论生活本身的开放性。也因此，我们时代的法学研究越来越走向封闭，在全国几百所法学院中，到处都是教义法学、社科法学乃至于实证研究的呼声。一种法学学说，不是去追问它的论证逻辑，去看它在论证上是否优美，而首先去看它是否有助于解决现实问题，于是我们就看到，"法学是权利之学"如今变成了"法学是实践之学",如果说权利一词身上还带着理想情怀的话,如今实践成为了现实的附庸。

这就是我们时代的法学,一种无视理性与实践距离的法学,一种急匆匆地想要为现实生活世界提供指南的法学。一旦离开了反思的、与现实保持距离的理论生活,实际上已经不再是理论生活,这样的法学成为了另一种政策,法学家成为了技术专家,法学家成为了现实法律机器的一个部分,而无力描述共同体法律生活的蓝图。当前的法学理论在很大程度上已经不再是理论。因为,理论生活应该保持与现实生活的距离,甚至保持一种与现实生活的敌对性和不合作的态度,这是一个走向世俗的世界唯一还能确保人类精神生活尊严的生活方式,这是理论生活自身的生命所在,哪怕在理论不得不成为现实生活的操作指南的时代,这种作为现实生活之操作指南的理论也并不能穷尽理论生活的全部。

为了保持与现实的政治法律生活的距离,为了保持一种同现实的不合作的态度,我们需要阅读经典,从经典中寻找一种更为开放的生活方式,寻找一种与现实世界不同的生活态度。这是在一个理论生活日益走向封闭的时代呼吁知识人阅读经典的理由,也是在这个时代阅读经典所想要实现的目的。从对于经典的阅读中,能使我们看到不同于当前理论的范式。当前我们的法学理论生活太过单一,因此并未清醒地意识到还存在其他看待政治法律问题的方式。一旦通过经典的阅读打开这种思维方式,现实生活的意义就会向我们敞开,一旦超越教义法学的思维模式,就会看到现有的法律生活中的一些被遗忘的、更有意义的命题。

有人也许会说,为了使理论生活变得日益丰富和开放,不一定要借助于经典,但是,我们究竟能否超出我们自身的时代来思考是一件令人怀疑的事,即便不可能,至少也非常困难。就如同我们观察现实生活一样,我们更倾向于用同一种观点来观察不同的现实世界,看不到相似的事物之间原本不相似,或者看不见不相似的事物其实是相似的。我们在理论生活中呼唤一种独立的灵魂,它可以超越自身的时代进行思考。正如知识人们共同认为的,这样的灵魂是罕见的,真正有能力洞察时代真相的人是极少数人,只有少数人能看到相似的事物原本并不相似、不相似的事物其实相似。既然我们在日常的生活中,常常敬佩那些能够做此种观察的灵魂,那为何在理论生活中,我们要拒绝这些灵魂所做的深刻观察呢?

阅读经典著作,实际上是同那些超越时代的罕见灵魂打交道。我们阅读经典,是在主动地接受他们对于我们思想世界的指引。我们当然可以直接地接受现实生活的指引,开拓我们的思维世界,但是打破偏见和迷信是太难了,我们自认为是在接近现实,其实不过是被迷信和偏见遮蔽的现实。今天我们看待法律问题的方式,不正是被教义法学和社科法学所遮蔽的吗?至少,它们揭示给我们的,只是某一种现实,作为一种理论的法学应该要反思和质疑这种单一的观察法学的视角,尤其是当这类视角主导了法学的时候,我们应该大胆地去怀疑。因为在理论的生活中,在追求正义的理论思辨的大道上,是不存在一种支配性的视角的,真正的理论生活应该是不断反思的生活,它要质疑那些自诩为主流的思维方式。我们通过阅读经典著作,看到了对于同一种问题的不同思考,这是那些罕见的伟大灵魂向我们揭示出来的现实世界的丰富性,我们所要捍卫的正是这种丰富性,而那些罕见的伟大灵魂就是人类认识能力本身的不同体现。

因此,我们倡导的对于经典的阅读,其最崇高的目的是捍卫理论生活的独立性,只有那些拒绝独立的理论生活的人,才拒绝对于经典的阅读。只有那些认为人类的精神生活没有独立意义,或者仅仅满足于对现实的诠释的人,才会否定经典的意义。只有他们,才会迫不及待地拥抱现实,最终消逝在现实生活的洪流之中。也正是在这个意义上,值得我们反思的是,法学仍然是正义之学,而不是强者的工具,在现实生活变得混乱且糟糕的时代,我们可以没有法律,但却不能没有法学,哪怕到处是强者的逻辑,但正义的道理却依然耳熟能详。在我们当下所面临的这个转型的时代,我们尤其需要有一种与现实的生活不合作的法学学问,一种在其中能够看到人的所思所求的法学学问。

这就是我们呼吁诉诸经典的现实理由,在经典的世界中,我们看不到眼下现实对于我们精神世界的束缚,但却能够感受到不同的时代中所共同的人性所发出的对于正义的求索，仍然能够感受到法学所想要捍卫的共同生活的必要性。在经典的阅读中，我们感受到那些伟大的灵魂对于正义的呼声，对于共同生活的必要性的论证。我们所要做的，就是在我们这个时代结合我们的具体生存来继续呼吁正义，来继续言说共同生活的必要性。

即便是如今法学界那些排斥经典的人，也未必全然否定经典的意义，在那些讨论现实问题的作品中，我们仍然看到经典作品一而再再而三地被引用。实际上，这些否认和排斥经典的人，他们仅仅是质疑经典在现实生活中的作用。他们是抱着经典是否能直接有益于现实的疑问来质疑的。在这些人的作品中，我们看到的是一种对于现实生活的极度不信任的态度，毕竟，精神生活也是人类的现实生活的一个必要部分。我们在经典著作中能够领略到的是现实生活世界的无穷魅力。我们在那里看到的是，无数个隐匿在经典背后的罕见灵魂在和我们一同思考，我们不拒绝这些罕见的灵魂，便是不拒绝我们自身的现实可能性。

在一个理论生活走向封闭的时代，阅读经典可以敞开我们的视角，这就是我们倡导在法学研究和法学教育中阅读经典的至高理由，也因此，我们并非仅仅是为了阅读经典，我们是为了一个开放的理论世界阅读经典。而这个开放的理论世界，意味着一个开放的现实生活世界，而这正是我们阅读经典的内在目的，也就是通过经典作品看到更多现实的可能性，体会到作为人的现实的丰富性。

经典的非经典问题

刘振宇 *

一、行云终与谁同

是否读经典，是个老问题。但这个老问题，在现阶段的法学教育乃至法学研究领域中，变成了一个值得玩味的新问题。因为"法律""学术""经典"三个词联系在一起构成的"法学经典"，呈现出一种特定的时空状态。而对这一特定时空状态的考察，与其说从"经典是否有用"切入，还不如从"经典是否必要"切入。因为，有用无用，针对的只是功能性层面，而有无必要，则不仅关心功能性，同时涉及结构性问题。

结构性问题，最突出的一点，便是"法学"的定位属于应用文科。在中文中，"应用"是一个很有意思的语词。它本身就是一个蕴含功能意义的语词，强调现实生活的"应该使用"，而不是规范世界的"应该能用"。于是，法学领域如果要读经典，貌似也必须先表明经典在现实中转化为实际生产力，否则便不需要读，毕竟不应用，也就不符合应用学科的定位。最近与之相应的各种决策咨询，多半属于这一逻辑演进下的产物。这一逻辑错了吗？没错。但只是功能意义上的没错，却非结构意义上的没错。法学，是关于法律的学问，如果仅仅是现实生活中的应用，那么要取消的就不仅仅是对于经典的阅读，还包括法学这个学科。

---

* 刘振宇，上海师范大学哲学与法政学院副教授。

毕竟，在应用的层面上，大学预留法学这一学科同样是无意义的。法学院辛辛苦苦四年，除了混一张文凭，实用性尚且不如司法考试培训班四个月或者律所实习半年。这性价比实在不高，也难怪英国以往就不搞这些莫名其妙的大批量法学院，靠律师公会的行业自治来解决"应用"问题。也难怪美国本科压根儿不设置法学专业，研究生多半读个法律硕士——这才是真应用，压根儿就不叫"法学硕士"。关于法学和大学的这个结构性问题，据说当年德国法学院也有过类似的争论，在实务和理论之间撕裂。但参考下同样是应用文科的经济学，也没见一上来就教学生们具体的股市操作；而现实中的经济运作，尤其是中国的现实运作，和这些模型原理的关联程度几何，是要打问号的。所以说，在大学这个时空限定中，重点还真不是现实层面的"应用"，而是规范世界的应用，即提供一套指向现实应用的知识体系。如果一辈子只有一次系统学习这些知识的机会，那只能是在大学之中了。经典，也是同样的道理。法学教育和外面的辅导机构、实务机构的差别在哪里？就在于有机会涉猎经典。如果没有这些经典，单纯地讲讲法条、分析案例，现在这时代，搜索引擎就解决了，哪里需要明明德的大学？更何况明明德本身也是（语出）经典啊。

因此，既然名之为"法学"而非"法律"，无论将它归到应用学科还是基础学科，这经典都还是要读的。大学的社会定位决定了这一选择的必要性，即便它是无用的。正是这个无用，体现了学术教育和学术研究与职业培训之间的显著差异性。

二、众里寻他千百度

何况，也不会"无用"。在法学课堂上，什么样的讲演最精彩？在法学研究中，什么样的佐证最有力？必然是那些权威大家的代表观点，旁征博引，纵横捭阖，到头来无不归入经典之列。即便是在平时对话中，偶尔冒出一两句经典，也可以提升气场和格调。因此，关于经典是有用还是无用,不值一辩。只不过,尽管没有统计数据进行支持,多少有些地图炮的意味,但需要重视的问题是,《人民的名义》里面的高书记或许才是真正的"人民代表":放着研究明史的正室在一旁不加关注,却转身去从高小凤身上学习《万历十五年》。这里的重点不是"读"还是"不读",而是"读什么",也即"什么是经典"。

对于具体何为经典,一百个人或许有一百种说法。但对于有哪些类别的经典存在于法学教育和法学研究之中,却是可以考量的。之所以法学教育和法学研究并列,恰恰是因为中间存在着一个负责连接两个体系的节点——法学老师。一方面,法学老师承担着法学教育的责任;另一方面,他又承担着法学研究生产的功能。当然,不排除有些人专门教书,有些人专门科研,但这是针对个体而非针对身份,更何况,在绝大多数个体上,这两个身份恰恰是重合于一个人的。但是,法学教育和法学研究所呈现的对象又是不同的,前者的交流对象是接受法学教育的学生,而后者呈现的对象则是普罗大众(尽管以其他法律人为主)。学生是限定的,而普罗大众是不特定的。在这三类主体的交往中,形成了三种类型的法学经典:第一种,是法学老师和法学学生之间的经典,即经典的教科书。这一点,在经济学领域十分明显,基本言必称曼昆。在法学领域,部门法或可一试,例如近年来,宪法、行政法、刑法,包括曾经的民法,都有广为传播的教材,但法理学、法制史却比较难了。但仔细想来,部门法的成功多半也要感谢司法考试的指挥棒,而并不一定是教材本身堪称"经典"。毕竟在很多法治成熟的国家,写一本教材传世才是一流的学术贡献,而在现阶段的中国,教材并非是用来传世的。第二种,是法学老师和法学研究者之间的经典。这也是最为传统意义上的"法学经典"。它和第一种经典有所关联,因为经典教材的背后,必有经典研究作为支撑,毕竟没有任何一个人能凭借一己之力构建一个学科体系。在此无需赘述。可问题在于,法学作为一个独立学科,也不过几百年光景,而谈及"法"的历史,则多半追溯到上古时期。这已经超越了严格意义上"法学经典"的范畴,而进入了一个泛法经典的领域。

这一领域和第三种类型的经典相适应，姑且称之为与法学相关的非法学经典。这一经典，构成了法学研究者和普罗大众的交往。试想，非法科出身的人，有几个认识奥斯丁、哈特？但如果聊一聊亚里士多德、阿奎那、韦伯，那就是另一种光景。而且，关键在于，第三种类型并不限于人文社会科学，理工科也被囊括其中，即便不考虑知识产权、环境资源这种技术活，法理学自己也有柏拉图学院的几何学和莱布尼茨的数学，包括最近越发引起学界内部关注的认知（神经元）法学。

高书记的选择并没错。一个学法出身的人，拿着《万历十五年》和高夫人聊明朝历史，和拿《明朝那些事儿》没啥本质区别，还不是天天被虐的节奏？反而用这个去和最多《明朝那些事儿》级别的高小凤聊，既体现了学识，又不掉价。毕竟，这也是一本学术经典啊。

三、我报路长嗟日暮

这三种类型的经典，应该是先借助经典教科书初窥门径，确立研究领域，再用这一领域的经典研究夯实基础，强化内力，最后用法学知识去和非法学的知识进行沟通，以不变应万变，达到无招胜有招的至高境界。基本上成熟专业培养的标准模式便是如此。但问题在于，现阶段的中国法学，这种经典教科书较少，颇有釜底抽薪之感。于是，这个链条在绝大多数情况下是难以为继的。进而，尽管三种类型的经典未必各自为战，但确实难以精诚合作。比如前两年引发激烈讨论的法教义学和社科法学之争，其背后的根源或许就在于双方选择了不同的经典作为自身的渊源：法教义学更加注意第二种经典，而社科法学选取第三种经典，进而双方在缺乏共识性第一种经典的情况下，开展语言游戏而已。

混沌是一种实然的状态，而作为人类，永远试图借助降熵的方式从混沌中造就秩序，后者才是一种应然的状态，也是一种值得期许的状态。不达到后一种状态，作为整体的中国法学就不可能建构，姑且不论这一中国法学是法学在中国还是属于中国的法学。只不过，曾经那种四平八稳、按部就班的模式,在这一实然状态中,业已成为奢望。只是也没有必要失望,毕竟,即便在西方,也不是一开始就有着经典的教材、形成着层级性的学术团队进而完成经典的再生产工作。他们曾经,也经历过如此的困惑,而最终他们走出了这一困惑。

其实,在这里用"他们"是不准确的,因为经历如此困惑并走出这一困惑的并不只有"他们"。只不过,选择沿着"法学"之路而非其他方式走出这一困境的,暂时来看,或许就是他们。之所以这样说,是因为前一次困惑的所在,恰恰爆发了人类历史上的轴心时代。空间的区隔导致了不同的解决方式。面对着战争与和平这两种人类生存不可避免的主题,有的民族采用了政治手段,有的民族采用了伦理手段,有的民族采用了宗教手段,有的民族采用了法律手段。但这些,都仅仅是手段,是实现秩序目的的现实运作,关键是解释这一手段的范式,后者才是具有规范化的研究指向。最初,这一范式都是综合性的,大家并不关心具体的知识体系,因为也没有固定的知识体系,所有的研究都是指向具体的问题,出于解决问题的考虑来摸索适当的解释框架。解释框架尚且无法形成自创生,它只是问题的附属物。此时,经典产生的方式便是:从经典的问题切入,进入到解决经典问题的具体手段,再衡量这一手段是否可以解决其他类似的经典问题,最终确定是否存在解释某一特定经典手段的知识框架——即前面所称的第一类经典。

而这一种对经典的生产方式,显然是一个漫长的征途。毕竟,虽然对于轴心时代的时间跨度众说纷纭,但无一例外,每一个起源到成熟的距离都非朝夕之功。

四、一尊还酹江月

命运的轮盘在此开启,不是经典的文本提供了经典的问题,而是经典的问题诉求经典的文本。于是,真正的问题就变成了什么是经典的问题,而不再是什么是经典的文本。因为,文本一旦写就,它就已经"死亡",生命来自于阅读者的阐释。而阅读者的阐释,并非顺从书写者的思路,而是将自身的个人体验介入其中,期望从文本中获取和个人关注的问题相关的资源。一百个人有一百个哈姆雷特的原因,便在于此。一个经典文本之所以可以成为经典文本,恰恰在于不同时代的人都可以从中读出于所处时代问题相关的内容。当然,这一点在人文社会科学上或许属于假命题,因为尽管人类社会已经从整体上进入了现代社会乃至于后现代社会,其间走过了不同阶段,但是作为类属性的"人(类)"貌似没有本质性的改变,于是,才有了那戏谑的保安三问:我是谁?我从哪里来?我到哪里去?这是涉及"生活"的问题,而非涉及"生存"的问题,因此,只要人的类属性不发生变化,这些问题就不会随着社会的进步、经济的发展而有所改变。而第三种类型的经典恰恰具备了这一特色。或许值得庆幸的是,已经有了一个轴心时代留存下来的经典文本为后来者提供了众多的宝贵资源。来自于轴心时代的经典文本,不仅是属于第三种类型的经典,同时也是人类针对人类本质问题的初次追问。古典学,从这个层面出发,在现时代的中国有其优势之处。

不过,古典学虽然是一个有特定学科领域的学科,专指西方古典研究,但个人感觉这种限定实在是一种自我束缚,尤其是对于非欧美学人来说。毕竟,轴心时代的特色便是文明的起源不是单一核心的,古典并非一个支脉的古典,而是众多支脉的众多古典。在那个时候,并没有一个世界的宰治者。更何况,即便是在据说拥有宰治者的现代社会,西方古典学的后裔们在全球化的今天也遭受着越来越大的阻力。毕竟,打破古典文明壁垒的,不是政治、经济,而是战争。就如同徐教练一顿直拳打得雷大师找不着北,由此引出又一波中不如西的浪潮。但这样一种现象上的胜败之争,实际引发的是不同经典传承者的孰优孰劣,尚不足以引申到经典本身,因为,不同古典支脉下的经典选择解决的或许是不同的问题。比如,太极和综合格斗所针对的就不是同一个问题,毕竟即便在中国古代武术中,太极也是一个奇葩的所在。唯有在解决相同问题之时，才存在高低之分的可能。比如在作为社会治理手段的时候，德治还是法治居于优先地位。而且，在研习经典之时，要将经典本身和经典的传承者之间区分开来，否则可能会导致因噎废食的后果。毕竟，祭奠古人，祭奠的并不单单是那个人，而是肉身所承载的事物。或许，这就是"道可道，非常道"吧。

法学教研的目的与经典阅读的意义

钱一栋[*]

与其他学术传统较为扎实的学科相比，法学教研中经典文本的存在感是比较薄弱的。法学教育几乎完全由教材主导，经典作品往往出现在课外阅读书单里，而不会成为教学的核心文本。同时，法学院中有限的经典阅读往往沦为一般意义上的名著阅读，具体表现为在不进行社会思想背景考察的情况下朴素而直接地进入文本，缺乏利用二手文献的意识；阅读的强度、思考的严密性也非常不够，往往不会去辨析概念、重构论证，停留于"好读书不求甚解"的闲适心态；甚至，对出版社、译本的良莠好坏也缺乏基本的辨别意识。这类经典阅读最终的收获不过是学到几句名人名言，作为既有见识的点缀。法学研究也以注解法条、分析当下面临的实际问题为主，有趋新务实的特点，忽视对学术传统的系统梳理和准确把握，贬低"没有实践价值"的理论问题。

那么，在法学教研中，经典阅读是否有其必要？如果有，其具体意义何在？为了回答这些问题，本文将首先对经典这一概念作出基本的界定，然后结合法学教研的具体目的，分别对经典阅读在法学教育与研究中的必要性和具体意义作出说明。

---

[*] 钱一栋，上海师范大学讲师。

一、什么是经典

考察经典的词典定义，我们可以发现这一概念有两个基本要素。首先，经典与我们有一定的历史距离，新鲜出炉的作品很难被称为经典，经过历史检验、筛选之后脱颖而出的作品才算是经典。其次，经典具有典范性和权威性，甚至带有一定的教义色彩，人们对其应抱有敬畏之心，在努力领会其奥义之前不应太过轻易地怀疑、批判——如果某类经典动辄就被怀疑、批判，那么我们可以认为，使其成为经典的文化传统正在瓦解，这类经典正在经历去经典化的过程。

在传统社会，学术尚未变成一个相对独立的场域，学术分工也不像现在这样细化和严格，因此所谓的经典往往是整个历史文化共同体的经典，比如《荷马史诗》《圣经》、"四书""五经"等，这些都是特定历史文化共同体中几乎所有人的共同文本。而在进入现代社会后，这种意义上的经典逐渐衰败，经典变得越来越多元化、越来越局限于特定领域，比如文学经典、法学经典等。当然，"重新找回整全"一直是人文社会科学特别是哲学的基本智识冲动，我们希望理解自己，理解我们所在的世界，理解我们从事的行当在历史长河、当下的生活秩序中的具体地位和独特价值，因此我们试图突破专业的壁垒，把本学科的经典与其他学科的经典乃至在学科分化产生之前就已存在的经典作品勾连起来，以获得一种整全的理解。

就法学教研而言，经典首先当然是指法学学科内部的经典著作。不过，出于"寻回整全"这一颇为正当的智识冲动，尤其是为了把握学科分化背后的历史缘由及理论预设，法学教研有必要把相关学科的经典著作以及超越学科概念的一般经典也纳入自己的视野之中。

从上述界定可以看出，经典与当代社会、与我们眼下面临的实际问题存在一定的距离，经典具有一定的超越性，不是"拿来就能用的"。正是这一特性使得趋新务实的法学院对经典阅读的必要性产生了怀疑。

二、法学教育中的经典阅读

(一) 经典与实践

法学教育的目的是培养法律人。但是,当下的法学教育存在一种审判中心主义倾向,其教育目的仅仅是培养能参与审判等司法性职业活动的法律职业人,对法学院学生从政与从教这两个可能性关注不足。在话语层面则表现为一种朴素的实践话语,即认为法律是一种实践之知,离法律实践过远、难以转化为法律实践技能的知识都不应该出现在法学院的课堂中。

对法学院的教学一直存在相当严厉的批评,大多数批评的核心论点是,法学教育离法律实践过远,过于"理论化"。而实际上,绝大部分法学院教师和教材编写者都抱有同样的实践旨趣,因此批评者和被批评者在法学教育的目的上有着基本的共识,批评者的不满往往集中在教材内容过于陈旧、教学过程缺乏实践感等技术层面。

笔者不否认现有的法学教育存在"脱离实践"的问题,但首先,法学教育的各方参与者并不缺乏法学教育应结合实践这一共识;其次,即使在教学技术层面尚有改进的余地,这种改进也必然是有限的。实践知识与课堂教学本就存在隔阂,实践知识难以在课堂这样一种场域中传授。如果以从事法律职业为目的,那么在接受过基本的法学教育后,即在对司法制度、法条体系等有了基本了解后,进一步的课堂训练似乎就没有太大帮助了,去律所、法院实习才是掌握实践知识的正途。

让我们回到经典阅读这一话题。在法学教育中,经典阅读的意义在哪里?我们是否应该在法学教育不能脱离实践这样一个明确的教学目标下来为经典阅读辩护?是否必须通过论证经典教育的实践功用来为证成其必要性?答案是否定的。

如果认为法学教育的目的仅仅是培养能参与审判等司法性职业活动的法律职业人,那么笔者认为经典阅读确实没什么必要。可能有人会反驳说,经典阅读从长远来看对法律实践很有用,或者有无用之大用,但这类说法缺乏经验依据，并且将"用"这样一个概念作了无限的扩展，以至于使其丧失了描述力。也许持有这种观点的人只是朴素地认为经典阅读是好的，"有用"也是好的，而好的事物之间是先定和谐的。

"想成功，先发疯，头脑简单向前冲。"在职业活动中，适度无知比知道太多好。托克维尔说："事实上，对于那些长期从事写作的人，写作的艺术给他们准备了不利于处理事务的精神习惯。它使他们爱好精细微妙和机智而别具一格的事物，而事实上主导世界的却是粗陋的陈词滥调。"①伯林也说过，实践中的成功者"能整合或综合拼构成生活各个层次的稍纵即逝、支离破碎的丝丝缕缕和散乱碎片……而不去分析自己是怎么做到的，自己的活动是否有理论上的根据"②。有助于职业活动的思考仅仅是那些不去质疑目的合理性的策略性思考，这种策略性思考无需回溯太过久远的历史脉络，反思太深层的理论依据，而只要对当代法律职业的基本运作逻辑有一定的把握即可。超越于此的思考不仅会带来巨大的认知负担，造成时间和精力的"浪费"，而且其往往表现为对职业活动本身的反思，从而无助于反思者保持"头脑简单"的"成功者人格"。

（二）经典阅读在法学教育中的几项价值

1. 保持对法律职业活动的超越性视角

当然，经典阅读并非全然无用。至少，准确概括段落大意、以自己的话清晰准确地重构论证，这些"通用能力"可以在经典阅读的过程中获得极好的训练。不过，经典阅读的主要目的不应停留于此，更关键的是如果以"有用"为目的，那么考虑到机会成本和经典阅读可能导致的"去成功学"倾向，阅读经典文本也许不是使自己变得"有用"的理想手段。要为经典阅读的必要性辩护，必须超越"有用"与否的策略性思维。经典阅读的首要价值在于，它能使人进入对职业活动的反思维度，能被生存困惑所

---

① 托克维尔：《论政治科学》，载《托克维尔：民主的政治科学》，上海三联书店 2006 年版，第 235 页。
② 以赛亚·伯林：《现实感》，译林出版社 2011 年版，第 53 页。

触动，并有能力对这类困惑进行思考。

不过，这种意义上的经典阅读主要应该由通识教育提供。通识教育中的经典是一个国家所有受过高等教育的公民的共同文本，这些文本确立了对善好生活的基本构想，提供了面对生存困惑的智识资源。但绝不能将法学内部的经典和这种一般意义上的经典截然两分。法学经典奠定了我们对法律现象的基本理解，塑造了法学学科的大致面貌。我们让学生阅读法学经典不是想让他们直接从里面找到解决现实问题的办法，而是希望他们对法律、法学是什么、有什么价值这类根本问题有一些思考。而要进行这种思考，我们就必须回溯法律实践、法学学科建制产生的社会历史背景和基本预设，而这种反思是无法在法学内部完成的。一般性的经典可以使我们对各文明的成长、变迁历程，古今中西对美好生活、善好政治秩序的构想有大致的了解。在此基础上我们可以看到，相对独立的法律实践及其学术建制出现的社会思想缘由是什么，法律实践、法学研究在具体历史脉络、当下生活秩序中的价值何在。在此意义上，法学经典是我们法律人寻回整全、回答安身立命的根本问题的一个必然出发点，但绝不是终点。

经典具有一定的超越性，它不意在实践，虽然通过影响阅读者的思想，经典会曲曲折折地影响实践。阅读经典的意义不必通过它对实践的价值来衡量，通过反思来理解生活的意义本身就是一项具有内在价值的活动，按某种"古典的偏见"，这甚至是最有价值的活动。将以劳动、制造为核心的实践理解为唯一具有内在价值的活动是难以建立一种善好生活的，这种理解难以解释人类的诸多意义体验。伯林说："自我理解是人的最高需求。"[1] 经典往往与一些根本性的困惑相连，而困惑天然地与好奇相连：我们对自己所处的世界、对身边事物、归根到底对自己的生活好奇，因着这种好奇和思考的意愿，我们困惑。否则便是麻木不仁之人，眼中的世界单调、刻板、浅薄。我们好奇、我们困惑，归根到底我们想理解，理解自己，理解我们被抛掷其中的社会，理解在自己生命中展开的世界。

---

[1] 以赛亚·伯林：《反潮流》，译林出版社 2011 年版，第 339 页。

附带地，在法学教育中推广经典阅读还可以适当拉开学院与社会的距离。经典著作的问题意识、言说风格、概念体系和时空距离可以建立一种超脱当下现实的智识氛围，这有助于避免学院在价值取向、话语体系上变成社会的附庸，沦为职业培训机构，完全按社会的需要提供智识产品。推广经典阅读有助于树立学院、文化作为"最高上诉法庭"的地位，同时也在每个法律人心目中建立法庭，使"是非决于学校"，保持对法律职业活动的超越性视角。

2. 培育政教精英

如果我们超越审判中心主义，将法学教育的目标定位为不仅是培养法律职业人，而且还要培养政治精英特别是立法者以及学者，那么在法学教育中推广经典阅读的正当性将会更加明显。政和教这两个系统最深刻地塑造了一个国家，而这也要求从政从教者能成为文明的担纲者，有能力思考大问题。因此，对于有机会成为文明担纲者的政教精英而言，经典阅读确实是有用的。

3. 拓展教学空间

此外，如果遵循现有的教材体系，那么教师能做的无非是将教材做成PPT念一遍，学生难免觉得自己看看即可，没必要上课。经典本身的巨大诠释空间和智识门槛则可以为教师提供足够的教学空间。而如果教师质量不佳，那么经典著作本身的高质量，以及丰富的二手文献构成的厚重学术传统也可以使法学教育有规矩可循，从而使教师的负面影响降到最低。

从前面这些分析可以看出，经典阅读带有明显的精英色彩，经典阅读的目的是使法学院学生超越职业人的视角，培养政教精英，解决教材深度不足的问题。因此，精英法学院与就业导向、学无余力的普通法学院应该根据自身情况具体权衡经典阅读的必要性。

三、法学研究中的经典阅读

限于学力，笔者只谈法哲学政治哲学研究中的经典阅读。

(一) 以学术场域为中介回应实践

法学研究的主流话语也是关注实践，虽然与法学教育相比，法学研究不仅试图影响以审判为中心的司法性实践，还希望在立法层面发挥作用。但现有的以法教义学为主的法学研究只能为立法提供立法技术层面的帮助，而除此之外，立法还需要规范指引和政策科学的支持，这类支持只能由法哲学政治哲学和各门社会科学来提供。而如果我们相信某些司法理论是正确的，那么即使在司法过程中，法律理论也是隐然在场的，任何一次具体的司法诠释都是特定理论下的诠释。因此，无论在立法还是司法领域，法哲学政治哲学都具有重要作用。

在法哲学政治哲学领域，通过经典阅读进入特定学术脉络，通过注解经典或与二手文献对话来作出自己的贡献，这依然是最重要的研究方式。推广经典阅读将有助于建立学术传统，使学术创新真正成为对既定研究脉络的推进，而不再是因为看书少、敢发明概念而不断生产出花样翻新的学术豆腐渣。

无论是持分析进路，还是侧重思想史，严肃的法哲学政治哲学研究者都不会否认建立学术传统、进入学术脉络的重要性。这是系统学术训练的必然要求，而其对立面则是在对相关学术领域缺乏系统把握的情况下，零散而不准确地运用学术资源来"解决"现实问题。换言之，即使我们承认学术研究要关注实践，也必须是以学术的方式关注实践，以学术场域为中介，在话语体系、思考方式上抱持相对独立性。并且，不可能每一位研究者甚至每篇文章都关切一下实践。在现代社会，分工极度细化，学者——特别是基础学科的学者——只处理社会生活中的极小部分内容：整理文化遗产，在相关领域作比较专门、细致和深入的思考，如此而已。社会生活是无数人、无数群体一起参与进行的，思想在实践中会有怎么样的命运不是思想者能决定的，其中必有无数盘根错杂的线索、环节，有创造性的误解和必要的妥协。知识分子在这些线索、环节上并不是专家，做好自己的分内事即可。否则恐怕不仅于社会无益，文人论政、纸上谈兵反而有害于社会；太过直接的实践关怀也会影响学术研究的深度。因此，必须根据学术系统与其他社会系统的具体分工,以及学术界内部理论学科与应用学科的分工来设定学术与实践的恰当距离。我们不可能希望爱因斯坦直接造出原子弹,但要造出原子弹却离不开爱因斯坦的基础理论研究。如果缺乏学术场域的中介,法学研究的实践关怀只会沦为没有智识含量又缺乏实践经验的写作修辞、空洞姿态。

综上,法哲学政治哲学研究要求一种相对疏离于实践的独立性。

(二)哲学与历史之争

严肃的法哲学政治哲学研究者都会认同学术场域的相对独立性,但对于经典阅读在学术研究中的地位则看法未必一致。

1. 法哲学政治哲学是积累性、进步性的学科吗?

分析进路的研究者往往认为经典阅读并无太大必要。他们认为,一些经典的法哲学政治哲学问题是亘古不变的,解决这些问题的方法是客观存在的,因此法哲学政治哲学研究可以像自然科学一样带有积累性、进步性的特点。[1] 时时更新的教材和最新研究中的文献综述部分对过去的研究进行了整理,否定了其中的错误,梳理了既有的成果。因此我们无需花太大力气去研读经典文献,只要读点教材,看下各类研究导读,了解下某一领域的基本文献脉络和当前进展后就可以直接去研究问题本身了。比如说,亚里士多德、霍布斯、哈特、德沃金都处理了法律是什么这一问题,他们提出了各自的论证方案。阅读经典可以使我们了解已经存在哪些论证方案,但也仅此而已。重要的是,我们必须在既有工作的基础上,直接针对这些问题提出自己的论证。如果仅仅关心前人说了什么,那只是在做思想史工作,而非哲学工作。[2] 因此在分析进路的研究者看来,与经典阅读相

---

[1] 参见罗尔斯:《道德哲学史讲义》,中国社会科学出版社 2013 年版,第 17 页。
[2] 分析哲学家甚至可能认为,即使完全不了解历史中对某一问题有过哪些主流看法、先哲构造了哪些方案,也丝毫不影响我们进行哲学研究。对于天赋极高的哲学家来说,这种无知也许还是件好事,他可以不浪费时间去分析过去的错误,直接进行自己的创造。他们还很可能举维特根斯坦等人为例。不过这种说法至少在法哲学政治哲学领域是难以成立的。

比，概念分析、论证构造的训练更为关键。

不过，真的存在万古长青的经典问题吗？亚里士多德、霍布斯所处的历史背景、面对的实际问题非常不同，具体就法律而言，他们所面对的法律实践也非常不同，同时，他们所拥有的智识资源也很不一样。也许孤立地看，他们都在谈论法律是什么这一问题，但这个问题在他们的整体理论架构中扮演着不同的角色，他们对什么是正确的论证的理解也不完全一致。相比之下，哈特和德沃金的语境差异则小得多，他们可以针对类似的法律现象，用类似的理论工具提供论证方案，进而分出高下。当然，他们的理论旨趣也许并不一致，比如哈特强调自己的目的是描述而非评价，因此德沃金的批评无的放矢。如果哈特的这一辩护成立，那么甚至他与德沃金也不是在处理同一个问题。

因此事实似乎是，不同时代乃至同一时代都存在多种哲学范式，它们研究多少有些不同的问题，有各自的方法论。在缺乏相同问题与方法论的前提下，我们无法找到进步的标准。只有在某些问题与方法长期稳定的学术脉络中才可能存在进步。

2. 如何分析？为何分析？

分析哲学家也许会承认亚里士多德和霍布斯谈的不是一回事，但他们可能会反驳说，这只意味着亚里士多德、霍布斯中至少有一个人——很可能两个都是——没有正确处理这一问题；或者，虽然他们谈的不完全是一回事，但差异只在其表现形式，问题的"本质""核心"还是相同的。因为，存在着与诸如公元前4世纪雅典的法律、17世纪英格兰的法律或任何特定语境中的法律无关的"法律本身"，具体语境中的法律很可能是对法律本身的偏离乃至歪曲，甚至也许迄今为止，人类都尚未真正触及法律本身。那么，是否真的存在法律本身？我们通过何种方式才能把握到法律本身，而非仅仅是某一语境中的法律呢？

也许我们可以像哈特、罗尔斯那样在概念（concept）和观念（conception）之间作一个区分，我们可以从诸法律观念中抽象出法律的基本概念，后者是超越具体历史语境的先天存在。但法律这一概念有先天的语义结构[1]吗？还是说，不同的法律观念是以家族相似的方式勾连起来的，并不存在一个固定不变的语义核心？通过考察概念的用法，我们会发现，值得作为法哲学政治哲学分析对象的概念——如正义、法律、善、自由——等都缺乏明确而固定的语义核心，这和独立于日常语言、通过专门定义而产生的自然科学术语不同，也与存在明确语义规则的简单概念不同。我们并没有超越历史的魔眼。带历史维度的概念分析可以很有力地揭示出，法哲学政治哲学领域任何所谓超越具体语境的"X 本身"其实都是特定语境中的 X，问题只是研究者对自己的语境依赖性不够敏感。

也许会有人认为，日常语言和既有的理论概念不够精密，即使不预设某种先天（a priori）的语义结构，也应该努力建构出比日常语言和既有的理论概念更精密的概念工具。比如我们可以通过考察自由这一概念在日常语言的用法，或者仅仅根据对自由这一概念的直觉把握，把自由定义为"X 不受 Y 束缚"，并规定缺乏这一语义结构或在这一语义结构上增添其他要素的做法都是对自由这一概念的"曲解"。[2]但为什么要把自由定义为"X 不受 Y 束缚"呢？答案也许是，这种定义最普遍地符合自由这一概念的用法，并且简明清晰。有些理论认为，自由的关键不在于"X 不受 Y 束缚"，而是"X 做了 Z"，比如积极参与公共事务等。因此，这类理论

---

[1] 所谓先天的语义结构，是指这一语义结构的正确与否不依赖于经验层面的证据。那么这种先天的语义结构何以可能呢？朴素的思考一般在本体论层面预设实在论立场，认识论上预设反映论-符合论立场，认为词语应指向先天的实体对象，这些对象的本质特征决定了对应词语的语义，而所谓意义就是词语的指称；我们之所以能用词语去指称对象，是因为这些对象通过某种感知过程反映在了我们的头脑里，我们对这些本质特征的思维把握就是概念，这些概念的外在形式是声音、书面符号（如果认为我们无法触及独立于心灵的实在，那么就变成了观念论，不过观念论也可以坚持意义的指称论思路）；自然语言也许不能使词的秩序和物的秩序完全对应，但也不会相差太远；考察自然语言的用法，归纳、修整出明确、自洽的语义规则，就是在消除自然语言的不精确性，归纳、修整后的语义将能够符合先天的语义结构。归纳整理出来的语义是后验必然真理：它是通过归纳词语在经验世界中的用法得出的，因此是后验而非先验的；归纳得出的语义可以符合先天的语义结构，因此是必然而非偶然的。这种思路对名词有一定的解释力，但面对法哲学政治哲学处理的价值概念就非常无力了：公平、正义、自由……这些词语指向的实体在哪里？

[2] 与后验必然真理相比，这种在不预设先天语义结构的前提下人为规定的定义是先验偶然真理。先验表现在，这种规定不依赖于经验发现——虽然它可能会适当利用经验中的语义规则——而是人为规定的，因此在逻辑上是先于经验的；同时，这样规定而非那样规定并没有必然的理由，因此是偶然的。

认为仅仅不受束缚还不能算自由。古典城邦公民和大部分现代人对自由概念的理解就存在"free to"和"free from"的差异。这说明，无论在日常语言还是学术语言中，自由都不存在明确、单一且固定不变的语义核心，任何定义都只能符合这一概念的部分用法。但分析进路的学者可能会坚持说，为了概念的精密性，我们要适度忽略经验材料的复杂性。

那么，提供这类精密定义的价值在哪里？或者说，我们如何判断这类定义是成功的？是否存在公认的标准，比如笔者前面所说的"最普遍地符合自由这一概念的用法"且"简明清晰"这种词典式的要求？但除非预设自由概念存在先天的语义结构，进而猜测最普遍地符合自由概念用法的定义最有可能揭示这一语义结构，否则我们很难理解这种词典式定义会具有毫无疑问的正当性。我们只能把定义作为分析的起点，而非终点。在进入经典文本或建构自己的理论时，我们根据手头工作的需要，初步定义某些关键概念，这些概念将在进一步的研究中获得更为具体的规定性，生长出不规则的形状，只有这种丰厚而不规则的概念才能凝缩我们的具体理解。

因此，如何定义才正确，这一问题并不存在一般性的答案。必须根据自己手头的工作需要来判断某一定义是否称手好用。比如罗尔斯将正义概念定义为反对任意区分，利益诉求恰当平衡。这一定义之所以有价值，是因为它为罗尔斯的论证提供了一个基础架构，罗尔斯可以在此基础上详细展开自己的正义观。[1] 再比如伯林对消极自由和积极自由的区分之所有深入人心，主要是因为这一区分给了我们一个视角，从这一视角出发，我们可以分析不同自由观念的政治后果，提示我们应树立何种自由观念，而绝不是因为这种定义揭示了自由概念的先天语义结构——它并不存在——或者仅仅是因为这一区分最精密。因此，形式层面的精确、简明并不构成定义概念的充分标准，我们必须结合概念的具体用途来定义它。对概念的技术性定义也不能完全脱离日常语言，脱离日常语言会使概念丧失自然的可

---

[1] 这个例子有一定缺陷，因为罗尔斯似乎和哈特一样认为任何正义观念背后都有同一个正义概念。而事实当然并非如此。

理解性。我们只能在日常语言捉襟见肘之处对概念进行技术性的修改，并要明确解释这种修改的理由——日常语言蕴含着自然理解，具有自明的正当性，背离日常语言的技术性定义则需要自我辩护。

因此，只有在具体语境中，结合概念的具体用途，我们才能进行概念分析。

3. 语境主义支持还是否定经典阅读？

语境主义的思路认为，我们只能通过视域融合而非语义抽象才能恰切地理解不同语境中的文本。每个作家都在具体的社会思想背景中写作，有他独特的问题意识和知识结构，这些背景对他来说是自明的、可以直接理解的。但对来自不同语境的我们来说，这些背景是异己之物。为了理解那些文本，我们必须先进入作者的语境。同时，对于自己所处的语境，我们也未必有自觉、深入的了解，往往不知不觉地被自己的阶级出身、教育背景等引导去思考某些问题。而由于对自己所处的语境缺乏自觉，我们往往会不恰当地把自己的思考推广到别的语境中去，比如质问秦始皇为什么不按罗尔斯的两个正义原则进行统治——在不进行语境勾连的情况下，这一质问完全是莫名其妙的。

这种回答颇有点相对主义，而且似乎更让人觉得没必要研读经典了，毕竟，既然经典作家处理的是他们自己的问题，那跟我们还有什么关系呢？我们为何不专注于自己的问题呢？有些学派为了证成经典阅读的意义，恰恰会强调存在着恒常的人性和永恒的问题，并认为过往的哲人对这些问题所作的思考远比现代人的思考深刻得多。如果我们持一种语境化的观点，那么经典阅读的意义又在哪里呢？我们可以给出许多答案，比如满足某种历史好奇心，或者以实用主义的态度将经典文本视作智识宝库，虽然经典文本关注的问题和我们所面对的实际问题并不完全一样，但通过对两者之间某种相似性的把握，我们可以从中得到许多启发。不过，这些理由似乎不够有力，更关键的是，这些理由至多为一般意义上的思想史研究提供了辩护，跟哲学似乎没什么关系——哲学的目的不是增长新知，而是增进对已有经验的理解，因此是一种诠释性工作。

4. 经典阅读在何种意义上可以成为法哲学政治哲学研究？

那么，经典阅读在何种意义上可以成为法哲学政治哲学研究呢？

如果前面的论证成立，那么法哲学政治哲学研究都以特定语境为前提。而如前所述，我们并不像自己认为的那样了解自己，我们对自己所处的语境未必有自觉、深入的了解，历史始终制约着我们，我们无法获得一个阿基米德支点。[1] 只有进入历史，我们才能返回自身，因为我们都是历史的造物。缺乏历史意识将会使我们对当下的语境缺乏自觉，会轻易作出缺乏历史感的推断。

法哲学政治哲学虽然非常抽象，但还是自觉不自觉地以某种社会图景为前提。比如麦金太尔认为，"在中世纪临近结束之前的任何古代或中世纪语言中，都没有可以准确地用我们的'权利'（a right）一词来翻译的表达式"[2]。他的意思不仅是作为经验现象，权利是直到现代才在西方出现的，更关键的在于，在前现代的西方、在传统的东方国家，权利这个概念是缺乏语境的。质问秦始皇为何不尊重权利是莫名其妙的，当时的人将完全不知道这是什么意思，他们很难找到恰当的概念来翻译权利，因为他们对权利概念所预设的生活形式缺乏经验。[3]

分析自己的社会思想语境、反思自己的前见并不是一个勘定边界的工作，而是在不断拓展边界，原来的边界变成了可见的"内地"，新的边界依然晦暗不明。前已说明，只有了解社会思想变迁史和概念演变史，我们才能更准确地把握自己所处语境的特殊性，了解其前提和界限，因为只有出现他者，我们才能理解自己的独特性。这个比喻的局限在于，在反思过程中理解了思想上的他者之后，他者就成了自我的一部分；一旦我们理解了古人、其他族群的人，他们就从陌生人变成了自己人。就此而言，反思

---

[1] See Bernard Williams, "Why Philosophy Needs History", in *Essays and Reviews*, New Jersey: Princeton University Press, 2014.
[2] 麦金太尔：《追寻美德》，译林出版社 2011 年版，第 88 页。
[3] 当然这并不能推导出简单的相对主义结论，即秦代与我们生活的社会是难以比较的。对秦代有充分了解的现代人也许可以判断，对大部分人来说，现代社会更好。但这是在一个融合了秦代和现代的视域内部对秦代和现代社会作出的整体性比较，与未经视域融合就将个别现代观念粗暴地插入秦代的观念体系是两回事。

自己的历史局限性是一个无止境的过程。人是有限的存在，我们都无法摆脱前见。但视域的扩大可以使我们自觉意识到原来的前见，原先晦暗不明的边界地带如今已清晰可辨了。

不过，坚持对哲学和历史作出区分的人可能会认为，虽然思想、概念都有自己的历史，但我们无需受缚于历史。比如，"原子"这个概念也有自己的历史，但自然科学对它的定义完全不受历史束缚。那么，这种哲学会是什么样的呢？

我们可以想象这样一种法哲学政治哲学研究。假定研究者已经了解了古往今来对正义、自由、善等概念的一切理解。研究者发现既有的任何概念体系都谈不上尽善尽美，他的判断标准也许是，这些概念体系内部存在矛盾，许多概念也都含混不清。于是他决定根据概念内部和概念之间的逻辑关系来重新定义概念，最后，这些概念在他手里获得了清晰的定义，概念之间的相互推导关系也是层次分明、秩序俨然。这些定义跟这些概念在不同语境中的具体用法都有几分相似，这张概念之网跟不同语境中的价值体系都有部分重合。研究者的意图不是诠释既有的思想体系，而是建构完美无瑕的新体系。对他来说，历史上对这些概念的理解只是一些丑陋、破败的建筑，他毫无负担地从这些建筑上拆下砖瓦，建造自己心目中最完美的楼房。那么，这项工作的价值在哪里呢？它似乎只是在为一个没有人玩的游戏设定规则，在无人居住之地修建房屋，这个所有可能世界中最好的世界不是我们生活其中的现实世界。结合前面对"如何定义概念"的讨论，这类思路的问题在于，它将形式层面的清晰严密预设为哲学的（唯一）追求了，而事实上，通过对我们牵涉其中的语境中的概念进行分析从而增进理解才是哲学的正当目的，形式层面的清晰严密只有在有助于实现这一目标时才是可取的。[①]

[①] 有一种说法是，法哲学政治哲学是实践哲学，因此其目的是实践，不是理解。这种说法似乎没搞清，实践哲学是哲学，不是实践；政治哲学是搞哲学，不是搞政治。我们总是带着理解、根据特定理由去实践的，法哲学政治哲学正是为了澄清我们在法律、政治领域的系统信念，为实践提供"好理由"。因此，实践哲学的最终目的确实是实践，但要以理解为中介通达实践，因此它要求我们悬置对"实践应该怎么样"的先入之见，系统反省自己的信念。相反的做法是不自觉地预设某项实践的具体目标，为这一目标的实现提供策略性思考。

与之形成对比的是历史、文学、民族志等。在理解历史、文学或其他族群的生活时，我们要调用自己的生存经验去移情地理解那些异己的生活形式，尤其是，我们要用自然理解的概念去翻译异己世界中的陌生概念，由此我们获得了新的生存经验、新的概念，而新的概念本就是移情、理解的产物，是充实而非空洞的。

在法哲学政治哲学中，类似的做法是分析经典案例、构造思想实验。我们信奉自由，也信奉民主，但我们往往不会充分考虑这些抽象的信念在具体语境尤其在极端语境中的后果，因此我们需要一些经典案例甚至构造思想实验来揭示未经系统反省的信念的潜在问题，比如设想某种迫害自由的多数人暴政。再比如，通过电车实验，我们可以更为周密地反思自己的康德主义或功利主义信念是否可欲。面对这类极端案例，不同信念之间的冲突分外激烈，逼着我们认真思考不同信念的分量。也许我们会经历"道德惊奇"，发现自己原本信奉的道德命题并不那么可靠，而对立的观点颇有道理，进而我们要根据不同信念的分量来重构自己的价值体系。极端情形可以使我们将自己的价值信念看得更为清晰，这些极端情况并不空洞，相反，它们激发起了我们最强烈的感受。

日常语言、概念在历史上的用法确实不能限定哲学工作。比如在对比痛苦的苏格拉底和幸福的猪之后，我们很难再相信下面这个经典的功利主义论断，即快乐、痛苦都是同质。有些深刻的痛苦显然比浅薄的快乐有价值，这是我们根深蒂固的直觉。由此，我们决定把功利定义为对人类幸福有用的东西，幸福这个概念自然比快乐、痛苦更具包容力，但也更模糊；也许我们可以引入某种亚里士多德式伦理学来对什么是幸福作出更具体的解释。日常语言对功利等抽象的论理性概念约束较小。日常语言都是编织在具体语境中的，因此我们只能借助这些人为定义的理论概念来超越具体语境，对整体的生存经验作出系统的诠释。因此，建构这类概念的标准是判断它在理论体系中的作用，它与可感的日常经验的关系是以理论体系为中介发生的，能最为系统、融贯地阐释日常经验的理论就是最佳的理论。

总之，法哲学政治哲学的任务是对我们的政法生活经验作出诠释，而非借助哲学魔眼发现价值本体，或凭空发明新的价值体系。

回到我们的主题。上述说法可以为经典阅读在法哲学政治哲学研究中的必要性作何种辩护呢？必须承认，与认为存在永恒问题而经典著作对这些问题作了深刻的且必须以字里行间细读才能领会其智慧的观点相比，语境主义并不认为阅读经典有那么重要的意义。经典的哲学价值主要有以下几点：

首先，经典著作提供了许多经典论证方案，在敏感于语境差异、避免语境错置的前提下，我们依然可以从这些论证方案中获得有哲学价值的实质启发。严格来说，从来没有哪个作者——哪怕是当代作者——和我们处在完全相同的语境中，问题只是语境差异大小。在许多论题上，经典——特别是晚近时代的经典——与我们的语境差异并没有那么大，阅读这些经典不仅仅是满足好奇，而且就是在学习对当下问题的一种深刻见解。如果对经典缺乏基本了解，那么自己的哲学创造很可能是在拙劣地重复已经存在的成果。我们只应在前人尚未言说或说得不那么好的地方进行创作。另外，经典无法被教材取代。教材只是对经典的简化解读，而且作者未必非常高明。当然并不是说应该不读教材乃至不读二手研究"直接"面对经典。我们从来无法直接面对经典。

其次，经典著作往往是某个历史文化共同体或某一学科内部的共享文本。我们应该根据特定读者的生存经验、知识结构来选择言说方式，判断哪些是他们已经懂的、无需多说的，哪些是他们完全陌生的，需要借助何种思想联系，才能把陌生的观点嫁接到他们既有的思想织体中。因此，通过与作为共享文本的经典对话的方式来表达思想可以省却沟通成本，使读者更方便地理解自己的观点。

最后也最重要的是，当代哲学是思想史上胜利者的后代，在胜利者确立的前提下思考。因此当代哲学往往被框死在缺乏历史纵深的狭隘语境之中，视野比较狭隘，预设一大堆理所当然的前提。而诸如洛克、康德等人生活在现代社会初生的时刻，对他们来说，人与人之间为什么平等、宗教为什么不能进入公共领域、男女是否应该平权这些依然是极为迫切的问题，而非理所当然的前提。因此，阅读经典能使我们意识到，我们认为理所当然的事情并不那么理所当然，还存在着别的可能性。另外，学术分工的细化预设了各门学科的边界，而经典著作往往具有整全性。阅读经典可以使我们理解自身学科乃至学术脉络中的工作在整体智识图景和生活秩序中的恰当位置。总之，阅读经典能使我们洞察到自己的局限性，理解自身观点的前提和界限。当我们对当代社会的基本构造、现有的学术分工产生怀疑时，也知道应该从哪些问题着手进行反思。

5. 如何研读经典？

经典有无数种读法，语境主义的思路支持何种读法呢？

语境主义首先拒绝白板幻想，认为我们总是带着前见、带着对特定概念的直觉性把握进入文本的。相较于我们的既有理解，经典文本是异己之物，伽达默尔说，"诠释学问题的源起则是由于文字的传承物，亦即通过文字的固定化、持续性而对事件距离感到陌生了的传承物"[①]。许多经典文本都完好地存在着，但却需要一代代人不断对其进行诠释。社会思想背景在不断变迁，经典作家的问题意识、言说对象、言说方式也与我们熟悉的当代文本不尽相同，这导致作者视域与读者视域产生了差异，因此，原先能被自然理解的文字在后世读者眼中陌生化了。诠释正是为了在当下的语境中重新激活陌生的文本。可以说，诠释是一种翻译，以诠释者熟悉的概念来言说已经陌生化了的经典文本，使经典重新具有可理解性。当然，诠释不是熟悉的概念对陌生概念的单向"占有"，不是现代对传统、中国对西方的独白式叙述，而应该是一个对话的过程，"对传承物的每一次成功的占有会使它消融于一种新的、本身的熟悉性之中，在这种熟悉性中，传承物属于我们，我们也属于传承物"[②]。因此，诠释的结果是熟悉概念与陌生概念的融合，是诠释者的视域扩展。

白板幻想的实际后果是使我们对自己的前见缺乏意识，比如默认本体论、认识论、方法论等范畴是天经地义的，于是不顾"中国哲学"原典的

---

① 伽达默尔：《真理与方法》第 2 卷，商务印书馆 2010 年版，第 288—289 页。
② 同上，第 295 页。

自身逻辑，在其中搜索可以纳入这些现代西方哲学范畴的论述，最后再评价说这些在中国思想中只有朴素萌芽。

语境主义的思路也不主张自认为超越语境实则往往陷于自身语境而不自知的字里行间读书法，这类读法意识到了语境对文本的约束，但坚持某些经典文本可以超越历史、拥有永恒价值。我们认为，文本无法独立于语境，应该将文本视作特定语境中的文本来解读。但字里行间读书法的拥趸坚持说，致力于分析作者的写作语境虽有必要，但只是非常初步的工作，因为伟大的哲人和经典的文本都有一种超越性，写作者的意图和文本的意义超越了它所在的具体历史语境，历代哲人之间就永恒问题进行的隐秘对话远比哲人与他同时代的二流货色之间的对话重要。因此，真正重要的工作是细读文本、挖掘深意，而不是在语境与文本观点之间建立粗糙的因果关系。

因此，字里行间读书法的基本逻辑是，先预设存在至圣先哲，认为先哲在著作中严格贯彻了自己的意图，然后花大力气在寻找意图上。既然具体的文本完全被作者的单一/融贯意图所统摄，而字面上的言辞又存在多种解读可能性，那么自然，有些可能性只是烟幕弹，关键是要发现"那个意图"。经过某种操作，作者的意图被挖掘了出来，成了唯一的、或隐或现贯穿全书的意图。破解意图后，再回去解读文本的实质内容就容易了：这些说明了他的这一意图，那些是显白教诲，千万别当真。于是解读文本成了一个找出怪异表述，然后以双重教诲为中介将其绕回那个单一/融贯意图的过程。于是，这类读者不断绕回"诗哲之争""城邦与哲学的张力"之类的套话，似乎所有文本都是在用各种怪异的体位操演这些套话。

不过，暗示存在一种基于人之超拔本性的、历代卓异之士都会寻求的哲学生活传统似乎并没有什么根据。智识生活的具体形态、文本写作的具体策略究竟如何，这些问题本身都需要作语境化的分析。我们不能把苏格拉底式的哲学生活、隐微/显白的修辞策略预设为研究的前提，而必须在语境化的研究中分析这种生活形态、修辞策略是否真的存在。

因此，语境主义要求在单纯的文本阅读之外做充分的语境重构工作。

所谓语境重构，就是使经典文本的语境成为我们自己的语境，这要通过视域融合来完成。在这一过程中，最核心的工作是使"我们据以理解的概念"和"我们想去理解的文本所使用的概念"勾连起来，了解经典文本语境中的陌生概念 X 相当于我们今天所谓的 Y，但又存在某些差异；了解经典文本中的 Z 和我们所说的 Z 其实含义并不一致。当然，语境重构与文本解读并不是截然两分的两个步骤，文本自身也是语境的重要组成部分。不过在实际操作过程中，我们一般会先作大致的语境重构，然后进入文本。

法学研究应当面向"范式中的经典"

陆宇峰[*]

青年的自然法学研究者,正在为中国法学的发展现状感到焦虑。他们敏锐地看到,在近几十年来涌现的海量法学作品中,鲜有富于真正的洞见、可以跻身"经典"者。他们同时强调,正是对"经典"的重视不足,须为这一现状负责。我基本赞同这种判断,不能把握旧的"经典"与无法产出新的"经典"这种理论能力的双重匮乏,确实是相互关联在一起的。但我希望进一步澄清三个问题:就法学研究而言,何谓"经典"?在何种意义上,当前的法学研究没有重视"经典"?如何借力"经典",推动未来的法学研究?通过澄清这三个问题,我试图说明:法学研究应当把"经典"与"范式"结合起来,面向"范式中的经典"。

一

就法学研究而言,堪称经典者,绝不只传之后世这一标准。经典应当同时具备"经的权威"和"典的厚重",由此确立指导法学研究的"范式"。

旧时代的"经",据刘勰的《文心雕龙》解释,是"恒久之至道""不刊之鸿教"。在法学研究领域,它们奠定了基本的原理,《春秋》

[*] 陆宇峰,华东政法大学科学研究院教授。

如此，《理想国》亦如此。固然，以今日的眼光看，一切经的权威都是历史性的。但经的权威，毕竟曾发挥"排除论证"的功能，使某些基本法律原理在较长时间内，成为不证自明的研究起点。这就不仅奠定了法学大厦的根基，而且极大减少了法学知识的重复生产，抑制了"法学垃圾"的泛滥。

甲骨文的"典"，是象形字，下为大，上为册，"大册"也。"大册"的厚重，不在篇幅之巨，而在学理之凝练、涵摄之广泛。康德《法的形而上学原理》如此，卢曼《社会中的法》亦如此。变化万端的法律现象，都可以纳入典的视野加以圆融通达的解释；形形色色的法律问题，都可以依靠典的学理做出一以贯之的回答。在解释与回答的过程中，法学不仅在内部体系的架构上日臻成熟，而且因应外部现实的发展不断完善。

经的权威与典的厚重缺一不可，二者共同作用于法学研究的"范式"形成。一种"范式"团结起一个研究者共同体，他们接受共同的经典训练，具有共同的问题意识，预设共同的基本理论，采用共同的基本视角和基本方法，以探索未知的法律现实。经典跨越时间的奥秘，就在于一代又一代的法学研究者，在少量"范式"之下持续接力；经典应当重视的原因，就在于通过确立"范式"，凝聚了众多法学研究者的共同努力。

二

当前的法学研究确实未能充分重视经典，但这并不简单地表现为阅读经典的法学学者和引证经典的法学作品有所减少。更深层次的问题，还在于经典所确立的范式没有得到认真对待。研究者对指导自身研究的范式缺乏认识，自然谈不上真正重视确立范式之经典。这个问题不解决，多读一些经典少读一些经典，多引一些经典少引一些经典，无甚分别。

不重视经典的法学研究，大致可分五种类型：一可谓"文人法学"，对既有的研究范式及其成就毫无所知，以为靠着个人的才情，即可"发前人所未发"，因此无视经典；二可谓"方法法学"，看不到方法背后的理论和价值预设，特别是认为科学方法"放之四海皆准"，可以替代范式、超越范式，支撑起无范式的研究，因此疏远经典；三可谓"例外法学"，试图借助对某个法律命题的批判，或者对某个法律现象的特殊解读，否定能够将诸多法律命题体系化、将诸多法律现象予以融贯解释的既有范式，这是低估经典；四可谓"教条法学"，相信"永恒的主题有永恒的答案"，不承认特定范式总是更加适合于特定主题，不承认法律变迁必然要求法学研究的范式转换，甚至逐渐走向脱离实际法律问题的"纯经典"研究，这是高估经典；五可谓"杂耍法学"，不是把经典定位于范式之中加以阐释，不是在范式传统之内接续经典开创的研究，满足于只言片语的感悟或者"六经注我"，这是滥用经典。一般对法学研究不重视经典的抱怨，主要集中在前三种；其实后两种，损害可能更大。

五种类型在整个法学研究中都广泛存在，并不分别对应于具体的领域。即便把范围缩小到理论法学，情况同样如此。法理学号称崇尚体系化建构，但在法律功能、法治模式、法律发展道路等问题领域中，"文人法学"却随处可见；法社会学按说经典作家众多，但随着研究方法的日益"科学化"，其成果却日益碎片化，充斥着得不出有意义结论的"方法法学"；比较法学的初衷是寻求法的普遍性，但在自身实用性和功能主义方法的当前危机中，出现了"例外法学"的潮流；法经济学起源于对概念法学的反动，如今却深陷"经济学帝国主义"，依靠成本收益分析建立起新的"教条法学"；法哲学对经典阅读的要求最高，但面对复杂社会的法、风险社会的法、信息社会的法等找不到现成答案的问题，沦为炫技式"杂耍法学"的成果也不少。说到底，如果不能深刻把握经典所确立的范式，在此基础上持续推进研究，经典终将以各种方式不被真正重视，直到有能力的学者将它们从故纸堆里重新翻出。

三

推动未来的法学研究，仅仅倡导阅读经典是远远不够的。只有紧紧围绕经典所确立的研究范式，展开多重反思，才能借力经典，有所改善。

第一重反思，涉及范式的定位。要求剖析自身研究所依凭的基本视角、理论、方法，进而明确自身所属的研究范式，并寻找和阅读确立该范式的相应经典。这将有助于更加客观的自我评估，进而产生对法学学术传统的尊重，形成在存量研究的基础上踏踏实实开展增量研究的意识。第二重反思，涉及范式的运用。要求从经典再出发，理解范式产生发展的社会思想背景和主要问题意识，相应地选择和进入最适合自身范式性训练的现实法律问题。这将有助于在有效利用经典智慧的同时，尽可能避免一叶障目的"范式自负"以及从文本到文本的"理论空转"。第三重反思，涉及范式的重构。要求把自己的研究扩展到经典从未触及的现实法律现象，利用由此带来的压力重新理解、解释、发掘经典，提升变迁环境下既有范式描述、分析和解答现实法律问题的能力。这将有助于最大限度发挥经典的潜在能量，促进既有范式经由"变异""选择"达致"再稳定化"。以上三重反思，是每一位法学研究者都可能做到的，完成这三重反思，就可能为法学知识的再生产做出贡献。

但还存在第四重反思，涉及范式的突破。当越来越多的法律现象，不再能够被纳入旧范式的全面观察，当越来越多的法律问题不再能够得到旧范式的明确回答，范式转换的契机就到来了，这只能归因于社会的演化。不过，社会演化以及相应的法律演化，都不会自动呈上法学研究的新范式。旧范式的砖瓦已经剥落了，其运用却惯性尚存，其体系持续处于重构之中；旧经典的光芒已经黯淡了，其权威却被"专家"维持着，不容"外人"置喙。只有那些真正通过对现实法律现象的观察和对现实法律问题的研究，熟悉旧范式、旧经典的力量与弱点者，才可能洞察其顽强生命的大限；才勇于揭示其无可挽回的朽败，从根基处全面摧毁之；才可能跳出被旧范式束缚的视野，重启被旧经典终结的论证，阐述改变法学研究方向的新视角、新原理、新方法。这意味着新经典的产生，同时也意味着新范式的确立。

四

总而言之，经典对于法学研究至关重要，但脱离范式这个中间概念，不能说明二者关联的方式。法学研究应当重视的经典，是那些推动了范式形成的作品；制约当代中国法学研究水平的根本问题，在于没有认真对待经典所确立的范式；未来的中国法学研究要实现质量提升甚至产出新的经典，研究者们就必须展开艰难的多重反思，持续面向"范式中的经典"。

法哲学著作的两种读法

沈宏彬[*]

这次笔谈的主题是"经典阅读在法学教育和法学研究中的意义",而在法学研究的各个领域,都会有相应的"经典",比方说民法的学者可能会认为王泽鉴先生的著作是经典,而行政法学者会认为王名扬先生的作品是经典等。鉴于我个人是做法哲学研究的,因此我在这里限缩一下讨论的范围,只谈谈法哲学领域中的经典在法学教育和研究中的意义。这篇文章将分为三个部分,首先是有意义的法哲学阅读和研究本身是什么样的;其次,我将以康德和罗尔斯的实践哲学为例,对第一部分的主张加以具体化;最后,我将说明这种研究,对法学有什么意义和价值。

一

从我的经验看,很多人对如何阅读法哲学著作这件事本身,缺乏足够的反省。在阅读的时候,亦没有采取匹配法哲学著作性质的特定读法。他们所采取的读法,主要还是过去制式教育所接受的方法。这种读法可以用孟子所说的"知人论世"来概括,即我们要了解一个哲学家的理论,就必须首先理解他的历史背景、生活环境,进而以这些内容为脉络,理解他在

---

[*] 沈宏彬,华东政法大学法律学院讲师。

著作中究竟说了哪些事情，有哪些可被视为类似教材上"知识点"的东西。这些知识点往往是某个哲学家首先提出或者由他发扬光大的观点或主张。例如阅读康德《道德形而上学的奠基》，"绝对律令"自然是一个知识点，而阅读穆勒的《论自由》，"伤害原则"则必然是一个知识点。当一个人理解了历史背景、人物生平、特定的知识点之后，他就会认为自己读懂了康德或穆勒。进而，如果他觉得自己的生活经验印证了康德的某些主张，或者康德的某种具体观念给他了一些启发，他可能标榜自己为一个"康德主义者"。

与这种读法相应的，是某种法哲学的研究方法。当这个人读了很多经典的著作之后，他会积累很多的历史背景和理论知识点。此时，他便会尝试将这些知识点进行某种排列组合或者引申联想。这种引申联想的线索往往是他所理解的思想史或观念史。比方说，从某种思想史的角度看，休谟的理论启发了康德，那么这些学者往往就会以康德理论为最终理论形态演化的目标，反过来诠释休谟的主张，指出休谟理论中的各种知识点是以何种方式暗含了日后被康德所发展出来的理论萌芽。总的来说，哲学的工作被视为对各种既有事实和观念的理论化整理和拼凑。这类学者的文章，往往呈现出以下的结构：围绕一个主题，张三说了什么、李四说了什么、王五又说了什么，以王五的理论为最终的形态去诠释前两者，最后结合自己的经验或所谓的"中国经验"，对王五的理论做某种肤浅的调整。

然而，我认为上述做法实际上都和法哲学的基本性质相冲突。法哲学在实际上是哲学的一个分支，而众所周知，哲学是一门反思性的学科。它所关注的问题是"对 X 客观正确的理解是什么"或"在议题 X 上，客观正确的做法是什么"。因此，哲学是一个非常特殊的学科。它并不给人们带来任何新的知识，而是对既有知识的整理和反省。从精神气质上说，从事哲学的人，并不是那种对新鲜知识和信息充满好奇的人，而是对生活的责任格外敏感的人。我们相信苏格拉底的那个著名主张，即正确地生活比活着更为重要，因此"未经审查的生活是不值得过的"。我们担心自己过生活所依赖的那些观念和主张，实际上是虚幻的。这将导致我们其实过了一种"不值得过的"生活。

　　正因为哲学关注的是客观上正确的理解和做法，而思想史上任何人曾经给出的回答都不必然是客观正确的，因此以知人论世的方式阅读哲学著作便不可能获得任何哲学洞见，这种方式只能获得各种历史的或事实的知识。其实这并不是什么难以看到的道理，如果我们以对自身的伦理责任出发追寻哲学的话，知人论世式的阅读应该首先被排除，因为它根本不能回答任何真正的哲学问题。而很多人之所以没有看到这一点，在深层次上说，是因为他们并没有搞清楚自己进入哲学的理由是什么，或许只是某种机缘巧合、或许只是为了解决饭碗、或许只是对复杂的理论有某种兴趣等。以这些理由进入哲学，便很难意识到作为哲学根本的反思性，自然不会意识到上述并不复杂的道理。在这个意义上，如何读哲学、做哲学在我看来是和更深层次的问题相关的，这些问题到底涉及我们如何看待自己的生活、对自己生活所负有的责任，哲学其实是这种责任的一种表现形式。只有当我们意识到这种责任的紧迫性和重要性之后，哲学才可能与自己的生活关联起来，生根发芽。当然，这就是另一个话题了。在这里我们先回到读哲学、做哲学的问题上来。

　　假设你打算严肃地对待自己的生活，并因此打算读读哲学著作，经过上面的分析，你可能会沮丧地发现，哲学著作不仅不能以知人论世的方式来阅读，甚至哲学本身是一门不可传授的学科，只能靠自己的神秘悟性进行下去。这是因为，任何别人告诉你的东西，并不必然总是客观正确的。即便大名鼎鼎的康德说，道德的基本原则是"绝对律令"，我们依然可以追问，"康德说的真的就是对的吗"？所有外界接受的知识，必须经过自己的反省，确定它们真正合理之后，才能算是获得了哲学上的真知。那么，似乎阅读康德，无非是多知道了一种事实上存在的观念和教条而已，它和朋友圈里的主张、知乎豆瓣上的主张并无性质上的不同。如果我们想尽可能多地知道别人的观念，上网可能是比阅读经典更经济有效的方法。

　　不过，这个结论失之草率。尽管作为一门将反思进行到底的学科，哲学知识本身的确是不可教的，但并不等于这门学科是某种神秘的事业，亦不等于哲学经典没有任何阅读的价值。哲学知识固然是不可教的，但哲学化的方法却是可教的。通俗来说，所谓的哲学化，就是思考哲学问题的理论规划或步骤。比方说，我们想知道法律客观上究竟是什么，此时我们该如何入手思考这个问题呢？其间的步骤有哪些？又该在哪里停下，确信自己得到了真知呢？因此知乎上的一个人，可能和康德一样，主张道德的根本原则是绝对律令。相较于这个人，康德的独特之处在于，他有一套明确的哲学化方案。他能讲得清楚自己的推理从哪里开始，经过了哪些步骤，以及为何最终的结论是稳固的。因此，无论你是否赞成他最终的结论，他的整个主张都是可理解的，你知道他为什么会这么说。而知乎上的那个人，可能只是个人经验的总结或者冥想的结果，我们根本无从理解他为什么会这么说，因此即便其结论和康德一致，我们也只能说，这是瞎猫逮了死耗子。

在我看来，哲学领域之所以有一些著作会成为经典，主要就是因为它们提供了一些相当精彩的哲学化方案。阅读这些经典著作，就给我们提供了接近哲学知识本身的路径。当然，在经典作品中，哲学化和具体的哲学主张和教义是混在一起的，后者是前者运用所得出的结果。这就给我们的阅读提出了一些规范性要求。相较于知人论世、获取知识点式的阅读，旨在学习和体会哲学化的阅读，要求我们将阅读的侧重点，从关注经典作品具体说了哪些教义，以及这些教义在思想史上有何种关联，转向作者是如何得出这些教义的，他的论证起点、步骤和最终结论各是什么。当然，和知人论世的阅读相似的是，学习和体会哲学化的阅读，同样要求我们认真对待作者的每个具体主张，而不能潦草读过，因为只有这样才能更精确地体会作者的哲学路线图。

值得一提的是，尽管这种读法同样要求认真阅读既有的哲学经典，但它反对一种当下非常流行的读法，即"句读法"。很多读书会使用这种读法，往往会导致一下深入到文本的细节中去，看不到哲学家的整体哲学化方案和论证路线图。并且，由于缺乏整体的方向把握，这种读法很容易沦为一种糟糕的随意联想。看到某几个句子，感觉似乎和自己之前读过的另一些哲学作品类似，然后就随性发一通感想。显然，这种做法除了将小范围的误解转化合并成大范围的、更难纠正的误解之外，对促进我们对某物的正确理解或者对某个议题的正确做法毫无帮助。

有读者会说，邓晓芒先生对一系列德国古典哲学作品的句读解析，并没有出现上文出现的这种情况，可见句读这种方法并非完全不堪用。事实上，这种主张只看到了表面。邓晓芒先生对这些作品的解析，是以他已经对这些作品的整体有了充分把握之后，在能在逐句解析的时候，不至于陷入"只见树木不见森林"的尴尬境地，更不会导致随意联想发挥的问题。这种整体性的把握在其著作《思辨的张力》中比较完整地得到呈现。其中，邓晓芒以"否定"和"反思"这一组概念，刻画了黑格尔思辨哲学基本的哲学化方案。而建立在这个基本把握的基础上，他在《精神现象学》句读中，就着力说明这部著作中是如何包含和发展这两个要素，从而包含了整个黑格尔思辨哲学的真正开端的。如果没有邓教授的这种整体把握，只讲句读，显然并不足取。

最后，与这种哲学阅读相应的，也有一种做哲学的方法。一旦我们通过阅读，获得了某个哲学家的哲学化方案，我们就能将这种方案运用到那些他未曾讨论的话题上去，在这些话题上获得真知。同时，我们也能借助这套方案，反过来思考这个经典作家的曾经确定的那些具体教义和主张。如果我们发现这些具体结论和其根本的哲学化方案不符，也能做出合理的调整。此时我们会有充分的理由主张，这些具体的观点其实并不是这个作家真正的本意所在。由于通过运用经典作家的哲学化方案，最终有助于我们在各种议题上获得反思性的真知，而这符合哲学反思性的基本属性，因此我认为这才是真正妥当的做哲学的方式。

二

上述对哲学化的说明比较抽象，我将在本节中借助康德和罗尔斯的理论，具体说明究竟什么是哲学化，以及当我们获得了一个哲学化方案之后，应该怎么运用到其他议题上去。在此需要先行说明的是，某个哲学家究竟采取了何种哲学化的方案，同样见仁见智。我对康德哲学化方案的说明，主要是承接了英美分析哲学传统下对康德的解读。这种解读主要是由罗尔斯提出的，克里斯汀·考斯嘉德在《康德与罗尔斯：论实践的首要性》这篇文章中，将这种哲学化方案较为明确地总结出来。我在这里主要是重述一下考斯嘉德在这篇文章中的看法。

在考斯嘉德看来，康德的哲学化方案的核心是所谓"实践的首要性"。这就是说，康德并不是将哲学视为某种纯粹的逻辑或推理游戏，通过证明自己前提的永久稳固性以及推理的严密性，从而证明自己的结论是正确的。康德意识到，如果我们要想避免陷入独断论的泥潭，那么就应该承认，永恒稳固的实质性前提是很难获得的。退一步讲，即便得到了这种前提，它可能非常稀薄以至于不能推导出任何有意义的结论。因此，康德否定了这种哲学化方案，转而提出了一种代替性的哲学化方案。康德的方案主张，我们应该将哲学视为，对理性行动者所面临之根本行动难题提供解决方案的事业。哲学家通过尽可能详细地描述我们所面临的某个深刻的实践困境，并将自己的观念作为这一实践困境唯一或者最佳的解决方案提出来。如果作为理性行动者，我们认为这个学者所描述的实践困境的确是我们所遭遇的，而他给出的解决方案在我们看来也的确是最合理的，那么这个学者的主张就是客观正确的观念。

以康德对绝对律令的说明为例。人们普遍承认，道德是对所有自由的理性行动者都具有约束力的规范性实践，但道德的规范性来源是什么，始终没有一个明确的说明。这是因为，任何试图对道德规范性来源予以说明的人，都会遇到这样一个实践困境。一方面，自由的理性行动者之所以会被视为是自由的，就是因为我们与单纯依靠生理刺激和冲动而行动的动物不同，有能力不完全受外在自然世界的因果律的支配而行动。因此，道德作为约束自由的理性行动者的普遍法则，似乎和我们的自由存在根本的张力。但另一方面，如果要主张我们自身是自由的，那么自身的意志就应当能够成为行动的原因，而原因的概念中必然预设了某种法则，不存在不依赖任何法则的"原因"。道德作为自由的理性行动者，在行动中必须普遍遵循的准则，它又是使得自由成为可能的预设条件。上述两个相互紧张的条件并不是偶然凑在一起的，而都是从"自由的理性行动者"的概念中分析出来的，因此道德作为自由的理性行动者行动的普遍准则，对其规范性的妥当说明就必须面对和解决这个实践困境。

建立在对道德所面对的实践困境的描述上，康德就能拒绝两种不同的论证策略，它们共同的缺陷是，忽视了道德所预设的实践难题中的某一方面。以霍布斯和普芬道夫为代表的意志论，认为道德是由处于自由的理性行动者之外的某种意志规定的，这就忽视了自由的理性行动者中"自由"的一面；以休谟和威廉斯为代表的主观论或者欲望论，虽然意识到对自主意志的规定不能来自行动者之外，但他们诉诸的行动者自身的欲望，并非是一种遵循准则行动的动机，而是偶然和随意的，这依然无法说明自由的行动者在概念上何以可能。康德的解决方案是，既然一方面自由的理性行动者之所以是自由的，必然依赖某种准则，但同时这种准则又不能从行动者之外强加给我们，那么对上述实践难题唯一合理的解决方案就是，自主的意志只可能遵循一种准则，这种准则就是自主的意志本身意愿其成为普遍的准则。这就是绝对律令。

让我们把注意力转向罗尔斯。在说明自由主义社会所需遵循的公共正义原则时，人们常常会遇到这样的难题。一方面，在这样一个社会，人们持有不同的合理善观念，因此建立在任何特定善观念之上的正义原则，对那些不赞成这种善观念的人来说，就不可能被视为一种可接受的正义原则。这样，任何宗教的观念、灵魂拯救的观念、家族生活的观念、康德式的自主观念，或是某种快乐主义的观念，都不可能成为正义原则的基础。但另一方面，自由主义社会同样需要一组公共的正义原则作为基础，否则不同的善观念将会导致猛烈的冲突，人们会陷入类似霍布斯所说的自然状态，自由主义社会将不复存在。

罗尔斯在解决上述问题时，有意识地调用了康德的哲学化方案。他并没有如某种自然法理论那样，寻找某种普遍适用的"实践推理的第一原则"，因为这样做显然会依赖于某种特定的形而上学理论与相应的善观念。但与此同时，他没有像某些霍布斯主义者那样，将这个问题转化为人们基于相互利益可能达成何种妥协方案，因为这种基于相互利益的妥协是非原则性的，不可能保持自我稳定。所以罗尔斯意识到，合格正义原则的合理性基础，必须是自由主义社会成员所能共享的，才能确保这些原则在自由主义社会内部稳定地确立起来。为了具体确定这种合理性基础，罗尔斯的无知之幕就试图屏蔽那些有争议的观念，在屏蔽掉这些观念之后，在原初状态下的人们所能达成的合乎情理的协议，显然就是符合要求的原则。罗尔斯所主张的两项正义原则，就是最终的结果。因此，在深刻的意义上，罗尔斯的确是一个鲜明的康德主义者。

我不打算在这里检讨康德和罗尔斯的具体论证是否正确，真正重要的是，我们可以看到，以罗尔斯和考斯嘉德的方式读康德时，康德就变得"有用"起来。我们可以借助康德的哲学化方案，寻找我们所感兴趣的那些议题的真理。这些议题或许康德本人曾经涉及过，但借助他本人的哲学化方案，我们可能会得出不同的结论，此时我们可以有把握地说，康德哲学（Kantian Philosophy）并不支持康德本人的具体结论。

三

在上面的讨论中，我着力讨论了哲学著作的合理读法和做法。法哲学作为哲学的一个分支，当然也适用于这些读法和做法。明确了这些内容之后，让我们回到"法哲学领域中的经典，在法学教育和研究中的意义"这个议题上来。顾名思义，法学教育和研究的对象是法律实践，因此要回答这种读法是否会对法学教育和研究有所助益，就必须首先搞清楚法律实践的结构和性质。我并不打算在此处详细讨论这种结构，只需明确一点：法律是一种规范性事业，它是通过给出义务性理由的方式，指引人们的行动。因此，只有当法律给出"真的"行动理由时，我们才可能遵循法律的要求。这就是说，只有当法律真的要求我们纳税时，我们才应该去纳税。

法律真的要求了什么，这依赖于对理由的论辩。在法庭上控辩双方的律师唇枪舌剑，就是在确定对本案来说法律真的要求了什么。这种关于理由的论辩包含了一个辩护梯度，论辩会沿着这个辩护梯度逐渐上升。例如美国的宪法禁止残忍而异乎寻常的刑罚，因此当美国律师在最高院论辩死刑是否违宪这个具体的法律问题时，就必须确定，死刑是否"真的"是法律所说的那种"残忍而异乎寻常的"刑罚。而要确定这一点，就必须进一步论辩真的合乎情理的原则是什么。而此时，我们已经突破法教义学的限制，故而单凭法教义学已经无法充分回答这个问题。法哲学作为对法律领域客观真理的反思，提供了相应的一套"有用"方案，去探索我们需要的真理。而以本文所推荐的阅读和研习经典的方式，由于其焦点就是学习先贤获得真理的基本规划和方案，因此这种读法对法学研究和教育的意义自不待言。

此处应当补充说明的是，不同的哲学经典提供了不同的哲学化方案，而在这些方案间如何做出选择，因此，单纯从哲学层面来说，选择何种哲学化方案取决于我们个人的哲学品位和偏好，并无太多客观标准遵循。但对法哲学这种具体的哲学分支来说，法哲学的哲学化方案会受到法律基本性质所施加的限制，并不是任何一般哲学的哲学化方案都能被运用于思考法律问题。概言之，法律作为一种提供公共行动准则的规范性实践，它所提出的规范性要求，应当是社会中所有理性行动者有能力加以理解和遵循的。这就要求在探索法律所需要的真理时，我们采取的方法需要满足"公共性"的要求。那种过于晦涩含混的方案，甚至公开否定理性的公共运用等基本观念的方案，显然不适合法哲学，也不适合用于法学的研究、教育与实践。如果运用这些哲学化方案所获得的的确是真理，那么对法律而言，唯一的结论便是它是一个糟糕的玩笑。我们真正需要的是接受那些能够洞见包含在哲学文本中隐微真理的哲人王的统治，而不是法律的统治。但我相信，真正应该被嗤之以鼻的，不是法律实践，而是故弄玄虚的主张本身。

法学教育何以需要阅读经典

周国兴[*]

经典赋予我们认知能力，正是在思想家们为我们准备好的基础框架（也即基本概念和范畴）当中，我们才能着手思考"法律"这一法学教育的核心素材及其与法律人这一"教""育"双方主体的关系，我们才有讨论法学教育之属性及其实践目标的分析方式。可以说，经典阅读是法学教育的"正确打开方式"。

首先，从法学教育的实践目标来看，法学教育首先是公民教育，其次才是职业教育。

杜威的教育经典告诉我们："教育必须首先是人类的，然后才是专业的。"[①] 法学教育并不是简单地传递法律知识，它与法律人的道德能力具有紧密的逻辑关联，因为法律人阐释、运用法律和推进法制改革的角色要求他们"具有宽广的胸襟、博大的胸怀，而不仅仅是狭隘的技匠"[②]。作为法治实践主体的法律人是谁、他们做什么、他们在社会中的作用、他们如何设想他们的角色、他们的方法和视角，很大程度上受制于他们一开始接触的训练。[③] 我们本土的法律文化现实与法治建设实践要求我们的法学教育

---

[*] 周国兴，昆明理工大学法学院副教授。
[①] John Dewey, *Democracy and Education: An Introduction to the Philosophy of Education*(Indian Edition), Aakar Books, 2004, p.207.
[②] See Neil MacCormick, "The Democratic Intellect and the Law", in *Legal Studies*, vol. 5, no.2 (2006), p.175.
[③] 参见马克斯·韦伯：《论经济与社会中的法律》，张乃根译，中国大百科全书出版社1998年版，第198—214页。

首先应当是公民教育，其次才能是职业教育。

一方面，在我国传统的法律文化内涵中，儒家传统礼治观念根深蒂固，既制约着人们对法律规范力量的态度，又限制了人们质疑权威的能力，形成了顺民的法律文化，这多少构成了目前法治中国建设的障碍。另一方面，虽然改革开放后"摸着石头过河"重新开启法治国家模式的试验，从1979年率先实现刑事制裁的法制化到1982年《宪法》及其四次修订，从党的十五大明确提出"依法治国，建设社会主义法治国家"，到党的十八大"建设中国特色社会主义法治体系，建设社会主义法治国家"，法治中国建设取得了一系列成就；然而，"法治国家、法治政府、法治社会"三位一体的法治中国目标的实现，绝不能仅仅依靠国家机关自上而下的制度改革、立法与修宪，更要透过法学教育使法治的精神与理念持续向下传递，使法律主治的规范意识与权利保障的宪法意识在作为未来社会主体和法律人的学生心中生根发芽，逐渐内化为我国社会的核心价值，进而形成自下而上的自发机制，法治中国才可能真正实现。

然而现下我们的法学教育却过分重视专业知识（固定教学大纲、指定教科书）的传授和专业技能（诊所式法律教育、案例教学法）的养成，忽视基本人文素养的培植，忽视大学生人格、德性的养成和发展；将法学教育定位为传授专业知识和技能的职业教育（司法考试／法律职业资格考试），忽视其"完善精神品格"的公民教育面向。法科学生们在大学"念的是实用（技术）性的知识，……现在受高等教育绝非意味着品德和人生理解上的长进，而是技匠的培养"[1]。这种功利化、工具化的教育导向将学生规训为"专业上的巨人，德行上的矮子"。他们既对现行法律建制与法治实践的合法性缺乏必要的内心认同和确信，又对现行法律建制和法治实践的正当性缺乏自觉的反思和批判能力；他们既无法对法治实践中涌现出来的消费主义文化和异化现象保持清醒的认知，也无法从学理的角度审视现有法治理论和法治实践的局限性，更无法超越专业知识的层面思考社会

---

[1] 刘小枫等：《大学改革与通识教育》，载《开放时代》2005年第1期，第44页。

秩序的型构及其正当性等终极性问题。

可见，着重专业化的法律知识传授和法律技能培训的职业教育并不能型塑法律人的法治人格和法治能力，无法培养具有规范意识和责任意识的法治公民，更无法使未来的法律人经由自主反思和批判后形成对法治中国实践的认同。职业教育所具有的技能性特点必须受制于公民教育的伦理属性，以培养公民德性为旨归的公民教育可以矫正职业教育的功利主义、实用主义和唯专业论倾向。因此，强调法学教育的公民教育面向，通过经典阅读型塑法科学生的主体意识、权利意识、参与意识、平等意识、宽容态度、理性精神、人本观念等独立的法治人格和法治思维方式，突出责任、程序、宪政、正义等法治理念，形成法治的生活方式和生活态度，进而形成尊重多元价值的气度，养成"德行上和专业上的法律巨人"，能够化解顺民法律文化，拉近法治实践与法治理念内核之间的差距，促进法治理念在本土的落实。

此外，法学教育中的经典阅读，既是思想资源，也是思维能力的规训。法学教育所具有的公民教育与职业教育双重属性需要阅读经典。

第一，从法学教育的公民教育属性来看，法学教育首先是一个塑造法治人格、涵养公民道德、发展公民理性、追寻法治意义的公民教育过程。

何为公民教育，这并不是现代人才有的现代问题，而是人类共同体的永恒主题，亚里士多德告诉我们："即使完美的法制，而且为全体公民所赞同，要是公民们的情操尚未经习俗和教化陶冶而符合政体的基本精神……这种终究是不行的。……应该培养公民的言行，使他们在其中生活的政体……能因为这类言行的普及于全邦而收到长治久安的效果。"[①] 马基雅维利告诉我们如何驯服君主使之具有德性以驯化品德败坏的佛罗伦萨市民；霍布斯、洛克、卢梭等理论家们告诉我们自然状态下的自然人如何变成了政治社会的公民，如何将个体理性转化为公共理性、如何培养法治社会所需的理性公民，归根结底是个教育问题。

---

① 亚里士多德：《政治学》，吴寿彭译，商务印书馆1965年版，第275页。

从诸多公民教育研究的经典中,我们了解到,公民教育的实践目标,在于发展主体的认知结构与社会公共参与的动机,型塑公民伦理,锻造公民意识,通过公民个体的公共参与,生成美好与公正的社会;公民教育的理念就是培养集公民主体性、公民伦理与公民实践能力为一体的公民美德(virtue)。我们可以知道,公民美德就是个体基于法律赋予的公民身份参与社会生活与公共事务所应具有的道德品行,既包括公民良好的道德品质,也包括在公共空间中对公共政策、道德判断等进行理性争辩的态度,更包括促成社会公共福祉的善良公民行动。它标示着个体不仅具有民事主体之自然人(person)的身份,还具有宪法建制意义上的公民身份,体现了个体的公民性(civility)。公民身份是政治和法律身份的结合体,反应了个体与国家之间社会契约的互惠本质,它不仅是法律规定的地位、权利和职责,而且是作为好公民应尽的义务、忠诚和责任。[①]由此,我们知道了公民身份与现实政法建制的关联性,就能够理解为什么法学教育首先应该是公民教育,并进一步明确作为公民教育的法学教育,其首要目标是锤炼大学生的法治人格,在公民教育理念的关照下塑造法科学生的规范意识,使之了解法治理念的基本内涵和既有的合宪规范,并能在权利生活中尊重他人的基本权利。

第二,从法学教育的职业教育属性来看,法学教育也是一种探索法学知识、培养法律技能、准备法律职业的途径。法学教育就像一座记忆之城,诉说着有关法律兴衰、法治实践的诸多知识,而诸多经典论著,就是砌成这记忆之城的砖瓦。

例如有关"什么是法律"这一核心问题,自然法的经典旨在回答"法律应当是什么",关注法律的道义正当性问题,主要使用价值分析方法;而法实证主义的经典旨在回答"法律实际是什么",关注法律的逻辑自洽性,主要使用逻辑实证分析方法;社会法理论则旨在回答"法律实际上有什么用",关注法律实施的有效性,主要使用社会实证分析

---

① See Derek Heater, *A History of Education for Citizenship*, London: Routledge Falmer, 2004, p.195.

方法；而马克思主义的经典则旨在回答"法律与物质基础的关系"，关注法的物质基础以及法对物质基础的反作用，主要使用阶级分析方法。再如，对"人们为什么应当遵守法律"，不同的经典也大致形成了承诺论、功利论和公平论的解释进路。可见，由于学术立场、价值选择与观察角度等因素，不同的经典对法律的观察和描述都只是认识法律的一个维度，法学教育要想全景式地表达、传递有关法律的全景知识，明智的做法应该向卡尔维诺《看不见的城市》那样，展示不同的"城市"以及建成这些城市的不同"砖瓦"，而不是提供一个"样板间"。只有阅读经典，走进不同的典籍，介入不同经典思想家的对话，倾听他们有关法律秩序的诉说，分析每个经典文本产生的特定时空，进行"语境化的""情景式的"甄别与体认，才能思考他们各自的内在逻辑以及彼此间的理论分歧，才能避免对他们的理论作大而化之的平面化处理，才能经由批判性阅读，形成自己的独立判断，进而才有可能想象我们的未来社会生活的理想图景，才有可能就"人类社会秩序的正当性与可欲性"这一终极问题与西方构成实质对话。借用李宏图老师的话来说，只有通过阅读经典，我们"才不会盲目地轻信于某种占主流地位的观念，帮助我们理解久远的价值观念如何凸显在我们今天的生活方式中和我们今天思考这些价值观念的方式，反思在不同可能的状态中、不同的时间里我们作出的一系列选择。实际上，这种理解能够有助于我们从对这些价值观念的主导性解释的控制下解放出来，并对它们进行重新理解"[①]。

总之，"学生是有血有肉的人，教育的目的是为了激发和引导他们的自我发展之路"[②]。经典阅读是法学教育引导法科学生自我发展为法治中国德性的法治公民和专业的法律人才的必经之路。

[①] 李宏图：《在历史中寻找自由的定义》，载昆廷·斯金纳：《自由主义之前的自由》，李宏图译，上海三联书店 2003 年版，第 150 页。
[②] 怀特海：《教育的目的》，庄莲平、王立中译，文汇出版社 2012 年版，前言。

法学教育与经典阅读刍议

杨立民[*]

经典著作应该是指那些公认的具有创设性、启迪性、思想性的著述。它们能够经得住历史的检验，不会随着时间的流逝而逐渐被淹没，反而会因为其思想价值而在人类历史的长河中占据一定的地位。经典著作是人类先贤的智慧结晶，阅读经典不仅可以增长人们的知识和智慧，也是一种文化传承的方式。但是，在当前中国的法学教育中，功利主义和实用主义的思想主导了大多数学生的"阅读"习惯，他们感兴趣的不是充满了知识和智慧的经典著作，而是与专业考试、毕业文凭、求职就业有关的教科书和司法考试辅导教材。这其中也涉及法学的通识教育与法律的职业教育之间的区分与融合、法学研究的"智库化"趋向等问题。

一、学生们为什么不阅读经典著作？

法学在本质上是一门实践性学科，这决定了法学教育是一种职业教育，偏重于职业技能的训练。法学不像哲学、历史、文学等"象牙塔"式的人文学科，要求学生有了一定的阅读积累才能写出达到毕业要求的论文。法学是实实在在的社会科学，与社会实践有着紧密的关联。它要求学生关注的是"法律是如何规定的"，而不是"法律为什么这样规定"以

---

[*] 杨立民，上海对外经贸大学 WTO 研究教育学院讲师。

及"法律应该如何规定"。换言之，即使不知道西方的自然法学派、分析实证法学派、历史法学派、自由法学派都有哪些人、都做出了哪些理论贡献，学生们一样可以顺利毕业；即便不知道先秦时期的儒、法、道、墨等各家到底在争些什么、对中国传统法律和司法有何影响，学生们一样能够找到满意的工作。既然这样，又有多少人愿意去碰那些深奥难懂的经典理论著作呢？毕竟，趋利避害和好吃懒做是人类的两大天性。

演绎经典的前提是要精读经典，而且还要触类旁通地阅读与经典相关的其他论著，这是一件吃力不讨好的事情。[①]因此大家对与经典著作（尤其是深奥难读的经典著作）相关的研究主题大都避而远之，而是更偏好于那些能够从网络上直接获取资源的简单易懂的不需要"烧脑"的，最好是能够直接"Ctrl + C 加 Ctrl + V"的研究主题。在当前的中国，大部分社会问题都有可能转化为法律问题，而且这种社会问题法律化的趋势越来越明显，毕竟通过法律来实现社会治理是一个法治社会必然的走向。在这种时代背景下，可供法科师生研究的与法律相关的社会课题有很多。既然有这么大的选择余地和选择空间，那么学生肯定是要选择最简单、最省事、最拿手、最容易毕业的研究主题了。

很多学生还会认为：去读这些书的都是立志从事科研工作的，我又不准备以此为业，不读也罢。甚至，他们还会对身边那些博览经典的人抱有一种"敬而远之"的姿态，认为他们"与众不同"，这夹杂着些许的不屑和嘲弄。殊不知，即便准备从事法律实务工作，通过阅读经典著作来拓展自己的知识体系有什么不好？在校求学是为了增长知识和智慧，而不是只为了找工作。即便是以求职为目的，通过阅读经典来提高自身的理论水平和专业功底，也是百利无一害的。

可惜在这个浮躁而功利的时代，学生们缺乏阅读经典著作的原动力，而当前的法学教育体制也缺乏相应的激励机制——阅读经典太费劲，而且没有太大的直观预期收益；反过来，不阅读经典也不会有可视化的直接损

[①] 参见许章润：《经典：文本及其解读——关于阅读法学经典的五重进境》，《华东政法学院学报》2006 年第 1 期。

失。这种情况下，学生们也就不会"自觉"地去涉猎那些"用处不大"的经典理论著作了。

二、阅读经典著作真的不重要吗？

法科学生的浮躁性和功利性，在一定程度上是"情有可原"的，这与法学本身的学科属性和法学教育的培养目标有关。而且这种状况并非中国所独有，美国亦是如此。[①] 但是，法律职业毕竟不是纯粹的"技术活"，法律服务市场所需要的也不是只会背诵法条的"法律技工"。能够熟练地掌握"法律是如何规定的"固然重要，能够进一步分析出"法律为什么这样规定"以及"法律应该如何规定"则更为重要，其可预期的长远收益更为可观。

随着中国法制体系的逐渐完善，一些重大的法律问题不再是单纯地依靠对某些法律法规的熟知就能解决掉的，而是要上升到理论层面，从法理的角度去分析研究。所以，法律从业者既要熟练掌握相关的法律规范，也要对民法、物权法、合同法、公司法等法律的基本理论牢牢掌握好。理论基础打扎实了，无论法律、法规、规章、司法解释如何朝定夕改，都不会影响到你对整个法律体系的理解，因为万变不离其宗。笔者在一家律师事务所调研时，曾听闻一位合伙人对复旦大学和南京大学的法学毕业生所做的比较。他说，复旦学生的知识面很广泛，但理论底子不牢固；而南大学生的知识面不广泛，但理论基础很牢固，律所更喜欢的是后者而非前者。

三、法学通识教育与法律职业教育是否冲突？

法学是一门与社会实践紧密联系的学科，绝大部分法科学生最终要从事法律实务工作，因此法学教育要面向社会和市场，法学院校注重学生的

[①] 参见苏力：《美国的法学教育和研究对我们的启示》，《南京大学法律评论》1996年春季号。

职业技能和实践能力的提升是无可厚非的。[1] 但是，法学也是一门有着悠久历史传统的社会学科，而不是一门简单的技术专业，全面而完整的法学通识教育和系统性的法律职业培训是同等重要的，因此如何帮助学生建立起一个完善的法律知识体系是我们的法学教育应当着重考虑的。

但是，在当前的一些大学，尤其是一些政法类院校，法学本科阶段就开始分专业方向，学生们可以专攻某几个选定的专业，而"选修"甚至"不修"其他法学课程。这是一种非常功利的教育模式，是在培养法律技工，而不是法学人才。大学本科应该是通识教育还是专业教育的争议主要存在于学科之间，而不是一个学科内部。换言之，法科学生是否应当去兼修文史哲等其他学科的课程和知识是尚无定论的，但是法学专业内部的通识教育则是培养学生建立起系统而完整的法律知识体系的必经之路。

美国的法学教育是研究生教育，学生在进入法学院之前已经取得了其他学科的专业文凭，他们已经有了一定的知识积累和学业背景。而且美国法学院集聚了美国社会中最优秀的人才，师生的智力水平和学习能力都非常高。美国的普通法传统和案例教学方式也可以保证学生必须要接触各类经典著作，并且需要"学以致用"。[2] 在这种"天分+勤奋"的双重作用下，美国法科学生的理论知识水平在整体上是非常高的。反观中国的法学本科教育，学生入学前的知识体系来自于高中教育，法学知识基础几近为零，也没有其他的专业背景。因此，法学院校首先要帮助学生建立起一个完善的专业知识体系，为他们打下一个扎实的专业基础。

在一个知识和时间都日益碎片化的时代，如果在专业设置上不能让学生系统性地接受全面的法学类甚至整个人文社科类的知识教育，那么他们进入社会以后是不会有太多的时间、精力甚至"心情"再去接触那些所谓经典著作。最终，他们也真的成为囿于一些部门法知识的"专业人才"了。因为现在可"玩"的东西实在太多，网络占据了人们太多的时间

---

[1] 参见孔庆江：《法学实践教学：国际的经验和中国的反应》，浙江省法学会：http://www.zjfxh.com/detail.asp?ID=258，2017年4月30日最后访问。

[2] 参见苏力：《美国的法学教育和研究对我们的启示》，《南京大学法律评论》1996年春季号。

和精力，一天中能够沉浸在书籍中的有效阅读时间可能不及刷微信、微博等 APP 的十分之一。即便是古人所讲的"三上"时间，也基本上是在做一些与读书无关的事情。在缺乏"制度性激励"（如专业考试、课程作业、毕业论文等）的情况下，简单易懂的书籍尚且不读，更何况那些生涩难懂的理论著作呢？

总之，我认为法学院校在本科专业设置方面应该以法学通识教育作为基本原则，通过各项制度化的激励措施来促使学生多读、多写、多练。有时候仅靠"自觉"和"兴趣"是不够的，也需要一定的善意性的"强制"。在建立起系统而完整的专业知识体系之前，学生可能不知道自己真正的兴趣点在哪里。有比较才能看得清，才会有真正的体悟和取舍。因此，法学教育不仅要有法律职业技能的培训，也要有理论研究能力的提升；学生们不仅要学习与法律实务密切关联的部门法，还要学习与社会实践存有一定"距离"的理论法学（包括法理学、法史学、宪法学等）。即便到了研究生阶段，也应鼓励学生不仅要深入阅读其所选专业方向的经典著述，也要广泛涉猎其他专业方向的经典著作。

四、怎样看待法学研究"智库化"的现象？

如果说学生不去阅读经典书籍还算是"情有可原"，那么作为以教书育人和学术研究为志业的法学教师们是否也经常涉猎经典著作呢？根据我个人的观察，情况并不乐观。社会的浮躁性和功利性，同样也让老师不能免俗。在此，我们不妨先从法学研究的三个层次论起。

法学研究大致可以分为三个层次：基础性研究、应用性学科、修补性研究。第一层次的基础性研究如同做时装，重在创新。时装秀展现的是新理念、新风尚，基础学科研究展现的是新观点、新方法、新材料，两者有一个共同点，那就是能够实际"穿"出来的不多。基础研究提出的理论和观点能够直接应用于社会实践的不多。比如研究古代的法律制度对当下社会的实际作用肯定不会太大。这就如同秀场上的时装，能够直接在现实生活中穿的不多。第二层次的应用性研究就如同做服装，不求过于新颖，但求实用合时宜。这就像定制西装，款式很重要，合体、舒服也很重要。科研机构承担的实务部门发包的课题，大致属于这一方面的研究。新的法律规则出台以后，学界做出的一些解析性研究，也可归类到这一方面。第三层次的修补性研究就好比是修补衣服，哪里出问题了，哪里不合时宜了，哪里存在不足了，就要研究如何进行修改完善。司法部门的研究室所做的一些研究，大致属于这一方面。

当前，学术研究正呈现"智库化"的发展趋势，也就是第二层次和第三层次的研究受到学界的推崇，而第一层次的研究越来越被"抛弃"。这其中一个重要的原因是，开展第一次层次的研究是一项"吃力不讨好"的事情——进行学术创新岂是易事？"厚积"不一定能够"薄发"出来，更何况没有"厚积"呢。而后两个层次的研究多是与社会时事对接，不仅简单好做、易出成果，而且还有丰厚的经费支持，这对于以"两袖清风"为群体标志的中国学者来讲，是非常有诱惑力的。实际上，这种情况也无可厚非，毕竟学术研究要"接地气"是一种趋势，毕竟学者也要生存和生活。

但是，需要注重指出的是，学术研究还是要与社会保持一定的"距离"，甚至要坚持某种程度的"象牙塔"式的研究生活。唯有这样，才能"高瞻远瞩"，才能不为社会时局所扰惑。因此，第一层次的研究才是法学界应该注重和倡导的。基础研究虽然不易出成果，但是它所体现的某些理念和思想一旦被社会所接受，可能就会引领整个社会的风尚。这就像人们可能不会将整套时装穿出去，但是只要时装上的某些部分，如纽扣、领结、纹理等部分的样式能够被接受，那么就有可能引领社会时尚。比如，历史地理学是非常基础的学科，平日看来它好像没太大功用，但是一旦国家有了疆域纠纷，需要从历史上做出论证时，那么它的价值就很大了。又如，2011年出台的《刑法修正案（八）》在《刑法》第49条中增加了一款："审判的时候已满七十五周岁的人，不适用死刑，但以特别残忍手段致人死亡的除外。"这实际上是借鉴了我国古代"矜老"的法律传统，也符合现代刑法的人道主义价值理念。

当前法学专业的条块化设置，不仅导致学生对法学的认识是条款化的，老师也是如此。比如，一位刑法老师可能精读过《论犯罪与刑罚》，但未必系统地读过《论法的精神》《政府论》《社会契约论》《战争与和平法》《海上自由论》等启蒙思想著作，而启蒙思想家的这些经典著作构建了整个西方现代宪政体制和国家关系的思想基础。至于拉伦茨的《法学方法论》、凯尔森的《法与国家的一般理论》、富勒的《法的道德性》、德沃金的《法律帝国》、滋贺秀三的《中国家族法原理》、瞿同祖的《中国法律与中国社会》《清代地方政府》等经典著作，可能更是未曾谋面过了。反过来亦是如此。我作为法律史专业的毕业生，更多涉猎的是与本专业相关的文献资料，至于其他专业方向的经典著作（包括上述我所列举的一些著作），可能就是"只闻其名，未见其实"了。"术业有专攻"固然没有错，但是如果太"专"了也不是太好，与其"跑马圈地"式地囿于一个专业领域，不如多"出来透透气"，偶尔旁及其他专业方向的经典书籍，或许会有更好的收获，毕竟多学科的交叉研究也是一种趋势。

亚里士多德理论和实践的区分对法学教育的影响

陈 辉[*]

根据亚里士多德《尼各马可伦理学》第六章的说法：灵魂具有理性的（reason）和非理性的（irrational）两个部分。而灵魂的理性部分又可以再分为两个部分：一个部分是其本原不变的事物（whose principles cannot be otherwise），另一类是可变的事物。相对于这两个在种类上不同的对象，灵魂的理性部分中的这两个部分也要相应地做出回应。因为由于与它们的对象相似性（likeness）和亲缘关系（kinship），灵魂的理性部分的这两个部分拥有这些客体的知识。亚里士多德把前一种知识称为科学的知识（the scientific），后一种称为审慎的知识[①]（the calculative）。[②] 然而，这两种知识的对象具体是什么呢，或者说本原不变的事物和可变的事物分别指的是什么？亚里士多德首先区分了两种理智：沉思的理智（contemplative intellect）和实践的理智（practical intellect），这两种理智对应两种东西：

---

[*] 陈辉，南京师范大学法学院副教授。
[①] 对于第二种知识的翻译中文译本并不统一，苗力田译本译为"推算的知识"，廖申白译本译为"推理的知识"。笔者以为译成"推理的知识"误导性太强，尤其是考虑到推理科学知识最明确的手段就是推理，因此这个译法很容易造成误解；而"推算"这个译法倒是在一定程度上撇清了与"推理"混淆，但是仍然不彻底，笔者以为译成"计算""审慎""考虑"，区分效果可能会好一些。不过考虑到以上两位译者都将"deliberate"译成考虑，而"计算"过于日常和通俗，因此就在这里译成"审慎的知识"。
[②] 参见 Aristotle, *Nicomachean Ethics*, trans. by W. D. Ross, *Complete Works (Aristotle)*, Jonathan Barnes (ed.), Princeton N. J.: Princeton University Press, 1991, 1138b36–1139a16.

真（truth）和行为（action）。这么区分并不是说实践的理智不追求真，作为理智的一种它也追求真，不过它要达到的是真和欲求（desire）的一致。行为的起源（origin）是选择（choice），而选择的起源是欲求和指向某种目的（end）的理性（reasoning）。理智（intellect）本身不推动任何事物，但是指向一个目的的理智是实践的（practical）。① 这样亚里士多德的意图就非常明显了：所谓科学的知识就是只与真相关的沉思的理智所思考的对象。因为亚里士多德认为属于科学知识②的东西具有的特征是：科学上被认识的东西是不能变化的（cannot be otherwise），我们无法观察到能够变化的东西，因为我们不能说出它们是否存在。因为科学知识的对象是出于必然性的。因此它是永恒的，因为出于必然性的事物（Things）在绝对的意义上是永恒的，而永恒的事物是不被生成和不朽的。③ 这种知识不涉及行为、实践而只与观察、思考相关，因此也称为理论的知识；而所谓审慎的知识就是与真和欲求相关，即与行为相关的知识，它是实践的，例如被制作和被实践的事物，它们与行为相关，因此也可以称为实践的知识。

对于本原不变的的事物的知识即理论的知识的追求必然是追求一种普遍性必然性的知识，因为科学的知识（理论的知识）的对象就是普遍、必然甚至永恒的事物。可证明的事物、所有的科学都存在第一本原，因为科学知识是一种理性的考量。第一本原的获得只能通过理智（comprehension）。④ 而至于如何达到一种普遍的、必然的知识，如何获得第一本原，亚里士多德通过《物理学》和《形而上学》揭示了出来。而对于可变的事物的知识即实践的知识如何获得呢？因为实践的知识面对的是

---

① 参见 Aristotle, *Nicomachean Ethics*, trans. by W.D. Ross, *Complete Works (Aristotle)*, Jonathan Barnes (ed.), Princeton N. J.: Princeton University Press, 1991, 1139a21–1139b11。
② 在这里英文翻译出现争议，在亚里士多德全集 1139b19 行的翻译中，W. D. Ross 的译本翻译成 "knowledge"，而 Roger Crisp 的译本则译作 "scientific knowledge"，如果从知识可以分成理论的知识和实践的知识来说，那么 W. D. Ross 的翻译显然是有问题的，而且亚里士多德接下来主要是在阐述 "科学知识" 的特性，而不是知识的特性，因此本文接受 Roger Crisp 的译法。当然需要说的是，中文苗力田译本和廖申白译本都径直译作 "科学" 而没有在 "知识" 上纠缠，似乎是明智之举。
③ 同上，1139b19–1139b35。
④ 同上，1140b31–1141a8。

可变的事物，因此它追求的就不是一种普遍、永恒的知识，而是一种随着行为而时刻在变化的知识，如此这种知识如何把握？亚里士多德找到了一种与理智相对的东西，即明智（practical wisdom）。明智是一种同人的善和恶相关的、合乎理性的、求真的状态。① 明智不是科学的知识，因为明智与个别事物（the ultimate particular fact）相关，行为的对象只能是这类特定、个别的事物。它与理智（comprehension）不同，因为理智是与定义（definition）相关的，明智以个别事物为对象，它是感觉（perception）的对象而不是科学知识的对象。② 但是这样一来，这种个体的、具体的知识即实践的知识如何通过明智而获得呢？

我们说实践的知识是一种审慎的知识，这种审慎是对行为选择的考虑，在对选择考虑的过程中涉及欲求和指向目的的理性，因此这种知识既不是理论的知识也不是一种意见和设想，我们可以从中区分出一种好的考虑或者说正确的考虑，而这个正确的或者好的标准在亚里士多德看来不是每个人自己认为的、个体化的，而是一种善，好的考虑就是所考虑的目的是善的那种正确考虑。在这里目的居于支配性地位，好的考虑就是那种对于达到一个目的的手段的正确性考虑，这就是明智的观念之所在。③ 这样，亚里士多德通过目的，通过一种普遍的善这个目的将整个实践的知识揭示了出来。问题在于：如果说实践的知识也是以一种普遍性为起点，那么它又如何获得其个体性、具体性这种知识特性呢？

以法学为例，当法学采取实践知识的进路时，它作为个体化的、具体的知识如何体现出来？对这个问题的回答可以回到罗马法。与当代以概念法学为代表的演绎-体系的理论知识不同，罗马法学是实践性的，他们"运用决疑术的方式、利用他们的明智判断来处理个案的疑难问题，或者针对案件中的法律问题提出（决疑术式的）解决方案。正是在这个意义上我们把罗马法学家们的法律学术不那么严格地称为'法律决疑术'（legal

---

① 参见 Aristotle, *Nicomachean Ethics*, trans. by W.D. Ross, *Complete Works (Aristotle)*, Jonathan Barnes (ed.), Princeton N. J.: Princeton University Press, 1991, 1140a24—1140b19.
② 同上，1142a23—1142a30。
③ 亚里士多德：《尼各马可伦理学》，廖申白译，商务印书馆2003年版，第181—182页。

casuistry），也就是法的实践知识或者实践智慧"[1]。如此，揭示实践知识的关键就在于决疑术。决疑术是一种"基于案件的推理"，这种推理正是要解决法律、道德的原则或规则适用于具体情景、具体案件所产生的法律、道德困境的过程。[2] 那么决疑术是一种什么样的结构，它又是如何解决法律对具体案件的约束力的问题的？与将一般性规则用作公理从中演绎出特定的道德或法律判断判断的"基于原则或规则的推理"不同，"决疑术推理关注各种特殊的道德案件或者法律案件的特定性质，这些个案的特定性质只有借助于范例（或典型案例）才能加以确定"[3]。因此"决疑术的方法在于通过比较范例（也被称为'纯粹案件'）和手头上的案件，力图确定与某个特定案件相符的道德或法律的回答。这种方法承认：许多案件是相似的，而类似的案件应当做出类似的判决"[4]。这样，在决疑术中两个步骤非常关键：第一，如何构建范例或者典型案例；第二，将范例或典型案例与待解决的具体案件进行比较的目的和方法。对此我们必须提出的分析和疑问是：第一，关于范例的问题，如果说决疑术是对一种个体性法律知识的寻求，那么范例绝不可能是这种个体性知识的起点，因为如果说范例是具有法律拘束力的，那么又是什么东西赋予范例以拘束力？更确切地说，就是法官在形成第一批范例时根据的是哪种法律知识？这样，毫无疑问第一批范例的形成离不开法律规则和原则。亚里士多德认为只遵守普遍的规则并不足以做到公正，"只有依靠作为法律衡平手段的公平在特定情境中按照明智（实践的智慧）的运用补充法律的不足，才能做到公正"[5]。由此我们可以看出，决疑术并不是独立存在的，而必须依赖于作为普遍规范的知识，如此作为一种实践知识的法学似乎无法独立存在从而取代作为理论知识的法学。但是决疑术的使用本身又是与普遍性的理论知识的法学绝不相容的，因为第二，决疑术的目的和方法与普遍知识的法学矛盾。决疑术

---

[1] 参见舒国滢：《法学是一门什么样的学问——从古罗马时期的 Jurisprudentia 谈起》，《清华法学》2013 年第 1 期。
[2] 参见舒国滢：《决疑术：方法渊源与盛衰》，《中国政法大学学报》2012 年第 2 期。
[3] 同上。
[4] 同上。
[5] 同上。

关注的重点是各种特殊案件的特定性质，而当它通过范例进行类比时，重心也在于找出范例和争议案件在具体方面的相似程度。决疑术中的"案件分类学"就是为了争议案件寻找具体情境、寻找相似的范例。[①] 而在这个过程中权衡考虑或者分量推理（reasoning being weighty）又是必不可少的[②]，在这里我们必须权衡考虑争议案件自身的独特性和个体性。于是我们在决疑术中发现了一种诡异的悖论：一种试图获得个体性知识的决疑术运行的前提是通过普遍性的规范获得的范例，而决疑术自身的操作在于获得一种个体性、独特性知识；但是在这个过程中我们并不能直接获得争议案件自己的个案情境，而是要首先寻找争议案件和范例的相似性，而在寻找相似性的过程中我们又必须权衡这个案件的独特性……这样，在这个过程中我们越深入对案件个体性和具体性方面的考虑和权衡，我们就越需要数量尽可能多的范例，而范例和争议案件毕竟各有个体性情境，如此彻底的决疑术、个体性知识必然是这个争议的案件本身就是一个独立的法律知识，范例也不能给出。

为什么我们先预设法律知识的普遍性（规范和原则），然后又抹去了它？从决疑术的挣扎中我们可以看到的是：没有普遍性所谓个体性知识根本无从着手。而通过一种普遍性的寻找，比如通过比较相似性，例如通过寻找一个相似的范例，一个争议的案件获得一个相对的位置，而通过将争议案例置于这个位置，我们再来考虑案件自身的特性和个体性，从而再做适当的位置移动。在某种程度上说，范例就像是一个路标，给争议案件个体性知识指明方位，如此我们不是通过范例来找出争议案件与范例的相似性，而在于通过范例发现争议案件的独特的个体性、具体性，由此获得一

---

① 在决疑术中发现范例是非常重要的，而比较范例和手头上的案件的过程也是对案件进行分类的过程。在这里比较重要的方法是将案件编排成一定的秩序，这种方法就是"案件分类学"。"案件分类学"在决疑术中至关重要，它将现有的案件放进道德语境中并且揭示可能消解某个关于正确和错误的假定的论证分量。例如"禁止杀人"是一个明显的甚至是绝对的对错假定，但是"正当防卫"可以构成对这个假定的消解或例外，由此推论：减轻他人痛苦的杀人可能不是一种明显的、绝对的对错假定，进一步说安乐死行为也不应视为一种杀人行为，而是一种仁慈行为，如此等等。参见舒国滢：《决疑术：方法渊源与盛衰》，《中国政法大学学报》2012年第2期。
② 参见舒国滢：《决疑术：方法渊源与盛衰》，《中国政法大学学报》2012年第2期。

种真正的个体性、具体的知识。如此我们说，当决疑术不得不借助于普遍性的规则和原则判决时，我们不过是试图通过这种普遍性折射出各个争议案件的差别，从而获得各个特殊案件特定的知识。因此，所谓的法律的普遍性表达（规则和原则）不过是我们借以获得实践知识的手段。否则，决疑术根本无法解决知识的普遍性和个体性之间的张裂。但是无论如何，决疑术的前提是：存在普遍性的知识，即理论的知识。

综上，我们看到了亚里士多德理论的知识和实践的知识两种知识划分的问题：当他主张理论知识的普遍性和必然性的时候，他的理论知识陷入了麻烦，这个问题尤其体现在个体性的"第一实体"和普遍性的"第二实体"之间如何通达的问题，亚里士多德通过"存在-实体-实质-定义"这个存在和知识论结构获得只是普遍性的、形式的"第一实体"，而包含形式与质料的"第二实体"却仍然处于晦暗之中；亚里士多德试图通过实践的知识来把握一种具体的、个体性的知识，但是这种个体性知识的获得又必须以普遍性为前提，实践知识本身无法通达一种普遍性的知识。如此，亚里士多德理论和实践两种知识的分离造成了两种知识的各自困难。

经典阅读仍是重要之事

杨 建[*]

牛津大学出版社在帕菲特（Derek Parfit）教授刚过世（2017年1月）不久，出版了他的巨著《论重要之事》（*On What Matters*）的第三卷。这套丛书在出版之前，被帕菲特教授命名为《攀登山峰》（*Climbing the Mountain*），这座"山峰"即是真理的代名词。帕菲特教授有言，不同理论立场和进路的学者均致力于登顶，只不过"这些人是从不同的侧面攀登同一座山峰"[①]而已。理论研究当然应当立志攀登真理的高峰，只不过时过境迁，与纯理论研究的"无用之学"相比，当下似乎更推崇应用型、对策型的理论研究。实用主义的劲风阵阵，理想的、规范的理论研究颇有难以维系之感，更不用说直面"故纸堆"、静坐冷板凳的经典阅读了。本文想说明的是，在理论研习者们登顶的征程中，研读经典仍是其间的"重要之事"。经典阅读既关乎如何做一个好的理论研究，也关乎如何过一个好的政治生活。

一、问题

我们大致可以在方法上将学问区分为实证性的研究与规范性的研

---

[*] 杨建，法学博士，南京师范大学法学院副教授，中国法治现代化研究院研究员。本文受江苏高校优势学科建设工程项目（PAPD）的资助。
[①] Derek Parfit, *On What Matters*, Volume One, Oxford University Press, 2011, p.419.

究。[1]实证性的研究进路主张知识的产生和取得依赖于对经验事实的观察、收集、描述和解释；规范性的研究进路聚焦的则是对基本准则、原理、价值的探究（知识的取得可以不依赖于经验，能够通过理性［逻辑］的运用加以把握），并立基于这个基本准则或价值展开对对象的定性、分析和评价。

这两种不同的学术进路似乎培育出不一样的学术品格与偏好。实证性的进路聚焦在"把握真实的世界"上，重点在于理解真实世界的复杂性或合理性。理解之后虽然并不必然，实践中却往往生发出接受这种复杂性或合理性的倾向。在这个"真实"的支撑和"接受"倾向的支配下，为现实进行辩护，或者为达到某个更好的结果所采取的必要手段进行辩护，或者在某种实践境况中抽身，对此类实践境况中的种种遭遇漠不关心或保持客观中立，就是一个很"自然"的学术选择。这样的学术品格与偏好在不同的语境中被贴上诸如实用主义、现实主义等标签，尽管存在概念指涉准确与否的争论，总的来说这个进路的特征要么是实在的，要么是建设性的，要么强调的是稳固与安定。

与实证性进路的建设性相反，规范性进路的学术品格与偏好可以表达为证立性和批判性。规范性的进路聚焦在"理想的世界"上，重点在于对应然命题、价值命题进行证立/澄清，或者运用应然命题或价值命题对"真实的世界"展开分析和批判。但规范性进路强调的证立和批判，要么不能紧扣或直面现实世界中具有急迫性的议题，要么无力或无意解决现实世界中的急迫性议题，因此被指责为空谈或无用。在这个背景之下，法理学、政治哲学等领域纷纷掀起一股反对纯粹理论研究、质疑理想理论论述的潮流[2]，学术界的理论分工和分布也流露出实证性的研究占据主流、规范性的研究逐渐式微的趋势。

如果说在法理学、政治哲学领域，实证性研究与规范性研究本来有着

---

[1] 实证性的研究在知识论上偏向于经验主义的立场，规范性的研究在认识论上大多偏重于理性主义的立场，尽管在不同的语境之下，它们各自可以有着不同的指涉。一个可作补充的介绍参见阎小骏：《当代政治学十讲》，香港中文大学出版社2016年版，第13—15页。
[2] 参见杨建：《理想理论与非理想理论之争》，《南京大学法律评论》2016年秋季卷。

自然的理论生态分布，近年来这一理论生态分布遭遇到越来越多非自然的干预和介入，规范性的研究面临着比以往大得多的经济压力、理论压力乃至行政压力。这里主要讨论理论压力，理论压力的意思是说，规范理论本身面临了正当性的质疑和挑战。譬如说，自2005年前后开始，英美学界集中了一批学者讨论规范理论的实践品性。其中很多学者认为，无法指导和解答现实政治生活中的实践困境的理论，根本不应称之为政治理论；[1]没有行动规范性的规范理论毫无意义；[2]以及，致力于论述应然命题的理想理论并不像其主张的那样能够具有什么实际的效用。[3]这些学者一致反对抽象的、理想的规范理论，主张要做能够指导实践、改变实践的政治、法律理论。由此产生的理论争议就是非常著名的规范理论或者说理想理论之争。

当今世界还是有不少学者为规范理论研究的意义作出了精彩的辩护[4]，这里暂且按下不表。笔者想指出的是，之所以这个问题与我们的主题相关，是因为上述规范理论研究面临的挑战，必然会延续到在理论研究中还要不要重视和开展经典阅读的议题上来。如果应然命题和价值问题的研究因为没有直面具体问题，或者不能解决实践困境因此没有存在的必要，那么同样的逻辑之下，我们似乎也找不到花费大量的时间去投入几乎看不到产出的经典阅读的理由。在这个以成果和贡献称王的时代，为什么还要阅读经典？如果不阅读经典，我们一样可以发表高质量的文章，甚至可以更快地推进我们的研究，那我们为什么要去做这件看似没有"好处"的事情？这个问题既有趣也重要，对它的回答不仅能增进对我们所投身的理论研究这门事业的理解，而且还能提升我们成功攀登真理的山峰的可能性。

---

[1] Charles W. Mills, "Ideal Theory as Ideology", *Hypatia*, vol. 20, no.3 (2005).
[2] G. Brennan, P. Pettit, "The Feasibility Issue", in F. Jackson, M. Smith (eds.), *The Oxford Handbook of Contemporary Philosophy*, Oxford: Oxford University Press, 2005, pp.251-261.
[3] Amartya Sen, "What Do We Want from a Theory of Justice?", *Journal of Philosophy*, vol. 103, no. 5 (2006).
[4] See Zofia Stemplowska, Adam Swift, "Ideal and Nonideal Theory", in David Estlund (ed.), *The Oxford Handbook of Political Philosophy*, Oxford: Oxford University Press, 2012.

二、意义

与为什么要阅读经典相关的一个问题是：何为经典？[1] 尽管对于经典的理解与认定存在着众多的标准与分歧，笔者认为，我们还是可以为经典找到一些共同的特征，去试图为经典下一个定义。

根据词义，经典共享了以下几个特征或说属性：1. "经典"的书往往具有较高的知名度，为某一领域的学者乃至公众所熟识（尽管不一定读过），即经典的书一般来说是比较著名的著作。我们往往有这样的经验，在求学的过程中也许还没有读过诸如《论自由》《认真对待权利》《法律的概念》等著作，但我们通常会知道它们是法学、政治学领域的经典。2. 经典著作之所以经典的意思是说，经典著作仅仅只读一遍是不够的，它值得精读、句读、反复地阅读（尽管不一定需要复读时间上的连续性），也经得起反复地阅读。随着时间的推移、经验的积累，在不同的实践情境之下复读经典还能带来新的感悟和体会。所以对于研习理论的人来说，读过《论自由》是不够的，基于精读或句读，研习者对《论自由》掌握到什么程度才是更为紧要的。3. 经典著作之所以经典的另一层意思是说，它与研究者当下的生活并不是直接相关的，甚至是"毫无关联"的。换言之，阅读经典并不能解决研究者们现实生活中的具体问题，没有办法成为我们的行动手册或应用指南，这也不是我们（需要）阅读经典的理由。经验地看，在很多时候，不少研习者曾经抱持功利的心态和目标对待经典，最后招致的却往往是既没能进入经典、经典也没有进入生活的落空感。4. 经典著作之所以经典还在于，它具有时间上的延展性，几百年之前的人们就在阅读它们，现时代的人们仍然需要阅读它们，在我们之后几百年的人们还会继续阅读它们。也正是如此，纽约大学法学院将刚刚过世不久的德沃金教授（Ronald Dworkin）的许多著作——诸如《认真对待权利》(*Taking Rights Seriously*)、《法律帝国》(*Legal Empire*) 等称作经典，因为在他们

---

[1] 需要补充交代的是，本文为论述经典所举的例证主要限定在法理学、政治哲学领域。

看来，两百年之后的人们依然需要阅读它们。①

倘若上述对经典的归纳是可以接受的，与阅读经典的必要性相关的一个疑问是，为什么上一代人阅读过的著作我们还要继续读，特别是在他们极可能比我们读得更透彻的情况下？比如说，《论自由》是法学、政治学领域的经典著作，斯坦福大学的乔治·凯特卜教授（George Kateb）对密尔（John S. Mill）的《论自由》作出了权威的解读，我们为什么不可以直接阅读凯特卜的解读以作为对密尔这本书的认识？换言之，解读经典的著作为什么不能代替对经典的阅读？类似的问题还有：既然约翰·罗尔斯（John Rawls）已经写出了经典著作《正义论》，我们穷极一生也达不到他的水平的话，为什么还要继续探索正义的概念与原则？我们如何说服自己，这样的"重复劳动"并不是在浪费我们的生命并且是有意义的？

理论研习者们很多时候都面临过这样的拷问，经典阅读得越多甚至这样的拷问就越频繁而直接。这个也困扰过笔者很长时间，甚至不断进行"意义消解"的追问。在我看来经典阅读是很重要的。对于从事理论研究的同道们来说，这样"重复劳动"的原因部分在于，上一代人回答过的追问我们这代人仍然需要面对和回答。凯特卜通过阅读密尔的著作获得了他关于自由的理解和认识，这些阅读和反思构成了他的成长，可是，他的成长并不能够直接变成或替代我们的成长。生活在这个时代的我们仍然需要回答自由的追问，仍然需要通过阅读密尔，通过理解和反思他对于自由问题的经典论述来完成我们的成长。每一代人之所以还要重复上一代人已经做过的工作，原因部分在于，这一代人需要在新的时空背景之下面对那些仍然拷问着他们的问题，给出自己的答案。而经典的重要性就在于，它要么开创性地提出了这些问题，要么对这些恒久的追问给出了最具启示性的答案，要么提供了分析和解答这些问题的方法与基本框架。换言之，经典之所以不可替代的原因部分在于，它能够帮助这一代人理解某一个问题何以产生、如何产生，涉及哪些重要的方面，可以怎样加以分析和回应等一

---

① See "In Memoriam: Ronald Dworkin", http://www.law.nyu.edu/news/ronald_dworkin_memoriam, last visit: 2017-06-02.

系列最基本的问题，并且为这些问题的理解提供了持续性的资源和营养。也正是基于经典的这些属性，不同代际、不同种族、不同阶层和立场的人们就基本议题的争论可以有一个共同的起点和约束。在这个意义上，我们甚至可以说，经典阅读构成了当代人成长、理解和沟通的最具质量和生命力的途径。

此外，经典阅读对于我们来说还有整体性的意义。概括地说，这个整体的意义体现在，经典阅读不仅对于过一个好的生活来说是重要的，对于如何做一个好的理论研究来说也是有益的。先谈对于好的生活的意义。

经典阅读提升了我们过一个好的生活、成为一个更好的自己的可能性。我们在前面讲过，经典著作与我们当下的生活不是直接相关的，无法解决我们生活中的具体问题，不会成为我们日常生活中的行动指南。那何以经典阅读与一个好的生活相关？它在何种意义上提升了我们过一个好的生活的可能性？经验的观察不难发现，阅读经典并不会减少或降低生活所投射给我们的困难的规模和程度，甚至在阅读经典之后，本来不称其为问题的问题却成为了我们的阿喀琉斯之踵。譬如说，精读《论自由》并不会降低我们买房的压力，却极有可能让我们开始在乎本来不太在意的表达自由，因而对现实生活中存在的对表达的诸多限制越发难以容忍。如果对阅读经典抱有以上的期待，或者因为阅读经典可能导致的"麻烦"而拒绝经典，我们就误解了经典阅读的性质和意义。

经典阅读与好的生活之间的联结不在于上述实用性的面向，经典阅读对于好的生活的价值在于：1. 它以对真理的追求和对一般价值的探索增进了我们对何为"一个好的生活"的理解。它提高了我们意识到"好的生活"是一个重要的伦理问题与道德问题的可能性，进而促进我们明白"好的生活"之好不只在于功利性的面向，或者说功利性的面向对于一个好的生活来说不是最重要的，至少不是"好的生活"的充分条件。2. 此外，经典还能够告诉我们，生活中困扰着我们的问题也曾经困扰着这些才华卓越的大家们。他们的挣扎和思索不仅可以给予我们慰藉，降低我们的孤独感、被排斥感，还能增进我们对人的一般境况的理解，从而帮助我们更好地面对生活中的复杂性以及这种复杂性所对应的多种可能性。3. 经典作家面对类似困境的思考和回应还可能以一种（对我们来说是）新的方式解答我们的困惑，增加我们面对这些问题的勇气，坚定我们在困难的时境中仍要坚持做"正确之事"的原则与立场，或为我们处理这些问题指出可能的方向或者确定一个可着手的基础。4. 也是在阅读经典所产生的这种共鸣、警醒、振奋的过程中，经典作家阐述困境的方式，呈现和分析问题的视角、回应争议的方法以及对自我主张的论证等，无论是对于我们理解遭遇的问题，还是与议题的相关方就这些问题展开对话，又或者是寻求分歧的消弭、协作的增进等，这些方式、视角、方法树立了或正或反的榜样，促使我们发现并理解日常生活中弥漫的那些先入为主的观念、非此即彼的二元化思维、以道德判断/价值偏好代替事实观察的冲动、以己度人的习惯等都是需要革除的陋习。5. 进而，在可能由经典阅读所展开的我们与经典作者的对话中，我们经由与作者基于阅读体验所产生的联结重新理解、定义和塑造着我们自己——一个更好的自己。

再说对于理论研究的意义。就理论研究而言，经典阅读的重要性可以通过模板、方法、空间、实践反思四个维度加以把握。

1. 对于以研习理论为志业的同仁们来说，无论是新进还是先进，在知识研习、反思与再创造的过程中，一个首要的疑问通常围绕着"何为好的理论"展开。就何为好的理论来说，经典往往做出了最佳的诠释。它们是好的理论的 model，通过经典我们得以了解理论最佳化的样态，进而它们也成为我们这些科研工作者们的 ideal，凡致力于追求真相和真知的人，莫不以自己的论述成为新的经典为理想和目标。所以，譬如我们想要了解一个好的法律理论是怎样的，我们可以翻阅《法理学的范围》、翻阅《认真对待权利》，在这个层面上，这些经典提供给我们第一流的学问和第一流的著作的样板。

2. 就如何具体做一个好的理论研究而言，经典也具有重要的意义。熟悉法理学的读者大多会同意，上个世纪法理学领域最重要的经典著作之一是英国法学家哈特（H.L.A. Hart）撰写的《法律的概念》（*The Concept*

of Law)。研读《法律的概念》的意义之一是它可以帮助我们学习和掌握如何做一个好的理论的方法。就法理论的建构来说，哈特的理论建立在奥斯丁（John Austin）理论的基础之上。他是如何面对他之前同样被称为经典的奥斯丁理论的？他是怎样在以往学界对奥斯丁理论研究所形成的语境和脉络中重新开放出新的问题的？他又是以怎样的方式分析这个问题进而论证自己的主张的？阅读《法律的概念》，哈特极为详尽地展现了他理论建构的方法论。哈特对奥斯丁法律命令理论的重述、分析和批判以及在此基础上展开的对法律性质的论证，向我们展示了他对议题的问题化、陌生化，也呈现了他分析论证的强度和基本准则。[①] 同样，哈特的后来者与继承人德沃金也是如此，德沃金的理论也是建立在研读经典著作的基础之上，他对哈特理论的重新建构与批判同样展示了一整套极好的如何发展法律理论的方法。这些经典的存在，使得我们能够理解什么是一个好的理论，以及如何做一个好的理论。

3. 经典的意义还体现在空间的维度。说空间的维度的意思是指，经典向我们展示了理论创新的空间与可能。在理论研究的任何领域，经典不仅没有穷尽创新的可能，相反它本身即是这种可能性的表征。还是以密尔的《论自由》为例，被《泰晤士报》称为 20 世纪最重要的哲学家的威廉姆斯（Bernard Williams）在他的名著《真理与真诚》（Truth and Truthfulness）中发展了对《论自由》的一个著名的批判。密尔捍卫言论自由的重要性的理由之一是认为，对于言论自由的坚决捍卫将有利于我们实现对真理的追求。但在威廉姆斯看来，这种对于言论自由与真理之间关系的理解是错误的，密尔过于乐观地建立了两者之间的正向联系，事实上言论的自由并不必然有利于真理的实现。[②] 威廉姆斯的这一批判有力又不乏见地，甚至还能得到历史与经验的佐证。但即使如此，如果我们了解到英国伦敦大学学院罗森（Frederick Rosen）教授后续的理论发展，我们便能对言论自由

---

① 参见 H.L.A. 哈特：《法律的概念》，许家馨、李冠宜译，法律出版社 2006 年版。
② Bernard Williams, *Truth and Truthfulness: An Essay in Genealogy,* Princeton, N. J.: Princeton University Press, 2002, pp.211-212.

与真理之间的关系保有更为充分的认识。罗森通过重新梳理和阐述密尔的理论指出,密尔同时强调了真理、言论自由与逻辑的重要性。事实上,在密尔的理论体系中,担保着真理的追求和实现的是逻辑的力量,言论自由并不能确保一定实现真理,言论自由对于真理的重要性在于,有了言论自由,真理的实现便是可能的。用他的原话来说即是"liberty keeps truth alive"[①]。所以,在罗森看来,威廉姆斯对密尔的理论发展与批判是不成立的。对于理论研习者们来说,究竟是更认同威廉姆斯的批判还是罗森的辩护并不是最重要的,重要的是,对经典的多元解读告诉我们,经典开放出了理论创新的空间,并期待着我们自己的理论反思与发展。

4. 经典阅读对于理论研究的重要性还在于,它凸显了理论研究在认识论上和反思批判性上的意义。可以这样说,经典阅读本身就是理论研究的一个重要组成部分。前已述及,经典阅读不具有现实主义维度上的实践意义:无法直接改变世界,也不能成为具体的行动指南,但经典仍然具有存在的必要性与重要性。这里提供的额外的一个理由是说,认为阅读经典无用的人忽视了经典阅读与理论研究在认识论与反思批判上的意义。我们可以想象存在这样一个国家,这个国家高度集权、高度腐败、贫富悬殊、极不公正,但是权贵阶层运用"胡萝卜与大棒"牢牢维系着统治,近期之内法治变革、人权保障几无可能。在这种情境中,再多的经典也许都无法帮助人们给出有效的分析与应对方案。假使身处在这种境况之下,人们是不是可以确定地认为既然改革无望,那更没有必要去阅读经典,去理解何为正义、自由、平等或法治了?我们的道德直觉可能会倾向于给出截然相反的答案。原因就在于,经典阅读的部分意义是认识性的:不管事实如何,不管在现实的情境中有无实现的可能性,作为有着好奇心、求知欲与正当性追问的人来说,都要探究有关正义的道德真理。这种探究不仅能在认知的层面上使人们把握正确的道德概念,并且能够帮助人们特别是理论研习者们对形形色色的"理论研究"和"实践主张"展开筛选、评价与批判。

---

① Frederick Rosen, *Mill,* Oxford: Oxford University Press, 2013, pp. 31–35.

从这个角度看，这也是看似抽象、不接地气且无用的纯粹理论探究仍然具有意义的一个重要原因。

三、出路

尽管经典阅读对于理论研究很重要，但倘若持有某种"经典阅读万能论"，或者将经典阅读直接等同于理论研究则是错误的。构成经典阅读重要性的一个必然面向是对经典阅读的限定。这个问题与如何在理论研究中推进经典阅读紧密相关，因此构成本文论述的最后一个部分。它至少包括以下几个方面：

首先，经典阅读的重要性并不意味着所有的学生、学者、民众都要去阅读经典。经典阅读不是世俗生活的必需，也不是理论研究的唯一。回应生活的拷问、反思生活的意义、推进理论研究的方式有很多种，尽管本文的论述主张，对经典的阅读是其中最具质量和品质的方式之一，我们无法也不应苛责那些基于各种原因不选择这一方式的人们。对经典的研习和运用还能够告诉我们，这是他们的自由。其实，经典的重要与阅读它的人数的多寡没有必然的关联，经典的重要也不构成阅读经典的排他性理由。对理论研究来说，确实可以做到在不借助经典的情况下，在当代的学术文献中对相关的学术议题展开研究。本文此处的澄清意图指出的是，在世俗生活中和学术研究中，倘若因为敬畏经典或者被某些理由强迫着去阅读经典，那将是对经典的误解，也是错误的对待经典的方式。经典阅读应当是一种自主的、自由的阅读。

其次，纵使我们是基于自主、自由的动因去阅读经典，我们也不应持有力图"穷尽经典"的目标，这是理论研究中的大忌。经典阅读需要规划，经典阅读需要筛选。泛泛而谈的话，经典太多了，文学有文学中的经典，历史学有历史学中的经典，法学有法学中的经典。就以法学中的经典来说，还可以分成部门法学中的经典、法理学中的经典，法理学中的经典又可以进一步细分成不同学派中的经典，更不用说不同学派中的经典还有古今中外之别。而每一位理论研习者的生活特别是学术生活却是极其有限的，这必然要求我们对经典进行取舍。这种对经典的取舍取决于我们对各自志业的思考和规划，取决于我们各自的性情和学术偏好，甚至也取决于兴趣、时境、师承等偶然的因素。有意识地选择"属于"自己的经典，努力对经典有所取舍是在理论研究中展开经典阅读和持续经典阅读很重要的条件之一，也是理论研究能否卓有成效的关键之处。

再次，在理论研究中，除自主的经典阅读和有规划的经典阅读之外，还需要阅读经典的方法的正确性和有效性。经典阅读是有门槛的，从事理论研究的同仁们都不陌生，专业领域的很多经典是艰涩、困难的，乃至可以说它们对初学者极不友善。因此，如何在理论研究中阅读经典便成为能否实现经典阅读的关键。就经典阅读的方法而言，尽管上文一再强调，对解读经典权威性的二手文献的阅读不应代替对经典文本的直接阅读，但对于接近、理解和反思经典来说，权威性的二手文献是理论研究的一个很重要的路径。它不仅可以帮助我们理解经典说了什么，还能带领我们思考经典说的怎么样以及为什么这样说等问题。举例来说，上文提及的凯特卜、威廉姆斯、罗森等资深学者撰写的二手资料以及一些通识性的权威读本就不失为我们接近和理解密尔的自由理论的有效途径。当然，有效的经典阅读并不是说在理论研究中存在着唯一正确的阅读经典的方法，毋宁是说对于理论研究来说，阅读经典有着其特定的基准。这个基准的内容除了上述权威文献的辅助之外还包括：经典的阅读最好是原典阅读，即是说，如果经典不是用我们的母语创作的，我们应当致力于直接阅读第一手的外文文本；以及，有效的经典阅读离不开同道间自由的对话和讨论，离不开批判性阅读的训练与应用，离不开以分析性写作为载体的思考以及重述经典的进程。

四、实践

笔者在上述论述的基础之上，对于如何在法理学教学中推进经典阅读做了一些试点与实验，归纳出以下几个初见成效的经典阅读的实施方案。

这里略作简要的总结。

1. 重塑法理学教学课堂的组织形式。笔者所在的高校原有的法理学教育一般以班级为自然单位，这是一种整体论的教育模式，不再对班级内部作出划分，这样延续自然班级的组织形式特别是在经典研读的推进中存在一些问题：不容易把握学生的阅读情况，不利于调动学生阅读的积极性，影响经典研讨的主动氛围，经典阅读便会流于形式。一个有效的改革便是对这种整体性的讲授模式作出划分，即将一个自然班划分为若干小组，以一个 50 人的班级为例，比较好的方法是将这 50 人划分为 7—8 个小组，以小组为单位进行阅读、讨论和完成课后的交流和书面总结。实践中笔者发现，需要注意的是，阅读小组的划分应当以陌生人组合为优先原则，即小组的组成中大多数成员应当是熟识度不高的男同学与女同学，在陌生人组合的基础上确保性别上的均衡。这样的小组划分产生的成效最为显著。

2. 问题意识主导型的分段化阅读与随堂讨论。法理学教学中推进经典阅读的第二点改革便是打破唯教材论、唯教师论的课堂格局，对一部经典的阅读以及讨论均确立一个几步走的分解策略。即首先明确这一经典著作处理的核心议题背后的问题意识，问题意识的明确需要每个小组以组为单位进行陈述；其次是面对这个问题意识，该经典梳理了可能存在的哪几种理论方案，对经典中梳理的这几种理论方案优缺点的分析，同样还是以小组为单位讨论每一种理论方案的论证结构及其不足；再次，回到经典本身的立场和论证上来，以小组为单位精炼出经典著作的论证框架、概念预设和结论并加以梳理和检讨；最终在上述工作的基础上给出小组自己的批判意见与解决方案，小组批判与建构的确立需要满足的一个额外要求便是，该方案的提出必须建立在对学界已有研究的基础之上，这样的要求便有效保障了自主性阅读的实现。

3. 公平、透明的考核。与前述两点紧密相关的便是经典阅读的激励机制，它在法理学教学中表现为最后考核结果的公正性，它有力地决定了前述两种改革的可持续性。考核结果的公平性必须以公开、透明为前提，要做到这一点必须在课程的一开始就明确确立经典阅读的考核原则与具体划分。对考核准则的具体细化需要满足以下几点的要求：一是以鼓励课堂发言为基线，对课堂发言确立一套合理登记、评级的机制并做好可供回查的记录；二是以鼓励阅读为基线，对经典文献的阅读确立一套合理登记、评级的机制；三是以鼓励小组合作为基线，对小组每周课外的讨论、协作也确立一套登记、评级的机制。上述三个机制的积分确保占到总评分的比例不低于50%，这样的结果激励机制便能有效地确立起来。

当然，上述三个举措只是法理学教学中推进经典阅读的初步尝试，关于本科阶段推进经典阅读，还需要结合具体的学校、班级和情景做出具体的改变。此外，基于经典阅读实验的结果，还有一些配套的策略可以综合地运用。比如，小组的划分可以采取轮流组长制，组员的得分取决于小组的表现，并且对组长进行加权评分；比如，以小组为单位组建读书小组，并引导组与组之间的合作与竞争；比如，法理学的教学中还可以加入英语文献翻译的内容，以节和段的翻译带动阅读；比如，在法理学的指定教材之外，引入几本西方常春藤名校的课程教材和阅读书目作为参照材料等。

卡尔维诺（Italo Calvino）有言，在匆忙、务实的时代还能阅读经典的人，是一些被祝福了的灵魂（some blessed soul）。[1] 如果说大学区别于职业技术培训学院的关键之处在于，大学不是着眼于工匠的技艺而是自由的技艺，旨在培育的是"自由而无用"的灵魂的话，那么，无论是对于大学生来说，还是执掌教鞭的科研工作者们来说，经典都是我们不应错过的征程，是打开我们生活的好的方式。

---

[1] Italo Calvino, *Why Read the Classics*, https://www.nybooks.com/articles/1986/10/09/why-read-the-classics/, last visit: 2017-06-01.

法学的实践品格与经典阅读

王凌皞[*]

经典阅读在法学教育与研究中到底是否必要？对这个问题的回答，取决于我们如何理解法学的旨趣与定位。与一般的人文或者社会科学不同，法学的研究对象决定了法学是"实践性"的学问。我相信不会有人否认法学的实践品格，潜在的分歧可能在于实践品格的具体内涵。

依照法律相关活动中不同层次的实践内涵，大致上有三种实践的具体构想：作为法律实务的实践、作为法律问题实用解决过程的实践和作为价值慎思与行动选择的实践。与这三个实践内涵相对，法学可以被理解为"法律实用技艺知识之学""法律问题解决之学"和"法律价值反思之学"。

首先，"法学"可能是指可以直接运用于法律实务的"实用的技艺（know-how）与知识体系（know-that）"，包括面向实务的法律推理技艺、法律解释方法、基本法律概念体系以及实定法知识，（对于律师来说）还可能包括法律谈判、客户关系维护等能力。在这种法学的观念中，经典阅读并不具备直接与当然的重要性。经典阅读或许能够提高法官或律师论证说理与修辞写作能力，从而间接地帮助法律职业者提高职业素养和知识能力。但这些能力的培养是一般通识教育的目标，直接目的在于培养合格的人或公民，并不直接促成法律职业者法律相关业务能力的提高。

"法学"也可能指对法律实践相关活动的学术性研究，立足于"问题

---

[*] 王凌皞，浙江大学光华法学院副教授。

的解决"。常见的部门法学围绕问题来展开，比如对立法或现有司法实践的解释学研究，或立足于解决某些社会经济问题的立法对策研究。这种法学的观念尽管并不直接面对法律实务，但仍然具有很强实用特征。学者们所津津乐道的"中国问题意识"大致上就对应这一法学观念。法律学者通常将其限定于直观经验层面的"解决问题"，解决问题的方案可以来自于比较法上特定法治发达国家的制度经验（比如德国、日本），也可以来自于高度本土化的社会科学式经验研究。当下获得极大关注的"法律教义学"和"社科法学"研究进路之争，尽管方法论上存在较大分歧，两个进路大致上都共享着同样的"问题解决"式法学观念。无论是法教义学还是社科法学，都不否认它们要解决现实中遭遇的具体问题，只不过前者更侧重通过对实在法展开同情而谨慎的解释来解决问题，而后者更侧重理解现实的法律过程与社会结构约束来寻求问题的解决。

在这种问题取向的法学观念中，经典阅读有其重要性：在法教义学中可能会有榜样式的国内外法学家的法律评注集，而在社科法学中可能有一些优秀的本土社会科学作品。然而，这些被阅读的"经典"多少有些不同于我们在本主题中关注的标准意义上的经典。我们所说的经典往往包含不凡的政治或道德洞见、发明重要的社会观念、对某种社会实践提出全新的基础性构想。以经验直观的问题解决为目标的法学显然不会重视这样的经典。经典的认知成本太高，对"问题解决"也并无多少裨益。我们可以想象，当代的实证法律经济学工作者并不需要阅读斯密的《国富论》，就可以在科学意义上解释某个具体法律现象。

第三个法学的观念一样立足于实践，但这种法学对实践的把握更为丰满并富有深度。人是一种具备事先理性规划能力的智慧生物，我们的个人选择与社会实践背后总是被某些深刻的理念或理想支撑和引导着。在这种法学观念看来：实践不同于法律实务，也不能仅仅满足于实用层面的"解决问题"。这一实践观念要求我们富有深度地去理解法律制度背后的价值观念及其意义，反思问题背后的建构性观念——"真正的问题是什么"，或者深思熟虑问题解决的标准——"何谓好地解决问题"。这一法学观对法律实践品格的理解诉诸法律实践者自我反思能力和制度选择的能动性，超越于日常的经验直观，以富有理论深度的方式来深思熟虑地考察不同实践选项的价值蕴涵和选择可能性。

许多看似单纯的法解释学问题都蕴涵着复杂的实践反思难题。"强制赔礼道歉是否侵害人格尊严"取决于我们对赔礼道歉道德与社会意义的看法，也取决于侵权责任的规范性基础：赔礼道歉是否意味着荣誉文化中被道歉者道德人格自我贬低？侵权责任是否仅仅承担分配正义意义上损失填补功能而无关道德对错？只有在充分理解与回应上述这两个价值反思问题之后，我们才能决定强制赔礼道歉是否违反宪法中的人格尊严保护条款。法解释学上广泛流行于部门法学界的"域外-中国"式比较法进路往往忽视价值反思的必要性，学者往往直接在制度层面借鉴外国立法例，但对这一借鉴的理论合法性缺乏足够的敏感度。德国、日本没有强制赔礼道歉的侵权责任并不能当然推出这种做法本身不合理。与此类似，社科取向的法学研究则过度自信于经验事实的规范力量。假设"赔礼道歉在中国当代道德和社会语境中是一种自我羞辱和贬低"，这一社会事实本身也不能充分地推出我们应彻底弃抛弃赔礼道歉责任。无论是法教义学还是社科法学，都没有把握到实践的真正内涵，真正的实践品格要求实践主体在彻底反思与深思熟虑基础上作出选择。在法学中，这种选择当然受制于制度可能性（法教义学所擅长的主题），也受制于现实约束（社科法学所擅长的主题），但这些制度可能性与现实约束并非实践的要点。

许多人可能会提出异议，主张上述第三种"法学"的理解是挂羊头卖狗肉，当我为丰满的实践概念辩护的时候我偷换了概念。我拿"法理学"的观念取代了部门"法学"的观念。精确地说，我所说的法学观念实际上是规范法理学（Normative Jurisprudence）。在我看来，这种异议就现有通行的术语使用惯例来说当然言之有理，但却也仅仅限于言辞之争。在我国的语境中，法理学也确实被看做一门独立的学科。但需要注意的是，决定法理学这门学科本身定位并将其区分于部门法的，并非研究的主题与对象，而是理智探究的反思深度与一般程度。对部门法中那些富有理论性实践问题的探究本身也是"法学"难以分割的一部分，甚至是最具有学术典范性的部分。

作为例证，英语世界法学中的"法理学"（jurisprudence）概念其实更接近于我们汉语中的"法学"概念。在英语世界富有影响力的第一流法学家[①]，毫无疑问同时也是（我们语境中）的法律理论家。对于他们来说并不存在一门独立的"法理学"学科，因为典范式的法学研究在本然的意义上就是一种高度富有理论性的智识工作。部门法学者在遭遇难题的时候必须承担其身为学者的智识责任，回应内在于实践内部的理论需求。在成熟的法学评价标准中，也只有那些富有理论抱负的学者，从学科最根基的理论问题到浅层的制度实操上下贯通，才能被法学界尊重和接纳。

如此理解的法学就和标准意义上的人文社会科学领域的"经典"产生了密切的联系。法学中最核心的观念发明和概念装置，例如"权利""责任""自由""正义"，都来源于经典作品和经典思想家，那些被归入法学经典的作品，也往往是一般意义上的人文社科精品。接下来的问题是，经典该如何阅读？

在我自己身为初学者的求学和研究过程中，曾经有过相当沮丧的阅读体验。并且我相信，我的困惑并非个例。

我们耗费了一些智力与心力来阅读经典作品，但读书真正所得却寥寥，不过是机械地记住了哪些经典思想家发明了什么概念又有怎样的主张。伯尔曼的《法律与宗教》在许多阅读者心目中被压缩为"法律必须被信仰，否则它形同虚设"这句法学界脍炙人口的格言。至于伯尔曼的这句格言究竟是修辞式的表达还是严格的学术论断，是来自于历史事实的考察归纳还是观念探究中的概念主张，是限于西欧经验的独特文化现象还是人类社会的普遍进程——对于这些问题，阅读者们并未有过深入的思考与辨析，更不必说细细探究伯尔曼用来支持这个主张的细致论证和针对它的可能反驳。

[①] 第一流的标准可以是不同法律领域排名前十左右的法学者，可以参见 Brian Leiter 的全美 Law School Report 排名。

上面这种阅读经典的方式曾经流行于法学界，我称之为"旁征博引式的索引阅读"①。阅读者大量索引经典文献，但他们并不第一人称地参与理论家对问题的正面分析，在理智上也并不真正投身不同主张之间复杂的搏杀。阅读者只是在场外冷眼旁观，在复杂的智力搏杀和反复来回博弈之后撷取最终的成果。这种阅读方法的结果就是法学学术作品并不擅长观念结构复杂、论证程序冗长的复杂论证。法学作品的写作往往是事实界定、概念套用和论断引用三步走。

这种阅读方法显然并没有认真对待经典作品，对经典作家也颇有不公。从另一方面说，如此被理解的经典作品恐怕也无助于我们加深对不同法律判断或立法决策实践意义的反思。上述的索引式阅读致命之处在于两点：其一，它不鼓励读者投身（engage）经典作家论证或说理过程；其二，它通过直接截取结论和论断忽略了经典文本真正具有重要性的论证策略和说理方案。为了矫正这两个致命错误，经典文论的妥当"打开方式"更应当强调论证和说理的明晰化，鼓励阅读者通过严格检验论证说理前提、有序的推演推理步骤来学会如何以第一人称"我"的方式去直接面对问题。

我们不妨将这种阅读方法称作"理论投身式的反思阅读"。这一进路将更多的智力资源投入到对文本中蕴涵论证思路的挖掘，而不是记忆式地索引现成的理论命题。它提倡"面对事情本身"的思考，而不拘泥于文本本身。②

经典文本之所以为经典，并非因为文本本身思路严谨致密或天衣无缝，相反，古典文本也可能会有模糊与混乱，甚至有纰漏与疏忽。古典作

---

① 我相信这种阅读取向多少来自于一套关于学问高低标准的社会心理学。近现代以来的所谓学术大师，通常都是精通数门外语、熟读中西经典，对于种种典故文物信手拈来的饱学之士。人文社科学界的大师往往有着百科全书级别的知识索引，熟练掌握多门古典与现代外国语，能够随心所欲地引用各种古今中外的古典与现代作品。在这样的学问观之下，海量索引知识和旁征博引就成了人文社科学术工作者的终极追求。这一心理同样也潜移默化地影响了法学研究者和学习者。
② 极端地说，这一阅读进路甚至可以出于整体论证明晰性的考虑在细节上修正原作者的说者意义（speaker's meaning）或客观的文本意义（textual meaning）。

品真正的价值在于它提供了某种来自久远时代的"理论好奇",这种好奇源于另外一套道德与政治生活方式或基本观念,使我们能够摆脱当下的文化性框架,"跳出来"看问题,以一种理论反思的或人类学同情的方式在根基处来重新认识自我与社会。就如罗尔斯所一贯主张的,当代读者在阅读政治、道德与法律领域经典作品时,我们也必须以最富同情心的方式去复原和重构他们的观念预设、论证方案、推理过程。也唯有此,通过亦步亦趋的重构和模仿,才能建立起读者自身面对事情本身的论证能力与概念资源的调动能力。

当然,上面这些对经典阅读方法论的讨论对"经典"本身的概念提出了一些不同于标准理解的扩大化修正。

首先,经典的概念恐怕并不限于西方。本国古代观念资源和制度资源同样具有高度的文明原创性和理论深度,理应获得一视同仁的对待。法律相关的社会实践及其观念具有历史延续性,那些构成了我们民族独特生活方式的传统观念与制度实践就因此具有了实践上的重要性。

其次,为了更好地建立法学研究者的实践反思能力,我们也得适当引入一些当代学者的经典作品,而不仅仅将经典限定于已逝的近现代作家或古代思想家。当代英美风格的经典理论作品在阅读难度上远低于近代或古代经典。这些作品往往"所见即所得",论证推理的步骤清晰而详尽地直接展现在本文的结构和内容中。在不损害理论深度的同时,这些当代经典的用户界面比起经典的经典作品要友好得多。[1]

法学的实践品格在根本上来自于政治与道德共同体的自我实践反思,需要发掘和深化我们所处时代的根本道德关切与社会想象。当代中国法学要在理智上成熟,必须超越简单实用的比较法式制度,借鉴、发明富有深度的观念和理论。经典阅读毫无疑问是必由之路。

---

[1] 相对于阿奎那来说,菲尼斯的自然法作品自然更平易近人一些。甚至,二手文献也能构成经典,比如 Arthur Ripstein 对于康德的解读,称其为"经典的二手文献"也并不为过。

经典自然法理论对法学研究与教育的意义
——以作为德性法制的现代法治为主题展开

杨知文[*]

从整体和抽象的意义上看，法学就是在一般层面和具体场合关注和思考"什么是法律"的问题，而作为对该问题探究的概括归结，法学可以说又是为了回答"法治是怎样的"问题。对于法治的探寻与追求是古今中外法学理论和法律实践最有共同性的基本内容。就此而言，法治一直伴随着人类法律发展的历史进程，古今中外的思想家对法治曾有过连绵不绝的阐释和论述，不同时空下的法律实践也一直对法治问题提供着相应的答案。我们今天讨论法学研究与法学教育的价值和使命等议题，在很大程度上也需要聚焦于以法治为主题而进行相关的话语思考与商谈建构。

一般来说，选择法律作为主要的控制手段，用法律来规范和调整国家和社会生活关系，通过强调法律的权威性以形成国家和社会的良好秩序，是所有法治观念与实践的共同追求。然而，在法治跟随人类历史不断跃进和发展的过程中，不同时期的法治观念和实践呈现出不同的逻辑形态。由此而论，现代法治在强调"法的统治"之基础上更致力于寻求实质意义上的"良法之治"，这无疑是一种最为高级的法治形态。首先，注重法律的权威性，以法律作为治理国家和社会的重要手段，是现代法治所沿承的有

---

[*] 杨知文，华东政法大学科学研究院副研究员。

关人类法治从古至今的基本含义和脉络。人们用"法律的统治"或"通过法律的统治"等说法所表述的最低限度的内容就是作为法秩序的法治。这是现代法治乃至人类所有的法治形态都具有的一致性。其次，现代法治的确立内在地生发于人类法治文明自身从传统到现代的演进逻辑，特别是随着当今世界现代价值的不断传播，法治在现代社会语境下逐渐走向一种更具融合观念的治国原则和社会生活方式。虽然受制于历史、民族、文化、经济乃至利益立场等不同的社会生活条件，但是现代各国已然开启了以"良法善治"为目标的法治化治理道路。

因此，现代法治不仅是一种法制完备的状态，也不仅是一种依法办事的原则，同时也是一种包含了对作为"法的统治"前提的法律之品质要求的治国理政方式。可以说，现代法治是德性法制，就是法律制度及其运行具备更多德性之后的层次。此处"德性"强调的是法律制度自身所应具有的品质与运作理念和原则，它诉求的是国家和社会秩序建构中法律自身合法性与正当性的统一。这种成系统性的治国方略和社会秩序模式，蕴含着对法律制度及其运作过程自身品质的建设和维护，更注重"法的统治"所应具有的德性、理念和原则，也正是这些理念和原则使法治在其内在意义上区别于人治等国家治理模式。现代法治强调法制的德性，在一定意义上也可以认为，它不仅要求国家和社会生活应当由法律来统治，更要求法律在实质上必须具有德性，符合正义等价值，它不满足于法律只是形式上的良好以及法律实施上的一致性等要求，更强调法律及其实施过程与实质正义之间的有机联系，主张要用国家实在法之外的标准来检验和评价法律自身的品质，这些标准包括道德权利、伦理原则、自然正义、社会需求与利益等，它们是法律具有正当性的终极源泉。

就法学研究来说，虽然法学对法律现象的把握既要进行"形而上"的哲理思辨，又要进行"形而中"的规范关注，还要适时偏爱"形而下"的经验实用，但是，关于法律制度德性的追寻与思考却从来不是所有法学流派具有共识性的任务。自19世纪以来的法律思想史也表明，实证主义哲学的强大影响曾让以法律的德性和价值为偏重的法学研究几乎销声匿迹，

"恶法亦法"的法律观和注重形式主义的法治模式盛极一时。例如，法律实证主义认为，对道德、政治与各种社会现实因素的关照，不应该是法律人的任务，通过法律之外的其他要素对法律进行理解和阐释都是无意义的。在这其中，作为代表国家制定法律的立法者的意志被赋予至高无上的地位，法治被概括为一系列有关法律的形式性要求，公民对立法者所颁布的任何法律，无论良善与否都应当严格服从，执法者要公正和统一地执行法律，而不管法律的实质内容如何。我们知道，两次世界大战给人类带来的巨大灾难，这其中也昭示着，不强调自身良善德性的法律显然不是人类文明所需要的法律，没有良法作为前提的"法律的统治"何谈成为真正的法治。在二战之后，通过经历新的论辩，注重法律与道德密不可分的联系和实在法之外的人性基础与正义准则的自然法学得以复兴，法治理论也在现代语境下重新确立了以强调法律德性为要义的讨论题域。

现代法治是德性法制，这种认识从价值的实质层面弥补了形式主义法治的缺陷，积极防止恶法，追求法律制度自身的良好品质对真正法治的实现作用。从自然法学的经典理论来看，法律的德性问题一直贯穿着自然法学思想演进的基本脉络，它就是要回答在依法而治的体制下，法治对作为其前提的法律之品质的要求。在人类法治思想产生之初的亚里士多德关于法治的阐述中，"大家所服从的法律应该是本身制定得良好的法律"就是对法律德性如何这一问题的回答。"良法"是法治的前提，而法律怎样才称得上为良好，这个问题历经自然法思想家们数千年的回答，逐渐形成了关于良好法律的实质意义上的一系列界定，对人类法治的不断丰富和成长产生了积极影响。在现代背景下，有关德性法制的自然法学思想对法律体系持开放性的态度，认为有法律并得到了遵守和执行也并不是就等于有法治，法律必须具备某些必要的德性，才能使得"法律的统治"有资格被合理地称为"法治"。

在当代法学视域中，自然法学的经典理论中关于法治和德性法制问题的探索，为现代法治意识、法治理念和原则的巩固与传播奠定了诸多值得宣扬的论述。例如，战后新自然法学的代表人物富勒就曾提出过法律的道德性问题,其关于法律道德性之两个方面的主张业已被奉为现代法治的基本原则。富勒认为,法律作为一种"有目的的事业"有其道德性,这种道德性有两个方面,即"内在道德"和"外在道德"。其中,法律的"内在道德"即"程序自然法",是有关法律的制定、解释和适用等程序上的原则,是法律能够成为法律所绝对必需的前提条件。法律的"外在道德"即"实体自然法",是法律的实质目的或理想,包括人类交往和合作应当遵循的基本原则,以及由"正义"等原则组成的道德。再如,德沃金把权利论作为其法律思想的核心,主张权利在法治中的价值,认为真正的法治概念是"权利"的概念。在德沃金看来,权利并非仅仅存在于法律规则之中,权利也存在于历史和传统之中,它们是要求保护的"道德主张"。正是通过强调关怀和尊重的平等权利和公民反对政府的权利,德沃金把法律的实施和法治的运行牢牢地聚焦在要求政府"认真地对待权利"的基础上。

就中国当下情况而言,随着较为完善的法律体系的基本建成,法治国家建设的基本任务也正发生着重要转变:法律体系的形成作为法律完备的形式要求,一直沿承了实现有法可依的逻辑思路,使中国已然具备了建设现代法治国家的法律制度基础,而接下来以贯彻法律的德性和运作原则为要求的法律实施显然就成为中国法治建构的重要内容。现代法治是具有德性的法制,法制具有德性即成为法治的理念和原则,就此来说,中国建设法治对法制运行自身的德性或法治原则有更为可期的要求,重视法制自身的良好品质和现代法治理念的贯穿应当是中国当下法治国家建设的关键所在。中国目前也提出了建设法治体系的目标,而这一目标的实现,在一定程度上也取决于要真正充分理解和践行表现为法治理念和原则的法律制度德性。总谱仰仗演奏,蓝图有赖施工。如果说一个完备的法律体系构成了一国法治工程的硬件部分,那么对法制及其运作之德性的遵循就彰显着该国法治体系的软实力。

从中国目前的现实看,德性法制的发展和现代法治的构建确需经典自然法理论对当下法律实践、法学研究和教育给予持续性的支持与浸润。自然法理论具有对法律德性问题进行探讨的传统，其始终自觉地考察对包括法律秩序在内的人类生活秩序的恒久品质，致力于对人们法律活动和社会生活走向"良善"资质的引领。自然法理论对现实的法律制度及其运行保持着具有超越性的根本性价值思考，以审视和检验实在法律及其运作的正义品格为基本思维模式，为人类法律活动及其主张提供了来自实质理性的判断标准。在当前中国法学研究空前繁荣而自然法研究相对冷落的背景下，推动自然法学的出场并使其理应成为法学理论的重要组成部分，无疑有助于提升法学创新的学术含量，降解眼下由于法学教育和法律理论过度技术化而给对中国法治建设所可能带来的不利影响。这或许正是经典自然法理论对中国当下法学研究与教育的意义，也是自然法学在中国时空下能够获得兴旺发展的现实缘由。

在变迁的时代读经典

朱明哲[*]

  我在教学中经常向同学们提问："请问各位读了为师布置的阅读材料了吗？"回答往往令人失望。我在教学交流中也经常向同仁提问："请问各位有解决学生不读书问题的良方吗？"回答往往同样令人失望。面对这种双重失望，一个仅对自己的课堂有部分掌握权的教师应当如何应对？吾人心里清楚，诸如"课前交读书报告""课上提问计算课堂成绩"之类的方法仅能让学生出于对成绩的考虑而应付，却无法令人信服阅读我们布置之阅读材料意义何在。具体到本次笔谈的主题"经典"，事情或许更加复杂一些。毕竟所谓经典者，至少需要经过一定时间的筛选方能确立其地位。那么到底为何阅读这些看上去无关于我们所面对时代问题的文本就成为一个不得不在教学中再三思考的问题。曾有前辈主张，一种教学实践要想吸引学生，要么证明自身有用，要么证明自身有趣。对于吾等以法哲学为业者，作为一种教学实践的经典阅读之所以有吸引力，既因为有趣（否则当初便不会抛弃其他更具经济前景的职业投身其中），又因为有用（毕竟是完成考核、晋升等一系列任务之必要）。但对于未窥门径者，经典阅读的有趣性和有用性皆非不言而喻。而其中趣味，在开卷之前根本无从谈起。所以要说明我们在当下这个瞬息万变的时代仍有必要读经典，非证明这一实践的有用性不可。

---

[*] 朱明哲，中国政法大学比较法学研究院副教授。

不妨简单认为，经典就是一个时代最重要的理论性作品。那么，首先要回答的是此处所说的"有用性"到底是理论的有用性还是实践的有用性。阅读理论总归是有理论意义的，因为学习推理、论证、辩难的技巧对写作新理论总是有帮助。只有认为此处讨论的是经典的实践意义，该问题才有挑战性。然后，要考虑我们的时代是否本质上不同于此前的时代（目前毕竟无法读到未来的经典）。如果我们接受一种循环的乃至固定的时间观，认为所有的时代本质上都是一样的，那么阅读经典之有用性显然不是一个困难的问题，因为读它们就相当于在读我们这个时代重要的理论作品。挑战在于，如果我们认为接受线性的时间观乃至进步的时间观，认为现在和过去在某些重要方面已经不同，甚至这些不同让现在和以前相比是一个更好的时代，那么问题就会变得复杂。但如此还有可能存在两种不同的解读：本质上不同的时代是否可能面对同样的问题？如果我们虽然经历了若干世代，但面对的是完全一样的问题，那么读经典的意义仍是很明显的。在我们认为人们所需要依靠理论来解决的问题已经完全不同的时候，经典的实践意义才会变得模糊。

综上，我们讨论的是一个本质不同于我们的时代所产生的、针对不同于我们所面临的问题给出答案的理论作品，在当今是否还具有实践意义的问题。此时需要反思的恐怕是理论的性质。所有的理论、观念、概念、原则……都是对实践中所面对问题的回答。人们把实践中存在的事实翻译为思维（本身也是一种事实）中存在的概念。在物理的世界里，我可以抱着一个陶罐、用它装水、让朋友暂时也用它取水并帮我取水、在生气时砸碎它。但在观念的世界，我对这个陶罐占有、使用、收益、处分，所有这些因素又集合成"所有权"的概念，并因为人类社会组织特有的主体间性的运作获得了绝对性。然而所有关于所有权绝对性的经典要解决的起初不过是"为何别人不能干涉我抱着这个陶罐、用它装水、让朋友暂时也用它取水并帮我取水、在生气时砸碎它"这个实践问题而已。但随着时间的流逝，我们忘记了实践提出的问题，记住了理论。理论也就因此成了教条。而且每当人们遇到新问题，首先想到的是过去的理论是否能提供现成的答案，在有必要的情况下，理论有时会得到修正、甚至推翻，新的理论得以产生，而产生新理论的那些作品又成为经典。换言之，阅读经典乃是阅读一个本质上不同于我们的时代的人们对于那些我们所面对的问题的解答。

如此，我们不难看出，经典至少有两种不同类型的用处。

首先，阅读经典可以帮我们了解前人解决他们的时代问题的手段、方式、过程（毕竟无法预测未来人们如何行事），从而考虑我们在解决当前面临问题时是否可以使用同样的手段、方式、过程。这样，我们就进入了史学的范畴。如果希望经典在这方面帮助解决现代的问题，那么就不得不既关心那些与"经典"产生于同一时代的理论作品、又关心那些和"经典"大抵分享同样理论关切的作品。作者通过写作进入历时性和共时性的对话。他对实践问题提出答案的同时，也在支持或驳斥着其他试图解决相似问题的作者。我们今天带着后见之明去看过去，往往会产生"经典作品本身大大优于平庸之作"的念头。但历史的美妙就在于，日后看来再明显不过的趋势，在事情发生的当时谁也无法确凿地预言。正如我们也无法确凿地预言我们都能见到明天的日出（虽然概率很大）。正如 19 世纪末不少人认为对所有权的限制只能来源于基督徒的慈悲，另一些人则认为来源于正义的要求。明智如教皇利奥十三世也无法料到如今人们普遍认为是正义所创造的社会权限制了所有权。所以，在对照与经典作品构成对话的那些文本的前提下阅读经典作品，有助于我们了解"到底何种因素让它们最终成为经典"。

其次，阅读经典可以帮我们了解我们今天习以为常的观念（无论是所有权绝对还是相对）究竟在历史中是如何形成的，从而反思这些观念本身的相对性。这样，我们就进入了发生学/系谱学的范畴。在发生学的视角下，我们得以审视今人奉若圭臬的信条在产生时是多么偶然，从而相对化这些教条。只有这样，我们才能真正做一个线性时间观的接收者、一个进步主义者，接受一切如今所是本可以呈现另一副模样。1847 年基尔希曼说的"立法者三个词的改动，整个法学图书馆立刻化作废纸堆"实际上说的是这个道理。所以阅读经典的重要性并不在于了解经典之内容本身，而在于借理解经典背后的前见和偏见：1. 分析今天认为这些文本是"经典"的我们到底在多大程度上潜移默化地接受了这些前见和偏见，并质问我们是否仍然需要继续抱有它们；2. 判断我们今天建立在经典所确立之哲学上的制度是否因那些成见的存在而本质上是不正义的。在此意义上，阅读经典不但是一项解构性的工作，也是解放性的工作。它解构了经典的权威，却让人们得以从既有的叙事中解脱。如果我们不阅读经典，我们仍是成见的囚徒，甚至不知道身上的枷锁来源于何方。

所有的声音都在强调，我们的时代已经和以往不同了。罗马法学家无法想象"知识产权"，人文主义法学家也无法想象动物如果有心灵该如何是好的问题，但计算机技术的发展似乎正在让韦伯"自动裁判机"的想象变成现实。婚姻不再是异性恋的专利，新西兰的河流也具有了法律上的人格，各国的公司在加紧研制性爱机器人……如果每天读书看报，又怎么会无视巨变来临前的乌云？恰恰是在这样变迁的年代，经典阅读不可替代。因为在阅读经典时，我们的目光是向后的，心却是面向未来的。

经典阅读对法学院教育的意义

姚 远[*]

由于法学根深蒂固的经世致用品格，经典阅读的教育意义在法学中表现得似乎不如在传统人文科学那里显著。然而，法学院的教育首先是高等教育的一环，其次才谈得上专业教育的领域，置身于高等教育序列的法学院所提供的东西必须在根本上有别于职业考试培训机构，否则就没有独立存在的价值。这种差别显然主要不在于实定法知识的获取和应用抑或司法考试的通过率，而在于原理的全面传授和思维的系统训练。此为社会分工使然。在这个意义上讲，经典阅读对法学院教育有着不能忽视的意义，笔者试从以下三点展开说明。

一、掌握问题化的处理方式

所谓"问题化"的处理方式，是指把我们习以为常、司空见惯的那些事物和观念重新变得陌生，进而在这种距离上审视那些并非不证自明的前提并为之划定界限。例如，我们在阅读古希腊智者派的时候会发现，他们与同时代的苏格拉底同样关注人类的礼法问题，但与苏格拉底主要待在雅典活动不同，智者游走于希腊世界的各个城邦，属于巡回教师，自然而然对各地观念和风俗进行比较，从而形成某种宽泛的相对主义立场，借以反

---

[*] 姚远，南京师范大学法学院副教授。

思和批判那些被想当然地认为天经地义的东西。这种立场虽然有时被柏拉图描述得仿佛极端到拒斥普遍真理的存在，但却是一种明显的问题化处理方式。众所周知，托马斯·莫尔的《乌托邦》、拉伯雷的《巨人传》、孟德斯鸠的《波斯人信札》等，也正是借助一种跨文化语境的对比和反观，分别为读者重新审视英国和法国的现实生活图景提供思想契机。需要注意的是，以上所举的只是一种浅显意义上的问题化处理实例。严格说来，一切经典作品都秉持着特定的问题化处理方式（只是有时较为隐蔽），甚至可以认为，经典作品之所以跻身于经典行列，主要不在于它们完满地回答了某个或某些既定问题，而在于它们为后世发现和设定了无可绕开的问题意识议程。例如，何谓正义、何谓美德、何谓虔敬等都是对于社会生活具有头等价值的问题，它们支配着我们的制度安排和政策制定，在经历长期战乱和政治动荡的雅典城邦更是直接关涉秩序之本的东西，可是知识分子和民众间却始终流行着某些经不起推敲的相关意见和信念。有鉴于此，柏拉图带领我们将这些意见和信念问题化，并运用对话（即原初的辩证法）的形态清除那些看似常识实则不够牢靠的要素。再比如，人们普遍以为法律就是一旦违反就会引起制裁的命令或法条。但如果我们读到哈特对奥斯丁法律本体论的批判，就会意识到：如果制裁是最核心的东西，那是不是意味着法律的正当性基础其实就是暴力和恐惧呢？这样一来，法律和强盗绑匪的命令有多大差别呢？有义务的行为（have an obligation to do）和被迫的行为（be obliged to do）是一回事吗？在很可能规避制裁的情况下，法律对人们还有没有拘束力？如何解释在法律制定者更换或湮灭的条件下，法律依然得以沿用？为什么竟然有人心甘情愿地服从法律甚至用于捍卫法律的尊严？于是我们便发现，惯常的法律理解恐怕是有缺陷的，至于哈特本人提出的替代方案有无商榷余地则是另一回事。凡此种种的问题化处理能力，显示出经过高等教育之人的必备素养，这种素养正是经典阅读能够锻铸的。

二、体验邀请阅读的诚意

邀请阅读的诚意，是个鲜有人关注的问题。人们通常假定，一部作品问世之后，除了仅仅留为己用的情况外，理所当然是要交给读者品鉴的，而既然摆在读者面前了，读者就理所当然要好好阅读、细细咀嚼。可是，读者为何要接受这样的差遣呢？如今不再像当年那样读物匮乏、不少人可以做到阅读速度与出版速度大致相当，我们已处于信息大爆炸、渠道多样化、知识极大丰富的时代。很多人根本没有考虑过自己的阅读能力相形见绌，将这有限的能力投向近乎无限广袤的领域之时，资料筛选就成为重中之重的问题，而筛选的第一原则就是看作者有无邀请阅读的诚意。经典就是历史逐渐沉淀下来的最具有邀请阅读诚意的作品。那么邀请阅读的诚意如何体现呢？在于能够抓住广为关注的根本问题，并且据以参与和重建时代的普遍思想运动，也就是说，既要说明这件事为什么值得讨论，以及作者有何资格在前人基础上继续讨论这件事。"抓住广为关注的根本问题"看似不难做到，因为紧跟热点、抓人眼球已是当下学界的惯例和风尚，但问题毕竟有深浅之分，而深浅并不反映在引证率的高低上，"根本问题"往往隐藏在表面现象的背后，成为它们的支撑者和驱动力。而借着广为关注的根本问题的契机"参与和重建时代的普遍思想运动"更是极其困难的步骤，这一条每每成为区分经典作品和时髦作品的尺度。例如，鲁迅在中国现代文学史上无可撼动的地位，不仅取决于他抓住了晚清民国社会巨变时代人们广为关注的国民性及其改造问题，而且取决于他笔下融汇了世纪之交东西方到处盛行着的文明衰颓论、生理蜕化论、精神病理分析、梅毒禁忌、群众心理学、无政府主义、超人哲学、创造性进化论、悲观主义、末世论、优生学等论调，并将这些思想因素用国民启蒙的旗帜重新整合起来，遂铸就他那犀利的笔锋、敏锐的洞察力和深远的震撼力。又如马克思撰写的以《资本论》为代表的政治经济学批判著作之所以成为人类思想史的丰碑，当然首先在于他把握住了作为现代人类历史基础的经济结构、物质交往关系和阶级运动问题，这也是他超越20世纪众多西方马克思主义者的根本点。但严格说来，当时英国、法国、德国的政治经济学家或国民经济学家已经在不同程度上觉察出上述问题，以潜在的形式为马克思做好了材料准备。《资本论》真正的引人入胜之处在于它不是单纯的经济学著作,而是借着研究资本的契机,参与和重建了当时流行的黑格尔主义、康德主义、法国和德国历史编纂学、英国和法国古典政治经济学、早期社会主义和共产主义思潮、欧洲启蒙文学和现实主义文学等元素,进而以严密逻辑推演的形态梳理了资本主义时代的全部文化,恰如王元化先生在《走出中世纪》里面所评论的那样,"给人以强烈的整体感"。

三、重思法律和法学的边界

在我国,由于某些历史原因,法律曾长期被视为统治工具和专政手段,法学也长期依附于政治学。有鉴于此便不难理解,改革开放以来法律日益昌隆和法学逐步复兴时期的法律人格外强调法律和法学的独立自主地位,对诸如"'法理学'从'国家与法的一般理论'中分离出来"之类的事情津津乐道,纷纷考证中西方历史上标志着法学一级学科和二级学科诞生的事件和作品,着力译介和确立单独的"法律思想史"和"法律制度史"叙事。这番前赴后继的努力奠定了法律共同体的立身之本,为全面依法治国的新时代做好了学术准备,可谓功不可没。然而,马克思主义关于世界普遍联系的基本原理告诉我们,这种学科壁垒的设置固然有助于精细化的分工探索,但必将在某个节点上制约我们对事物更深层的理解。经典阅读有助于法学院师生重新思考法律和法学的边界,并对此形成超越法律工匠角色的更为成熟的体认。在这个场合,用标准意义上的法学家的观点作为佐证显然更有说服力。例如我们通过阅读美国著名大法官霍姆斯的言论将会意识到,从法律世界参与者的角度看,法律不是书斋里面闭门造车的僵死对象,而是在实际社会生活中运作并受到人的因素影响的著名职业;若要对法律形成不拘一格的观点,需借助法理学弄清现存法律教义的最高原理概括,查明现存法律教义的演变史,进而考虑规则的目的及其理由,做出得失权衡,这意味着我们要把法律、历史、哲学、政治经济学融会贯通,要让规则的制定者和实施者自觉承担相应的社会责任。而从法律世界旁观者的角度看,侧重点的变迁（或曰"风尚法则"）支配着法律领域，我们应当把法律视作"伟大的人类学文件"，把法律发展史——比如从神判到决斗审再到陪审团裁决的转变过程——视作"人类观念的形态学操演和转变过程操演"，并设法通过法律来查明哪些社会理想强盛到足以达成其最终表达形式的地步，以及各种主流理想随着时代更迭而发生的变化。又如奥地利著名法学家埃利希在《法社会学原理》中宣称：在迄今为止的一切时代，法的发展的重心既不在立法也不在于法学或司法，而在于社会本身。他的一段苦口婆心的告诫值得我们认真对待："法律是国家生活、社会生活、精神生活和经济生活的秩序，但无论如何不是它们的唯一秩序；与法律并行的还有其他许多有同等价值的、在某种程度上或许更为有效的秩序。事实上，假如生活只由法律来规制，那么生活必定变成地狱。"

正是出于以上三方面的考虑，法学院的教育过程理应在各个环节认真对待经典阅读的意义，防范自身蜕变为技术化和工匠化的职业考试培训场所，将大学教育的思维训练职能和人文关怀落到实处。

实践哲学理论与法理学的研究
——以亚里士多德模式为中心

叶会成[*]

本文不是一篇严格的论文,没有一个核心的命题,更多是一些阅读心得,一些自认为有价值的体会,所以适合以笔谈的形式与诸位同仁分享。分享的主题是就我自身接触和熟悉的实践哲学理论或模式而言,看看它们可以给法理学研究的方向和格局带来什么样的意义和启发。笔谈分为以下三部分内容:第一个部分我将简要勾勒实践哲学的基本情况;第二个部分主要依托赫费的《实践哲学:亚里士多德模式》一书,概述亚氏的实践哲学理论;最后一个部分是谈几点前述的实践哲学理论对目前法理学研究的启发意义。

一、什么是实践哲学?

实践哲学是当代哲学研究的主流范式。从时代性或历时性的角度而言,哲学史大致可以划分为古代哲学、近代哲学和现代哲学。采取这种划分的依据并不是单纯以时间界限作为唯一刻度,而且还出于不同时代的哲学拥有独特的思维方式和基本哲学问题之缘故。[①] 古代哲学探究的是本体

---

[*] 叶会成,中国政法大学中欧法学院2016级博士研究生。
[①] 参见吴建良:《从实践哲学的视角看哲学基本问题的现代转换及其意义》,《青海社会科学》2009年第6期。

论和形而上学问题，近代哲学讨论的是主客体之间的认识论问题，而现代哲学则转而关注的是理论与实践的关系问题，如何实践的问题。

实践哲学肇始于亚里士多德，其明确提出了一种与理论哲学相对的实践哲学，这种哲学主要将研究的视角落脚于人类的实践行动，探究如何更好地行动，如何过上一种德性的生活。但是这个哲学传统很长时间都被思辨（理论）哲学所遮蔽，直至黑格尔哲学之后，传统的认识论和本体论遭到批判，而矛头首先且主要指向的就是其思辨或理论方面，实践哲学才逐渐发展为成为主流。①进入到20世纪，实践哲学转向基本实现，成为第一哲学②，包括了马克思主义、实用主义、存在主义等重要流派，亚里士多德模式的实践哲学也呈现复兴之势。③

发展至今，学术界对实践哲学的认识和研究已经相当成熟，因此对它的理解和定义也存在不同的看法：④从本体论来看，实践哲学是与理论（或思辨）哲学相对的一种哲学形态，或是以实践为本体的哲学；从认识论来看，实践哲学会主张实践是认识的基础和源泉，实践高于、优于认识；从哲学学科的名称来看，它是与本体论、认识论相对，指称哲学体系中的伦理学、政治学、宗教学、社会学等，或者是道德哲学、政治哲学、宗教哲学、社会哲学等；最后从应用或实用意义上而言，实践哲学可以是对面向实际、面向社会的各种问题进行哲学的分析解释。我们这里主要是在第一种和第三种意义上讲实践哲学。

实践哲学研究有如下基本分类：⑤1. 按照研究的方法，可分为实质性／

---

① 参见黄颂杰：《关于实践哲学的三个问题》，《哲学分析》2014年第2期。
② 参见张汝伦：《作为第一哲学的实践哲学及其实践概念》，《复旦学报（社会科学版）》2005年第5期。
③ 参见王南湜：《〈实践智慧的概念史研究〉序》，载刘宇：《实践智慧的概念史研究》，重庆出版社2013年版，第1页。
④ 参见黄颂杰：《关于实践哲学的三个问题》，《哲学分析》2014年第2期。可能对于第四种意义上的用法国内学者比较陌生，它其实主要是指将哲学应用于日常生活实践，解决人们的心理问题，包括反思、冥想和哲学咨询等，以提供心灵鸡汤。对此可参见欧阳谦：《哲学咨询：一种返本开新的实践哲学》，《安徽大学学报（哲学社会科学版）》2012年第4期；龚艳：《哲学咨询：一个新兴的哲学实践领域》，《淮阴师范学院学报（哲学社会科学版）》2011年第4期。类似的主题网站，可参见 http://www.philosophyworks.org 和 http://practical-philosophy.org，2017年5月1日最后访问。
⑤ 参见约瑟夫·拉兹：《实践理性与规范》，朱学平译，中国法制出版社2011年版，导言，第3—5页。

评价性的部分与概念性/描述性部分；2. 按照研究的人类活动领域或人类关系，可以分为道德哲学、政治哲学、法哲学、社会哲学等；3. 按照讨论的实践主题，可以分为价值理论、规范理论和归责理论。除此之外，学界其实还存在一种人物式的或注释式的研究，即对某些哲学家的实践哲学理论展开研究或注释，如亚里士多德的实践哲学、康德的实践哲学、黑格尔的实践哲学、海德格尔的实践哲学等。[1]

二、亚里士多德模式

实践哲学的模式或传统有多种，本文关注的是亚里士多德模式，主要文本依托是赫费的《实践哲学：亚里士多德模式》，辅助文本是亚氏的《尼各马可伦理学》。[2] 做如此选择的原因从客观方面讲：第一，亚里士多德模式地位独特，其创立了实践哲学，确定了实践哲学的基本品格和核心观点，成为后代哲学家的研究典范。第二，亚里士多德模式理论价值丰富，已经从中发掘出幸福论伦理学、德性伦理学、智慧学说、共同体伦理学多个分支。第三，赫费是欧陆实践哲学领域研究的佼佼者，《实践哲学》是对亚氏理论的经典解读。从主观方面讲：从个人阅读史和知识构成来看，主要继受了英美分析哲学理论，缺乏对欧陆研究的关注。阅读赫费和亚氏可以帮助自身清除研究的盲区，进而改善对法哲学的理解。

《实践哲学：亚里士多德模式》主要是对亚氏伦理学思想的创造性解读和评判性研究，其核心问题是伦理学作为实践哲学如何可能：一方面，伦理学如何是"实践"哲学，而不是理论哲学、纯粹的认识哲学？另一方

---

[1] 例如，Robert B. Pippin, *Hegel's Practical Philosophy*, Cambridge: Cambridge University Press, 2008; *Heidegger and Practical Philosophy,* Francois Raffoul and David Pettigrew (eds.), Albany, N. Y.: State University of New York Press, 2002; Immanuel Kant, *Practical Philosophy*, Mary J. Gregor (trans. and ed.), Cambridge: Cambridge University Press, 1996; David Charles, *Aristotle's Practical Philosophy*, Duckworth, 1984；奥诺拉·奥尼尔：《理性的建构：康德实践哲学探究》，林晖、吴树博译，复旦大学出版社2013年版；奥特弗里德·赫费：《实践哲学：亚里士多德模式》，沈国琴、励洁丹译，浙江大学出版社2011年版。

[2] 参见亚里士多德：《尼各马可伦理学》，廖申白译注，商务印书馆2005年版；奥特弗里德·赫费：《实践哲学：亚里士多德模式》，沈国琴、励洁丹译，浙江大学出版社2011年版。为引用便利，下文引用《实践哲学：亚里士多德模式》一书时直接在文中标明页码。

面,伦理学如何是"哲学"而不是科学,或者说作为哲学的伦理学与科学是什么关系?这两个问题与成书背景密切相关,是对当时主流的语言分析伦理学的挑战和反叛。语言分析伦理学是元伦理学研究,主要任务在于分析伦理评判和评判的语言,自身标榜为一门理论性的、技艺性的科学,是一项描述性和道德中立性事业。

伦理学的实践属性。实践哲学与理论哲学的区别在于其任务不仅在于认识,而且在于实践,其从三个方面对实践负有义务:1.研究对象是实践,包括个体层面和机构层面的实践行动,如伦理学、政治哲学、社会哲学、法哲学等;2.目的服务于实践,运行方式是实践推理,采取认证、反思及推理的评判途径,而不是道德劝诫与政治强制;3.起源于实践怀疑,当时存在对幸福的实现、善、正义等多边性和不可靠性的怀疑。[①]具体到伦理学,其实践性体现在对象(道德行为),目标(德性)和出发点(道德经历之前提)三个方面,由此呈现出实践的循环。亚氏的伦理学是道德生物对自身的道德反思,它的目的不在于获得道德确信或道德知识,而是实施道德行为。这种反思不仅反思客体(道德行为),也包含元反思,即实践哲学本身的反思,因此不是道德中立的事业。

伦理学的哲学属性。伦理学的对象(道德行为)有两个特征:1.时刻变化性,即与自然的、忠于直觉的行为相比,道德行为存在多种可能性,敏感于具体的处境;2.相对持续性,指行为者并不是独立的,而是在城邦的共同生活中思考和决定,受制于社会风俗和习惯,风俗习惯变化相对缓慢。鉴于道德行为的多样性,亚氏认为我们只能粗略地、提纲挈领地揭示这一对象,此即概貌性或概略性原则。概貌性意味着不应对道德行为的具体现状进行哲学上的认识,而只能从其核心和基本特征上理解,其也具备科学所要求的明确性。[②]作为哲学的伦理学规定的是一些始终不变的规范性因素,不探讨具体行为指南(其涉及当时的一些边缘条件与历史情

[①] 参见奥特弗里德·赫费:《实践哲学:亚里士多德模式》,沈国琴、励洁丹译,浙江大学出版社 2011 年版,前言。
[②] 同上书,第 77 页。

形），为道德责任主体的特殊性留有了空间与自由度。[1]

此外，伦理学与政治学存在一种辩证关系。人追求的善必须存在于城邦这样的政治联系之中，对善的哲学分析（伦理学）原则上是政治学的一部分。这是从概念意义而不是主题意义上讲的。就主题而言，政治学主要研究家庭与国家的管理、国家的立法及行为等，而伦理学研究幸福、德性等，他们是从不同方面探讨同一个主题：属人的善。政治学探讨的是美好生活的各种不同机制（政治的、法律的），而伦理学探讨的是在这些机制中的美好生活。反过来，政治学也是伦理学，因为政治的联合促成了善的实现，伦理学指出了道德行为的政治起源，政治学道出了城邦的道德意义。但是，唯有伦理学是纯粹的实践哲学，政治学不是，因为它要涉及大量的技术问题，比如怎么管理一个国家、如何扶持一个政府、如何立法等。所以，政治学不仅仅是实践哲学，还有技术哲学的内容。[2]

三、实践哲学对法理学研究的意义

限于我本人的专业背景和知识，接下来主要谈几点前面的实践哲学理论对法理学研究的启发性意义。这里对法理学的界定比较宽泛，不限于法哲学，还包括法律-社会研究，如从历史学的、政治学的、社会学的视角研究法律的理论等，这也更符合中国学界对法理学的定位。

（一）重塑法哲学的实践哲学品格

首先，实践哲学相较理论哲学最突出的品质在于对实践的关注，进一步讲是解决实践困境，而不崇尚纯粹的理论思辨。法哲学作为实践哲学的一部分，它更多的是面对法律实践，所以法哲学的研究也不是纯粹的概念和逻辑思辨的推演，而是一种实践推理。

---

[1] 参见奥特弗里德·赫费：《实践哲学：亚里士多德模式》，沈国琴、励洁丹译，浙江大学出版社2011年版，前言。
[2] 同上书，第19—20页。

其次，法哲学的实践推理是一种道德性的、反思性的事业，不是一项道德中立的事业。从相对的角度而言，法哲学的研究固然可以分为概念性/描述性研究和规范性/评价性研究，前者的典型代表是哈特，后者的典型是德沃金。但是一种完整的和充分的法哲学图景必然是规范性和评价性的，充满道德反思与评判、价值的诠释与论辩。例如格林指出评价性论证是更一般意义上的法哲学的核心，没有任何一个法哲学家仅仅是个法律实证主义者[1]，拉兹讲法理论的任务（法哲学）在于促进人类的自我理解[2]，其实我们可以将两位的提法解读为法哲学的富矿在于面向规范性问题，面向道德实践，法哲学是一种理解社会文化和人类自身的文化人类学。[3] 因此，我们反对狭隘的概念法哲学，也反对科学化、现实主义倾向的法哲学，主张法哲学应当是一门道德与价值论辩的事业。

（二）法哲学与政治哲学、伦理学的贯通

如摩尔所言：伦理学不应仅获得正确结果，也应为正确结果找到一些有说服力的理由。这些具有说服力的理论不是为自身而存在，它们应当支撑那些在摩尔看来是关于伦理原则的结果。[4] 从实践理由或实践理性的场域看，伦理学（道德哲学）与政治哲学、法哲学是一个融贯的场域，共享的主题是对正确的行动理由之研究。如前已述及，就追求与实现人类的善而言，伦理学与政治学互为各自的构成部分，彼时学科并未分化，政治学其实包含了我们今天讲的政治哲学和政治学。进一步而言，法律作为政治制度结构的重要部分，是实现善的基本合作方式，从这种意义上讲，法学是政治学的一部分，法哲学是政治哲学的一部分。因此，法哲学的研究虽

---

[1] Green, Leslie, "Legal Positivism", *The Stanford Encyclopedia of Philosophy* (Fall 2009 Edition), Edward N. Zalta (ed.), URL = <https://plato.stanford.edu/archives/fall2009/entries/legal-positivism/>.
[2] 约瑟夫·拉兹：《权威、法律与道德》，刘叶深译，载郑永流主编：《法哲学与法社会学论丛》2007年第2期，北京大学出版社2008年版。
[3] Dan Priel, "The Misguided Search for the Nature of Law", available at SSRN, https://papers.ssrn.com/sol3/papers.cfm?abstract_id=2642461，2017年5月4日最后访问。
[4] G. E. 摩尔：《伦理学原理》，长河译，上海人民出版社2003年版，前言。

然有着自身的独特性，但绝对不是固守所谓的独立性命题[1]，而是面向政治哲学与伦理学，其原因不仅仅在于它们共享着一套概念[2]，更在于它们都致力于一个共同的大问题。

事实上，这些洞见已经得到了当代很多法哲学研究的印证，例如菲尼斯所构筑的自然法理论，德沃金所提出的解释理论。[3] 这一点尤其值得当前中国法理学界研究者注意，客观而言，我们的法理学研究缺乏与伦理学、政治哲学沟通的习惯与能力，学科之间缺乏对话交流，更难讲贯通研究，这是亟须改善的现状。

（三）法哲学的功用及其与相关学科的关系

实践哲学研究区别于社会学、经验性研究，区别于自然科学研究，它虽然缺乏前述学科高度的实证性、精确性，但是也有着亚氏讲的明确性，是一种概貌性科学。概貌性意味着不对具体现状进行哲学上的认识，而是从其核心和基本特征上理解，其任务和功用是确立普遍的和恒定的因素，而不去探讨具体的行为指南。因此，法哲学的研究是对法律的普遍属性和核心特征的研究，是一种原则性研究，而不是提供具体的操作指南，不提供手册式的程序方案，批评法哲学无法给予司法裁判直接的实践指导本身就是对法哲学功用和性质的误解。

认识到法哲学研究的概貌性能够帮助我们更好处理其与其他学科之间的关系。一个具体行动的采取除了接受原则性指导之外，必然还需要结合当时的处境，考虑行动的具体因素和边缘条件。就一个正确的、正当的司法判决（法律决定）而言，法哲学固然可以划定一般性指导界限，但是必然需要结合教义学、法律-社会的研究（社科法学）等知识才能完整地实现理由的证立。所以，法哲学与法教义学、社科法学是一种互补关系。更

---

[1] 参见范立波：《作为诠释事业的法律——德沃金〈法律帝国〉的批判性导读》，载郑永流主编：《法哲学与法社会学论丛》2014年卷，法律出版社2014年版。
[2] 约瑟夫·拉兹：《实践理性与规范》，朱学平译，中国法制出版社2011年版，导言。
[3] 参见 John Finnis, *Natural Law and Natural Rights*, Oxford: Oxford University Press, 2011; Ronald Dworkin, *Justice for Hedgehogs*, Cambridge, M. A.: The Belknap Press of Harvard University Press, 2013.

进一步而言，法理学的研究自然不必局限于法哲学研究，还可以囊括社会学的、政治学的、历史学的研究。[1]

（四）增强对德性与情感的关注

法理学的研究应当增强对德性与情感的关注，从亚氏伦理学中分离出了德性伦理学（美德伦理学），它致力于实现德性之人与德性生活，同时也对人类的情感投射了足够多的分量。亚氏将灵魂的状态分为了三种：感情、能力和品质。感情指的就是欲望、怒气、恐惧、信心、爱、怜悯等，其总是伴随着快乐与痛苦。能力是指我们能获得这些感情的东西。品质就是我们同这些感情的好的或坏的关系，其中好的则称为德性。[2]

如果说法理学是上述的政治学和伦理学的一部分，致力于实现人类善，那么法理学的研究就应当引入对人之德性与情感的关注。一般而言，法律排斥人的情感与德性之类的道德考虑和个体性因素，讲究理性、形式、规则和普遍性。但其实这些要求都是服务于法律的正义之目标，如若引入对德性与情感的关注有利于实现正义，就无法将其排斥在法理学的研究视野之外。当前中国的法理学界，虽然已经有学者开始做这方面的工作[3]，但力度显然远远不够，应当将其视为法理学研究的新课题。

---

[1] 关于法理学内部学科之间的关系以及法理学在法学整体框架中的地位，可参见郑永流：《重识法学：学科矩阵的建构》，《清华法学》2014 年第 6 期；陈景辉：《法理论为什么是重要的——法学的知识框架及法理学在其中的位置》，《法学》2014 年第 3 期。
[2] 亚里士多德：《尼各马可伦理学》，廖申白译注，商务印书馆 2005 年版，第二卷。
[3] 对法律与情感研究的引介，可参见李柏杨：《情感，不再无处安放》，《环球法律评论》2016 年第 5 期；王凌晧：《法律应当如何对待情感——读〈逃避人性：恶心、羞耻与法律〉》，《法律和社会科学》2013 年第 2 期；对德性伦理学与法理学的结合研究，可参见王凌晧：《儒家美德裁判理论论纲》，浙江大学出版社 2015 年版。

法学经典的意义：一个历史视角

徐震宇*

古人论到政制问题，通常要先"正名"。有时候，从名词背后的历史往往可能品味出某些暗中进行了许久的变迁。

先举两个小例子。

一个是我们现在的学位。基本上，但凡博士，都是"Ph.D."，然而，"Ph.D."的意思是"哲学博士"。按中世纪四大科系：神学、法学、医学、哲学（艺文科，Arts），神学居首的地位无可动摇。法学和医学都是古老学科，经过一番较量之后，医生们不敌擅长从罗马法中找法例甚或"比附"的法学家，因此法学排在医学之前。至于哲学，向来列在最末，有没有"哲学博士"都是一件可疑的事。然而到了现代，哲学这个学位几乎横扫一切学科，以至于变成"博士"的代名词。具体到法学专业，"Ph.D. in law"这种矛盾语词成为正统，"J.D."反倒成了专业水准较差的"假博士"。由此可见法学专业在现代化过程中，其科系地位的下降。或者说，法学教育被认为更多与执业律师、法律实务挂钩，服务于商业，纯粹法学学术研究多少失去了自身的学科领地（不得不去攀附"哲学"）。

另一个，关于"original"这个词的含义。在中世纪，original 的意思是"符合正统""有来源的"，表示学者的研究符合《圣经》、教父、大公会议、历代教宗，换句话说，"没有自己的创新性"，表示跟随之前的

---

* 徐震宇，华东政法大学科学研究院研究员。

经典。然而到了现代，这个词的意思变成了学者的研究必须具有"创新性"，也就是自己成为一个新观点的"来源"。这个"创新性"成为了学术评价的指标。

一、"经典"的含义

今日我们日常所说的"经典"，很多时候带有一种近乎美学的意味。说某部著作是某一领域的"经典"，大概表示该书在该领域是"大师之作"。而这个词中世纪是用在手工业行会，当一个学徒被认可满师、自己可以独立营生带徒弟时，必须提交一个代表其最高水平的作品，且要让行会现有的师傅们满意。所以今日说起"经典"，很大程度上指作品在专业领域内具有极高的专业水准，或者它开辟了某个专业领域，或者首先提出了某种重要的观点或论证。

但是，"经典"这个词有另一个含义，其词源不是指"高水平的"（classic），而是指"正典"和"正统"，源于基督教所说的"canon"，原意是标尺。论到"正典"，其含义就主要不是指技艺高超，而是指"正统"，意味着与一套基本信念有关，并且从这套基本信念出发，能够建立一种标准，进而有可能建立一种治理的体制。在这个意义上，中国古代的"经典"含义倒是与之更接近。中华帝国科举取士，考的是"经"，考的是规矩和正统。虽然许多官员本身也是文人，但若文艺气过重，则可能被诟病为不懂治国，而"经"是用于政治的，是政治观念赖以产生和维持的依据。

从这个角度观察，"经典"在美学和技术性意义之外，对于国家政治有一种十分重要的意义。这个意义上的"经典"奠定了作为政治制度前设的观念。某种制度，其在共同体中建立的可能、运行的效果、适应新情况的能力，必须与共同体成员的观念相配合。当然，并不是说，观念和意识是不可改变的，但至少要有某种稳定的塑造过程。共同体成员对于制度安排和实践的接受程度，建立在一系列观念的基础上，而"经典"正框定了这些观念。

二、"创造性转化"问题

西方国家从中世纪到现代的转变，变动的程度不可谓不大。中世纪盛期，教会构成了政治结构的基底，教会的治理是以一套"正典"为基础，确定其成员需要认信的"信条"，进而构建神职人员的统治制度和法律规范。在教会方面，其"经典"是具有神圣性的，教义是不可置疑的，在此之上才有制度。

在世俗国家兴起的过程中，于制度之外，首先面临观念的更替，而观念的更替则意味着"经典"的更换。在西方国家的这个蜕变期，承担大量"转化"工作的是法学。法学家们在他们的研究和论述中，通过注释、评论、借用、比附等各种方法，将原先属于神学领域的概念和原理转移到了法学领域。之前提到科系排位，当时法学之所以压倒医学，原因之一是法学家们不惜以貌似穿凿附会的方式证明法学家等同于祭司，等同于骑士和贵族。罗马法和教会法学家们往往充斥了各国宫廷，成为国王论证自身权利的谋士。而法学家们也不负重托地制造出了许多具有重要意义的法律文件和法学著作。

在世俗国家替换教会成为社会基底结构的过程中，法学研究承担了某种"创造性转化"的工作，以一种"法律科学"代替了神学，同时又在很大程度上维持诸概念和原理在结构上的稳定性。正是通过法学家的论证，"国家"取得了世俗的神圣性，"祖国""人民""主权"这一类的概念，都是在这个过程中产生的。法学的独特之处在于，它一头联系着极为庄重、近乎宗教的观念（例如"正义"），另一头则联系着日常生活。因此，它才能承担改造经典、转化观念，并使之平稳地进入日常实践的任务。

更进一步，事实上，在现代民族国家的发展中，法学家们不断进行着"重塑正典"的工作。在西方民族国家建立的过程中，总有一个"建国叙事"的影子，正是这个叙述建国的故事奠定了人民认同的基础。而在几个主要的西方国家，这个建国故事总会与法学或法律产生联系，立法文件、法学著作、判例、法院的建立甚至法学家或律师法官之类的人物，成为了建国故事中重要的组成部分。于是，这些"经典"就纷纷成为奠定共同体成员政治意识和观念的基石。在此基础上，制度和规范才次第建立，而不是相反。因此，法学经典的塑造以及以经典为基础的法学教育，成为了整个政治共同体非常重要的活动。

当然，西方的发展路径并不是没有问题的。事实上，科学革命之后，法学的地位遭遇了挑战。"科学"成为更晚近的现代世界的"正典"。而科学和技术的发展所导致的机械化世界图景，对法学经典的地位是有影响的，这导致了法学本身的技术化和工具化倾向。如果我们倾向于认为西方国家的政治景观正在走向不稳定的状态，这也必定与法学学科的状况有关，意味着在社会条件的变动中，国家无法稳定提供政治观念的维护与更新。

三、中国困境

"创造性转化"这个说法，原本是林毓生先生论到中国历史进程时提到的，而他则是受韦伯的启发，看重理念在历史发展关键时刻推动"转变"的作用。

从较长时段的历史看，中国在近现代所遭遇的，是一个从老旧的国家形态向现代国家转型的过程。中国与西方不同的是，西方塑造起民族国家形态，毕竟经历了几百年积累。这个积累不仅是物质的、技术的。就我们目前讨论的问题而言，西方国家在几百年间不断从事着学术研究工作，这类工作对于国家的重要性在于，塑造出一套"经典"，为制度提供支持，为不断改革提供基准和动力，也为达成共识设定基线。在这套"经典"中，法律和法学占据重要地位。

中国遭遇的困难之一是，缺少积累经典的时间和机会。在接连不断的政治危机中，思想领域发生了许多"断裂"的情形，因此也就缺乏"创造性转化"的余地，缺少一种能够大体维持结构性稳定但暗中替换关键理念的学术论证。在西方国家，法学由于其历史悠久，积累的经典文本众多，亦有法学家群体产生，有条件承担转化的工作。但在中国处境下显然难以发挥这样的功能。这个状况的表现也包括，在中国国家的建国叙事中，法律和法学所占的比重是极弱的。

于是，当中国尝试建立法律学科时，也就天然地带有技术和工具性的倾向。这个倾向与晚近本已普遍发生的工具化潮流叠加，导致中国的法学研究和法学教育的技术化和工具化趋势更加明显。无论从哪个角度看，"经典"在中国法学研究和法学教育中的地位都尚未确立。

问题在于，从历史的发展看，如果要追求国家长治久安，对法学经典的研究是不可或缺的，因为政制的稳定需要有理念领域的支持。现代国家形态既已形成，其运行就自然要求有法律和法学的根基，而不是纯粹从工具角度界定法学的价值。同时，如果要创造性地开辟一条"中国道路"，同样也要求首先具备一种形成"新的经典"的能力，这项工作并不是简单堆砌的低水平重复，或是单纯通过宣传就可以完成。就目前的状况而言，要完成这样的任务并不乐观。我们需要很有耐心地持续努力，对法学经典进行阅读、翻译、注释、研究，在此基础上，才有可能更进一步。

四、实践

如上所述，如果要完成塑造乃至更新经典的工作，需要大量的学术工作。而这也意味着需要有一个法学家群体。西欧国家从中世纪到现代的发展，与大学兴起（法学正是第一批大学的研究重点）和法学家群体不断推进法律科学研究存在密切联系。在这个过程中，法学学科的地位也得以不断巩固。

回到开头提到的两个小例子。我们面临许多困难，其中之一是法学学科自身的地位并不牢靠。这倒不完全是个中国问题，从学位名称的变化也看得出，法学学科的地位显然已经远不如中世纪和近代早期。在资本主义的席卷之下，法学家的地位显然不高，甚至在律师职业中，传统的出庭律师也正在让位给与资本运行关系更密切的执业者。如果我们的法学教育持续不断地倾向于培养"技术工人",或者仅仅服务于资本,将很可能阻碍法学发挥原本应当有的更重大的功能。

另一个问题在于,如果要重造经典,或追求"创造性转化"的目标,则必须建立在对已有经典作充分研究的基础上,这也就意味着,法学研究不能完全顺从现代的、官僚制和市场化的"原创性"标准,而必须给予翻译、注释、汇编这类工作一席之地。经典意味着接续传统,而非创造一种源自某一名学者自身、浅薄的学术光环。

我不得不承认,就目前而言,这样一种工作的前景仍然是暗淡的,法学研究和教育明显正在加速滑向技术和工具导向。但是,这项工作又是极为重要的,其意义超出法律和法学本身,关系到国家整体。近代以来,中国时常处在要求作出紧急政治决断的环境中,如果在今日这样一个和平时期,我们还没有余地做一些基础性的工作,那么明天恐怕也不会有希望。

无论如何,总得有一些人去尝试。

经典阅读之于法学

王 博[*]

经典阅读对于法学研究和法学教育至少有两重意义。

第一，帮助我们获得一个较为整全的视野，为法学基础理论奠基。通常来说，解释学（或称为教义学等）是法学的安身立命之本，本质上，是哲学解释学在法学领域大展拳脚的体现，哲学解释学的脉络相当复杂，不仅有体系的视角、语义分析的视角、历史的视角、心理学的视角、吸收最新社科研究成果的视角，还有各类后现代视角。关于什么是语言、什么是文本、文本与读者的关系甚至读者之间的相互关系，研究已汗牛充栋。从解释方法到解释目的都有充分的讨论。这也是法学这门经世致用之学自身的内在要求，注定了解释学内在视角的优先性。而以司法为中心的法学研究从来都是解释学的最大动力和现实关怀。但是法律不仅是司法，还有立法、执法、守法多个环节（当然从过程论来看，解释学依然贯穿法律运作的全过程），不仅现代西方意义上的法（law）是法，而且有中法史的研究者提出传统中国的"礼"本身就是一种法，甚至"乐"也是法的辅助手段，所以古典中国有"礼乐之邦"的美名。这就涉及本体论层面对法律的理解。"什么是法律"这一苏格拉底式的问法注定了法的多义性和追问过程的无限性。

现代学术分工体系下，人文社科研究日益专业化，这与工业革命以来

---

[*] 王博，中国社会科学杂志社编辑。

全球日益细密的社会分工趋势相一致。但社会生活、社会问题从来是不分学科的，在一个"学科"看来已经解决的问题换个学科可能就很成问题。但囿于知识爆炸尤其是自然科学知识的深化拓展，百科全书式的学者日益可遇不可求，精力有限，能掌握一门专业已属不易，苛责研究者不够跨学科似乎有点强人所难，但不管怎样，学者心里这根弦是要有的，所谓"整全视野"的具体内涵可能有变化，但这种格局没有变，这也与近来常说的"跨学科意识"若合符契。对溢出自己专业范围的问题或前辈大家，在保持必要的谦逊和敬畏的同时，还要力所能及地尝试理解其他学科的视角、了解其研究成果，如果能加以借鉴、整合乃至有所推进是再好不过了。曾经风靡一时的美国法学家博登海默有一番话令笔者印象深刻，他说："研读法律的学生如果对其本国历史相当陌生，那么他就不可能理解该国法律制度的演变过程，也不可能理解该国法律制度对其周边的历史条件的依赖关系。如果他对世界历史和文明的文化贡献不了解，那么他也就很难理解那些可能对法律产生影响的重大国际事件。如果他不精通一般政治理论、不能洞察政府的结构与作用，那么他在领悟和处理宪法与公法等问题时就会遇到障碍。如果他缺乏经济学方面的训练，那么他就无法认识在许多法律领域中都存在的法律问题与经济问题之间的紧密关系。如果他没有受过哲学方面的基础训练，那么他在解决法理学和法学理论一般问题时就会感到棘手，而这些问题往往会对司法和其他法律过程产生决定性影响。"

事实上，对于那些厉害的经典作家而言，"不跨学科"往往才很难。且不说古典时代如亚里士多德这样典型的全才，就近代早期那些大名鼎鼎的思想者，几乎无一不是跨学科的高手。一个哲学家可以同时是一个天文学家，一个法学家同时是一个数学家（或者反过来），这在很多现代学者看来是匪夷所思的。例如目前有人研究"莱布尼茨的法学思想""康德的天文学成就"等，为我们打开了一扇清奇的大门。如果按照现在主流的研究路数，可能永远也无法勘得这些"毫不相干"的学问之间有何联系，这种联系对于狭义的学科研究又有何关系甚至奥秘可言。就法学而论，许多部门法研究与"现实问题"看起来往往更紧密、十分"接地气"，开起药方来往往看起来药到病除，当然这与法学的显学气质有关，但正如通常人们对西医的诟病：头痛医头，脚痛医脚。看似见效快，实则容易陷入只见树木、不见森林的境地，尤其在面对日益复杂且变化迅速的现代社会更显得捉襟见肘。尤其是，对于法理学这一地位日益尴尬的、自带跨学科光环的学问，不能满足于"司法之学"或纯粹技术法学的定位，要充分有效地回应现代性危机的挑战，根本上很难通过更加技术化的规定来化解，非得反思价值前设不可，这一工作法律实务工作者不会做，部门法学者也很难做，这是法理学应有的使命和担当。否则，法学将永远被诸如"谁来监督监督者""如何超越囚徒困境""是否应设立见危不救罪"等问题所困扰。

在经典作品诞生的年代，社会领域和研究领域的分工还不像今天来的这样迅猛和不可逆转。先贤们既有卓越的智性，又有广博的视野，往往对问题的把握更为全面。对法学研究而言，研读经典是最方便的汲取其他视角养分的方法。而对法学教育而言，学生们阅读经典作品，直接与第一流的思想家对话，很可能是跳出对本专业知识教科书式、教条式理解的一条康庄大道，进而也是培养专业兴趣的一条坦途。尤其是对于刚离开填鸭式中学教育、经历魔鬼式高考集训的学子们来说，他们想要汲取真正的智慧去解决他们过去人生导师无力解决、自己也百思不得的那些重要问题。既不应该让他们直接接受经过数百年专业化、窄化的学科知识，也不应急于让他们上手那些毕业后很快会熟悉的职业技能，而应先让先贤的智慧滋润他们的心田，让他们多去倾听伟大心灵之间的交谈，让一个更高的世界图景在他们面前逐渐敞开。只有理解了最重要的问题，理解次级问题才是有意义的。就像我们常常把"三观"挂在口头上，三观就像方向，方向错了，走得越快反而越危险。如今很多法学院毕业生走入法律实务岗位后犯了难以弥补的"大错"，据说"犯错率"还不低，"知法犯法"，不能不说这是十分讽刺的。然而他们真的"知法"吗？他们不能说不懂法条，也不能说法学专业知识学得不好、法律应用技术不过关，往往是"为什么学法学"和"法学是为了什么"这一最基本的问题没搞清楚。"为什么"有两层意思，一层是机械论意义上的，一层是目的论意义上的，值得法学研究者和教育者深思。例如法学院在大一的时候都会开一门课叫"思想道德修养与法律基础",据说这是最"水"的一门课,其实,完全可以把经典阅读、通识教育等课程好好地与这门课结合,让这门课真正变得不"水",发挥其更大的实质价值,使学生在学习法学专业课之前以正确的"法感"养成,不失为一条建设性意见。

第二,从古圣先贤那里汲取智慧,增强法律的人文关怀,回应现代性危机的挑战。这层意义与上一层相关。所谓经典,就是经得起历史和时间检验,最终沉淀下来的那些作品。是每一个学科都绕不开的那份厚重的精神遗产。近年来,超越部门法门户之见的法理学研究开始引入社会科学的最新研究成果,而所谓社会科学的研究成果说到底多是从自然科学而来。有人说当今世界的最大问题可以归结为社会科学发展赶不上自然科学发展的结果,这话有一定道理。两百余年的科技革命所带来的人类社会面貌的天翻地覆和日新月异确实是前现代的人无法想象的。自然科学的这种优越感和逻辑方法深深地影响了几乎所有的人文社会学科,几乎所有学科都打上了"科学"的烙印,以吸收自然科学的研究方法(包括定量研究)为荣,而往往忽视了两者研究对象和演进逻辑的不同。法学亦不例外,纵观当下国内的法学研究,以各类顶尖的学术期刊刊发的法学论文为代表,不难发现:人文气息逐渐衰微、被边缘甚至被遗忘。

法律人文关怀的丧失和法学人文气息的匮乏一个最严重的后果就是现代性法律对其构建的意义世界缺乏反思,其中一个关键变化就是:法律不再与我们的灵魂密切相关,法律的意义世界发生了革命。人们享受着科技带来的前所未有的生活便利、相对丰裕的物质条件和物质权利的保障,却也承受着意义的失落、价值的混乱和信仰的迷茫。世俗化以后的世界,信仰和价值观变成私人领域的事件,对于法律和政治而言不再是必须过问的事项。现代主流的政治理论和法律理论,注意力主要集中于权利如何保障、制度如何设计,却难以涉及个人内心。现代性法律将公共领域和私人领域渐渐分开,法律对于人的价值追求,顶多"倡导"一番了事,却再也无力干预。自由主义、平等主义和文化多元主义就是不得不为的自然选择。自由主义号称最宽容的意识形态，"包容""宽容"是自由主义的美德也是理所当然。然而早就有学者犀利地指出：自由主义对反对自由的观点该不该宽容呢？事实上，近年来，令许多西方自由民主国家头疼的恐怖主义以及原教旨主义的猖獗，恰恰是钻了教条化自由主义的空子。物极必反，任何主义推演到极致都可能走向它的反面。当年的纳粹主义、法西斯主义也是一种意识形态，虽然有学者辩驳多元主义不等于相对主义，但也只差一步。而虚无主义是相对主义的必然命运：既然所有价值绝对一律平等，那么我们何以批判法西斯主义以及极端主义的不对呢？法律世俗化时代，无神论者对神圣的戏谑在有神论者看来就是极大的亵渎，所以"9·11"以后，2005年发生了丹麦漫画事件，2014年又有法国《查理周刊》编辑部遇袭。再如老牌宪政国家英国长期以来一直奉行多元主义的宗教政策并通过立法坚决贯彻执行，但极端分子并没有被"感动"。2016年，英国令世人吃惊的公投脱欧成功并非偶然，而是长期以来伊斯兰极端分子恐怖主义活动盛行的结果。有数据显示：英国第二大城市伯明翰25岁以下的穆斯林人口已经过半。新任的伦敦市长就是穆斯林。而且不列颠是具有悠久贵族政治传统的民族，历史上英国上议院长期发挥着平衡民意恣意性的功能，而如今选取"全民公投"这样简单多数的方式决定其未来国家命运的走向，反映了其两院制政治的失效和多元主义法律政策的失败，也为我们反思直接民主与代议制民主之间的张力提供了经典素材。更进一步来说，英国脱欧其实是全球民粹主义抬头的又一例证而已，从"占领华尔街"到"阿拉伯之春"，我们不难看出现代民主的孪生兄弟身上难以控制的"洪荒之力"，本质上乃是现代性法律在应对民粹问题上的无能表现。

古罗马政治家西塞罗在其名著《国家篇》中第一次对大国治理做出了空前的精彩论述，他对混合政体的强烈推崇对后世颇具启发意义，意在通过公民大会、元老院和执政官制度的混合运用来综合平衡民主制、贵族制和君主制各自的优势。而民粹主义将民主的逻辑推演到极致，意图建构哲学意义上纯粹的民主理想国，既是韦伯批评过的政治上的幼稚，也是现代性法治自身调控机制失效的表现。启蒙激进主义潮流不仅构成现代性法律的巨大挑战和现代社会秩序的威胁，还会反过来促进民众心理的急躁和焦虑，从而加重社会戾气，引发更多的暴力犯罪。借此，保守主义在全球逐渐显现为政治与文化的双重复兴也就不难理解了。法律本来应该是一套安排生活的合理秩序，是一种生活方式，就如中国传统的"礼法合治"，而既然现代自由主义法律失去了安顿人心的功效，那人们去寻求传统宗教以及各种奇异信仰（包括享乐主义、极端主义、各种后现代文化、邪教等）的慰藉，也就不足为奇了。

现代性法律也有一套意义世界，其承诺简单概括就是：和平、安全、舒适。通过保障自由来屏蔽来自国家和其他人的外部干预、通过保障财产权来维护个人的财富安全、通过利维坦垄断暴力来终结暴力，不过也仅此而已，对于实质性的价值目标，似乎无权置喙，否则就是对个人自由的非法侵犯：特别是精神自由。现代性法律与道德的关系通常可以表述为：法律是最低限度的道德。但问题在于，人不能仅仅停留在"道德底线"这样的道德层面来生活，如果人仅此而已，那么这无异于对"人性尊严"的莫大讽刺。在古典意义上，自由也很重要，不过那只是追求美德的条件，并不能作为目的和意义本身，而现代科技革命之后，自然主义哲学取代了亚里士多德目的论式的宇宙观，"休谟命题"将事实和价值分开，上帝死去，神灵从万物中消隐，留给现代人的是一个毫无意义的机械论和原子论宇宙，这可以作为现代人生处境的最好隐喻，现代人生活中的紧张、恐惧、焦虑、孤独、狂躁、无助、无奈、无聊、无目的感、无意义感等精神现象都可以得到充分说明和深刻理解。

其实法学本来是有"人文"的，已有学者非常明智地指出过：古典时代的那些诗人经常承担着立法者的功能，比如荷马、赫西俄德之于古希腊。比如为何"孔子作《春秋》而乱臣贼子惧""经与史到底是什么关系"这样的问题，据说现代主流的实证史学家已经难以理解了。如果从秩序和规范的基本意义上来理解"法"，那么对一个时代、一个社会的精神世界产生最广泛、最深刻影响的人都是"法学家"，他们为时代精神立法，难道跟那些只会在纸上写法条的人比起来，便不配称为法学家吗？就此而言,"什么是法学经典"本身就是一个值得讨论的问题,这个问题又必然与"什么是法学"这一根本问题相关。从历史来看,孔孟老庄之于中国,恰如释迦牟尼之于印度、摩西之于犹太民族、穆罕默德之于伊斯兰。大哲尼采曾经说过,一个时代往往围绕着几个伟大立法者制定的几个概念在转。尼采本人的学问影响了后世多少"学科",数得过来吗?按照古典政治哲学的观点,哲人才是最终的立法者。诚哉斯言。

因此,那些认为读法学,就只读现代法学作品,把古代(这里不再区分古典和古代)的一概斥为落后的和不进步的;或者读法学,就只读西方法学作品(按照西式理解,中国没有西方近代意义上的法,因而也没有法学);亦或者,读了法学,就只认带有"法"字的作品才算法学,文史哲都不是,这些都是非常狭隘和浅薄的观点。法律学人绝不能放弃开垦文史这一片肥沃的良田,而自我放逐到一块狭小的精神荒漠。不要忘了,我们法学院培养了很多知名的逃逸者,如歌德、格林兄弟、雨果、席勒、马克思、塞尚、卡夫卡等,这固然与狭义法律学的"干瘪"和人文学科的"丰满"有关,也映射出法学对于正义的持守和审慎精神的培育对其他学科的启迪与涵摄。"法理学"(juris-prudentia)顾名思义就是"法律(正义)的审慎"。如一位非主流法学研究者所言:"法律(正义)的审慎,其最初的原意就是以立法者的政治-实践智慧为制定法的条文奠定基础,把'审慎'的精神渗透到'法律'的字里行间……所谓'法理'就是法律(正义)的审慎精神,'法理学'就是一种精神的探索,立法者原意的探索。"从这个意义上看,所有凝结了人类审慎精神的那些伟大作品都值得法学研究者悉心研读,而不能想当然地以"不是法学"打发了事,这种画地为牢的做法只会使自己一次次错失提升水平和拓展视野的机会。

经典阅读：从知识学习到文明成果的传承

王海军[*]

阅读既是人们获取知识和文化给养的主要来源，也是重要的精神生活方式之一。当下物质追求不断压缩人们的精神空间，各个领域中的快餐式以及实务性阅读成为主要模式。在法学教育和法学研究中，为了高效率地搜集所需要的信息，更多的是以解释或者再研究成果为阅读对象，阅读经典被排挤到了末位，这对法学教育和法学研究而言是一个不良趋势。经典的价值历久而弥新，任何一个文化系统皆由其经典作为源头，所以重拾经典、阅读经典，具有从知识学习到文明成果传承的多层面意义。

第一，在基本层面上，经典阅读能够夯实法学知识，提升法学教育的质量，提高法学研究中的理论水平。无论是法学教育还是法学研究，基本的法学知识和理论都是必不可少的要素，而这些要素的源头均存在于经典论著之中，即便经历年代的风雨也依然不减其价值。不可否认，通过阅读对经典间接性或解释性的论著可以获取相应的知识和理论，但仅仅借助对经典介绍性、评价性、解释性的表达并不能完全理解经典之中存在的真实本意，也会导致法学教育和法学研究处在一个相对空泛和肤浅的层面，不利于理论的深化和对问题实质的理解。具体而言，经典之中蕴藏着人类文明智慧的重要结晶，通过阅读经典可以在一个基本层面上对基本知识形成认识并通过理解不断夯实，构建一套完整且扎实的法学理论功底。在这个

---

[*] 王海军，华东政法大学法律史研究中心研究员。

基础上，法学教育中无论是传授者还是受教者都会从经典中得到更深层次的法学理论知识和法律思想精华，从而提高法学教育的水平；对于法学研究而言，通过阅读经典，从中探求出具有本质性、普遍性的理论更为重要，它不仅可以厘清理论层面的误区，在再研究中提升理论高度和深度，更能突破研究中可能遇到的理论瓶颈。

第二，通过阅读经典，寻求经典中理论的本元特征，在法学教育和法学研究中关照现代生活。经典之所以成为经典，不仅是因其具有历史传承性，也是因其具有对各个时代的人文关照，所以一个民族、国家在各历史时期存在的不同类型的经典以及其中蕴含的理论文化会随着历史发展不断展现其价值。现实法律生活往往需要用理论来进行表达并据理论指导予以解决，所以当这个民族、国家在现实生活中遇到法律困境之时，通过阅读经典可以获取普遍性和本原性原理，在经典中吸取精神养料，对现实进行热切关注，助人们了解世界，最终可得出理论层面和实践层面的解决之道。

理论与实践相结合是现代教育中培养法学人才的必要手段，所以法学教育应当定位于以理论传授和实践操作相结合，达到培养具有专业理论和实践技能的法学人才的目标。然而知识的传授不等于教育，传播知识不能完全达到教育的终极目标。经典阅读，在法学教育中完成对经典著作中的原意解读并从理论上得出对现实问题的认识，在获取知识的同时理解经典理论的本元，可以在很大程度上达到二者结合的目标。需要提及的是，法学教育并非完全是大学法学教育，大学之外及之上的法学教育更加需要经典的参与，否则受教者最终获得的只是阶段性的、静态的理论知识和不完整的实践技能。

对于法学研究而言，更是兼具了理论与实践的双重属性，其目的不仅仅在于对理论的言说和讨论，也需要对现实问题的关注和解决，以理论表达实践，以实践践行理论。因此，提高阅读经典论著的地位，而非单纯接受后人对经典的解释和再讨论，从某种意义上既是对经典的尊重，也是提高法学研究水平的必由之路，这样不仅可以借助经典中的理论和思想提出解决之道，也可以使得对现实问题的研究更加深刻和具有实际意义。可以说，经典就像一股千古流淌的清泉，无论人们怎样汲取，永无枯竭之日，无论时代如何变化，我们都可以通过阅读经典展现法律的理论力量，去解释和变革现实的生活世界。

第三，阅读经典，在法学教育和法学研究中构筑法律价值体系，从精神层面形成法律理念。在第二个层面的基础上，通过阅读经典可以完成历史与现实的连接、理论与实践的结合，可以在理解经典和关照现实的基础上构筑价值体系并在理念层面上完成升华。在法学教育中，传播法律理念和法律价值是一个难点，教授者需要培育接受者对法律深厚的理论理解和系统的法律知识体系的能力，既要进行对实然意义上的具体法学知识的传授以及解决具体问题的技能，同时也要注重在宏观理论视野中思考法律意义和目的、价值与理念，使受教者能够从理论思维的高度出发，真正建构出对法律价值的根本理解，进而完成从法律知识和实践技能到法律价值和法律理念的追求。鉴于此，法学教育应当借助阅读经典这种特殊的学术训练，从经典中认识和理解现实生活，构筑法律价值体系，最终引领法律的实践理性，形成法律所承载的价值理念，在精神层面得到升华。在法学研究中，每个研究主体对法律价值和法律理念的具备更为重要，因为对理论框架的研究需要具有内心对法律价值的认识、对法律理念的秉持，所以不仅需要研究者完成对法律价值本身的理解并建构其一套完整的法律价值体系，更要求他在精神层面达到了一个高度，即需求法学的价值理想和精神信仰，而其所需要的丰厚文化基础均需要从经典中获取。

第四，经典阅读的最高层面的意义是在法学教育和法学研究中传承法律文明的成果。经典不可能一次性彻底性读懂，每一次阅读都会有新的理解、认识和收获，这是因为经典承载了历史文化和人类文明的成果以及精神厚度。法律作为人类文明地图上的重要坐标，不仅记载着人类理性发展的轨迹，也是人类社会发展和文明进步的推动力，而文明成果及其发展往往是以经典论著作为载体。经典是人类文明成果传承和交流的阵地，它给予人类知识，引导人类以理性精神面对现实世界的困境，所以经典可以使文明从昨天走到今天，也可以从今天走到明天。人类文明的成果，就是通过阅读经典而代代相传的。

教育作为最基本的文明传承形态，无文明就无教育的开化，自然也就不会有文明的进步。在法学教育中，作为人类文明载体的经典论著，不仅作为课堂中进行授课的基本理论来源，而且也为受教者提供一个交流平台。在法学教育过程中，教授者和受教者都是在庞大的知识体系之下来完成对经典理论的理解，可以说，用全人类、各民族、各地区国家在法律文明发展过程中形成的最美好的精神食粮来滋养法学教育，其过程本身就是在完成法律文明成果的传承。

在法学研究领域，每个研究者的成就无不是在前人的基础上不断推进和进步的，无论是对经典理论的发展，还是依靠经典理论来对现实问题作出解释和回答，都无法跨越经典的最初自然源流和元本精神，所以在法学研究中，通过阅读经典来吸取消化其中的文明因素，不仅能提高研究的高度和思考的视野，在研究中完成对经典的诠释以及与经典的对话，而且更能将经典承载的法律文明表达出来并不断传承下去。

经典作为一个时代、一个民族、一个国家乃至全人类共同文明的结晶，不仅标注了时代的印记，更是搭建了一个穿越时空的桥梁，它犹如群星一般，即使经过历史的变迁依然保留其原本的光彩，甚至会比以往更加灿烂，即使某种文明形态在历史的发展中消逝，也依然会在经典中显露出光芒。经典阅读，不仅要读古代经典，还要读现代经典；不仅要读中国经典，而且要读外国经典；不仅要读西方经典，还要读东方经典；不仅要读文学经典，还要读社会科学、人文科学和自然科学的经典。这些对于法学教育和法学研究而言，不仅是为了获取法学及其他学科的知识、给予现实以关怀、建立价值体系、奠定良好的人文素养、汲取精神给养、开阔视野，更是为了完成文明成果的传承。

文明论视域中的经典阅读
——从蔡枢衡《中国法理自觉的发展》谈起

李燕涛[*]

自西学东渐起，中国现代法学的萌生与发展已有百年之久。在富国与自强的内在驱动下，西方强大的军事和知识优势促使国人对于知识形态进行了系统性的反思与重塑，东西碰撞之下的复杂心态或许难以为后人察知，强烈的文化自尊和文明延续的双重心理使得中国全面接受了西方的"现代"知识体系并创生了中国的现代学术体系，尽管西方社会科学也只是在法国大革命之后才诞生。中国现代法学也创生于这种文化自觉与现代诉求的内在张力中，虽然从传统法学转向现代法学的过程不如人文学科艰难，但中国作为一种文明体的自我延续意识始终存在于中国法律学人的思想中。

中国法律学人也在这种中国意识支配下努力建构一种具体主体性的中国法学，这就势必直面中国现代法学赖以形成的西方知识资源。中国法学的焦灼在于：一方面要借用西方知识资源创生现代法学；另一方面又要时时自我警醒，要在西学的知识素材中确立自我身份。二战后新独立国家或许没有这种思想困惑，但中国之所以自我施加这种文化责任，却不只是幅员辽阔、地大物博的原因，而是中国文明体的身份使得国人认为久远未曾

---

[*] 李燕涛，河北工业大学人文与法律学院讲师。

中断的文化资源可以创造性转化为新的文明形态，为世界提供示范效应，有识之士对中国文明有着一种深远的期待。法律学人的期待就成为了不同版本的中西法学观，从民国以至于当代的法学家们对于法学自我身份的思考一直未曾中断。

一、法理自觉与中国法学的自我创造

作为中国现代法学的早期代表学者，蔡枢衡的《中国法理自觉的发展》集中体现了中国法学创生中的这种身份意识和思想焦虑。蔡枢衡在《新中国之文明与文化》一文中针对次殖民地国家的现代化问题，连续批判了当时的"原状复古论""全盘西化论""中体西用论""旧瓶新酒论"四种观点，认为四种方案均不是中国文明文化的出路，中国文明文化的出路在于自我创造："然而中西文明文化相互接触、互相冲击、互相交流的结果，必然是'中—西'对立之消解，矛盾之融化或结合。这只有保存中国的，吸收西洋的，摄精取华，自己创造，才是合理的手段。换句话说，只有自己创造才是今日中国文化的出路，明日中国文明文化的特质。"创造的主体、方法和资料均需要体现中国主体性，这种自我创造其实就是"中国人运用西洋的方法对付中国的自然、中国的历史、社会、思维以及中国所有的一切问题，而获取其成果，这就是新中国的文明文化创造的过程。"

自我创造在法学上的体现就是要形成"自我觉醒的法律意识"，在《近四十年中国法律及意识批判》一文中，他认为其时的中国法学不仅"幼稚"而且"具有殖民地性"，大多为摘抄和综述西方国家的著作，这就导致"主张和见解的前后矛盾和不一致""概念和概念间的关联不清楚"以及"概念和社会现实没有关系，有问题而不能作正确的解答"。这便需要在学习观摩基础上融会贯通社会科学知识，以"中国的社会的历史、理想和现实"和"中国的法律、判例、风俗、习惯、学说和思想"为对象的自我创造，也需要进行比较法制史和比较思想史研究，以"发现基因的异同而理解异同的原因"。

蔡枢衡的论述代表了近现代法律学人在列强环伺的国际环境中建构民族国家的自我意识和思想努力。他在 1940 年的论断即使现在看来仍不过时，虽然时下法学研究、教育和实践状况已今非昔比，法学大繁荣的表象下依然存在他所提到的那些问题。其远见卓识乃是来自于对现代法学社会功用和学术发展趋势的洞察。他的论断对于今日法学的价值在于：1. 法学甚至学术是现代国家建构的一部分，必然需要服务于现代中国国家建构。2. 法学具有文化属性，是中国文明发展的一部分，需要体现中国的文明主体性。3. 法学具有社会属性，需要以中国社会历史和现实为对象，解释和解决现实中国问题，蔡枢衡认为"中国法是中国社会的现象和形式，中国社会是中国法的内容和本质"。4. 法学需要有方法论自觉，需综合现代科学方法和社会科学知识展开研究。这几个具有历史性的问题仍然是当下法学讨论的主题。国家建构和文明主体性问题两者一体两面，当代学人也在思索：近现代中国是披着民族国家外衣的文明国家？还是在文明国家传统中建设的民族的国家？而法学的社会属性所要求的研究对象和研究方法问题则是当下法学繁荣的动力。不可否认，他当年提出的"法律自觉意识"问题也依然存在，但这恰恰成为法学发展中的一种内在自我意识。蔡枢衡先生的法理自觉论、苏力教授的本土资源论、邓正来教授的法律理想图景论、许章润教授的汉语法律文明论、支振锋教授和徐爱国教授对法理学的深刻反思以及中国化的马克思主义法学，虽然在问题意识、知识形态、研究方法和基本立场上并不相同，但无不延续了百年法律学人的家国关怀和文明忧思。百年法理学的发展历程，不仅具有知识社会学的意义，而且也具有思想史的意义，中国法理学正是在不断反思中进行自我体认和身份建构的。法学身份建构背后依然是民族国家发展中的文明主体性。

二、经典阅读与法学的知识属性和文明使命

仅仅具有文明自觉意识并不必然会确立文明主体性，也不必然会形成

蔡枢衡所说的那种具有"法律自觉意识"的现代中国法学。法学乃至于法律均是实践的作业，前者需要学者精深思考，后者需要实践者认真践行。无论思考还是践行也均不是凭空产生，必然有知识依赖性，知识来自于理论理性和实践理性两方面。但在古今中西文化冲突和社会转型背景下，这种知识也已经离不开西方的法学知识。即使是对于中国社会现实的深切观察和研究，也需要西方现代方法论的辅助。恰如现代科技与传统技艺之分，现代社科研究方法无疑更适合解释社会事实。但是问题在于，对于以理论理性的形态存在的"经典著作"，它对于现代中国法学的意义何在，对于长久萦绕在中国学人脑海的法律自觉和文明主体性问题的意义何在？换言之，经典阅读能否或如何为现代中国法学文明主体性的确立提供支撑？

时下人们几乎毫无反思地会认同经典阅读的意义，但这其实容易忽视两个问题：一是所谓经典著作是何种经典；二是不同经典提供的知识的属性和所能发挥的功能。如果单从国家建构的需要看，法律实践紧迫需要的是能够解决现实问题的技术性知识，为何需要阅读思想性高于技术性的经典？法学研究和教育也要符合这种要求，是否已无阅读经典之必要。这是经典阅读首先面对的前提性问题，也是法学研究和教育中存在的一种有代表性的观点。

对于法学而言，何种著作是经典？近三十年来乃至近百年来的西方法律哲学著作？近三百年来的西方政治法律思想著作？还是古希腊罗马以后的经典政治法律哲学著作？抑或是不同文明中的文化奠基性著作？这需要结合法律实践和法学知识属性来看，法律实践是特定文化中解决社会问题进行社会治理的实践，法学研究是应对现实社会问题的一种知识形态，现代法学是科学世界观影响的结果，伴随社会科学的学科分化而产生，出于教学和研究的便利，现代教育和学术体制分化为不同的学科建制。现代社会复杂性的挑战和国家联系交往的密切，使得法学存在着双重要求：一方面，法学需要以民族国家文化和社会现实为基础，提供解决自己社会问题的产品，但同时全球化和国际交往的密切又使得法学不能局限于一国之内自我发展，尤其是后发展国家，不仅要依托法学建设现代民族国家，还要应对全球化的综合挑战，中国更是有着深远的自我文明期许。另一方面，法学知识自主性要求法学依托于规范体系和法律实践发展出自洽的法学理论，以解释现实和解决法律问题，但同时社会复杂性又要求法学不能再局限于知识体系内部闭门造车，学科建制的便利难以有效化约法律问题的复杂性，法学需要结合其它学科而自我发展。在这样的双重要求下，法学的知识属性就需要超越民族国家界限和近代法律科学的界限，在多元文明语境中重新审视法学的社会功用和知识属性。从文明论视野看，法学经典不局限于现代法学产生之后的法律著作，也包括与此相关的其它学科的经典；不仅包括近代以来的著作，也包括历史上不同文明中产生的具有文化奠基意义的经典著作。

对于法学经典的这种广义定位是出于对现代法学担负的文明使命的考虑。经典之所以被后人认为是经典，是由著作内容和阅读者的需要所决定的，时间长短并不会自然使得过去之著作成为经典。经典之为法学经典，一类是奠定了法学的知识基础、提出了法学基本概念、开创了法学流派的精深之作；一类是对于法律文明有底定意义，有助于文明主体性确立的思想之作。前者侧重于法学知识系统内部的建构和完善，后者则侧重于法学内在精神和外部价值观的阐述。现代文明是一种制度文明，成熟的文明中需要文明观和法律制度的深度融合。中国在现代国家建设中拥有自我文明期待，法学便不能仅仅停留于技术阐释，也不能仅仅停留于对于技术规则的哲学阐释，当然两者在当下中国法治实践中的作用不能否认且不可取代，但同时也要重视其背后的文明观。法学经典的意义就在于为现代法学知识奠基并为中国法治文明或文明主体性的实现提供思想资源。

三、文明赓续与中国法学主体性的确立

无论是为现代中国法学奠基，还是创生现代法治文明，抑或是实现中国文明的主体性，均需要秉持一种开放性的心态和反思的精神，否则就可能重现蔡枢衡70多年前的警示，在法学大繁荣的表象中迷失自我，

丧失中国法律自觉意识。法学的发展不仅是知识形态的重塑，从长远看也是文明的赓续和发展，放在千年未有之大变局的背景中，其情形或可类比于历史上的佛教东传，只不过一者是世俗的制度文明，一者是非世俗的精神教化。

文明赓续和中国法学的发展均是主体性确立的过程，经典阅读既不是以西方经典化中国现实，也不是以传统经典化现代中国，既不是抱残守缺，也不可能是闭目塞听。对于古今中外奠定文明始基和实现文明转型的经典著作的阅读，为当代法学研究者和学生提供了文明赓续的思想资源，经典著作中蕴涵着文明的文化基因，阅读经典提供了获知文明之所由来的途径，提供了依据经典反思不同文明当下发展状况的途径，也提供了在反思经典中激活人类历史上的久远思想资源的可能性，这种可能性也是当代人重新思考法治文明和文明主体性的一种途径。此外，对于现实人类社会实践的反思也是一种途径。尤其对于中国而言，现代文明中国正处于形成中，现代中国国家建构逐步推进，但文明中国的转型或许时间更为漫长，过程也许更为艰难。

文明赓续实际上是从传统中国文明向现代中国文明的转型，并在转型中形成一种文明的秩序。文明秩序存在于文明的心理秩序、文明的社会秩序、文明的法治秩序、文明的政治秩序、文明的世界秩序等不同层面。在根本上，文明秩序是一种伦理观在不同领域的实现。现代不同文明多元共存的秩序冲突以及民族国家内部传统和现代秩序的冲突，也是不同文化中的伦理观冲突的体现。文明的主体性就是要确立现代中国文明的伦理观并且使得这种伦理观具有包容性和示范性。这就不能止步于只强调中国作为民族国家的法律文化传统，而是要从文明的超越视野出发，正如许纪霖先生所说"回答什么是好的，这个好不仅对我们是好的，而且对他们同样是好的，是全人类普遍之好"。法学中的经典阅读就是从制度实践的需要出发，从人类精神宝藏中寻求现代中国文明赖以确立的思想文化资源。

稿约和体例

宗旨

《法哲学与政治哲学评论》（以下简称《评论》）以纯粹的学术为根本。旨在译介西方经验、反思自我处境、重提价值问题。以开放和包容，促进汉语学界有关法哲学和政治哲学的讨论和研究。

投稿方式

一、《评论》采双向匿名审查制度，全部来稿均经初审及复审程序，审查结果将适时通知作者。

二、本刊辟"主题""研讨评论""经典文存""书评"等栏目。"主题"部分欢迎以专题形式投稿，有意应征者准备计划书（一页）以电子邮件寄交《评论》编辑部，计划书包含如下内容：

（一）专题名称（以中外法哲学和政治哲学论题为主题，此主题应具有开放出问题且引发思考之可能性）。

（二）专题构想（简短说明专题所包含的具体研究方向，说明本专题的学术意义或价值）。

（三）预备撰写论文人选与题目。提出4—5篇专题论文撰写者与论文（或译文）题目清单，另附加1—2篇专题书评之清单。

（四）预备投稿时间（本专题计划书经审查通过后，应能于半年内完成）。

三、凡在《评论》刊发之文章，其版权均属《评论》编辑委员会，基于任何形式与媒介的转载、翻译、结集出版均须事先取得《评论》编辑委员会的专门许可。

四、稿件一经刊登，即至薄酬。

五、来稿请提供电子档，电子邮件请寄交至下述地址：shenyanw@163.com。

体例

一、正文体例

（一）文稿请按题目、作者、正文、参考书目之次序撰写。节次或内容编号请按"一""二"……之顺序排列。

（二）正文每段第一行空两格。独立引文左缩进两格，以不同字体标志，上下各空一行，不必另加引号。

（三）请避免使用特殊字体、编辑方式或个人格式。

二、注释体例

（一）文章采用脚注，每页重新编号；编号序号依次为：①，②，③……

（二）统一基本规格（包括标点符号）

主要责任者（两人以上用顿号隔开；以下译者、校订者同）（编或主编）:《文献名称》，译者，校订者，出版社与出版年，第 × 页。

（三）注释例

1. 著作类

邓正来:《规则·秩序·无知：关于哈耶克自由主义的研究》，生活·读书·新知三联书店2004年版，第371页。

康德:《实践理性批判》，邓晓芒译，杨祖陶校，人民出版社2003年版，第89—90页。

2. 论文类

邓晓芒:《康德论道德与法的关系》，《江苏社会科学》2009年第7期。

3. 报纸类

沈宗灵:《评"法律全球化"理论》,载《人民日报》,1999 年 12 月 11 日第 6 版。

4. 文集和选集类

康德:《论通常的说法:这在理论上可能是正确的,但在实际上是行不通的》,载康德:《历史理性批判文集》,何兆武译,商务印书馆 1990 年版,第 202—203 页。

5. 英文类

(1) 英文著作

John Rawls, *A Theory of Justice*, Cambridge, M. A.: Harvard University Press, 1971, pp.13-15.

(2) 文集中的论文

Niklas Luhmann, "Quod Omnes Tangit: Remarks on Jürgen Habermas's Legal Theory", trans. Mike Robert Horenstein, in *Habermas on Law and Democracy: Critical Exchanges*, Michael Rosenfeld and Andrew Arato (eds.), California: University of California Press, 1998, pp. 157-172.

(3) 期刊中的论文

Jürgen Habermas, "Reconciliation Through the Public Use of Reason: Remarks on John Rawls's Political Liberalism", *The Journal of Philosophy*, vol. 92, no.3 (1995), p.117.

(四) 其他文种

从该文种注释体例或习惯。

(五) 其他说明

1. 非引用原文,注释前加"参见"(英文为"See");如同时参见其他著述,则再加"又参见"。

2. 引用资料非原始出处,注明"转引自"。

3. 翻译作品注释规范保留原文体例。